/ 国防科技大学“双一流”建设
文化传承创新项目系列丛书 /

XINWEN ZHIWAI

新闻之外

王握文 ★ 著

国防科技大学出版社
· 长沙 ·

图书在版编目(CIP)数据

新闻之外/王握文著. —长沙：国防科技大学出版社，2023. 6

ISBN 978-7-5673-0618-9

Ⅰ. ①新… Ⅱ. ①王… Ⅲ. ①新闻工作—中国—文集 Ⅳ. ①G219. 2-53

中国国家版本馆 CIP 数据核字（2023）第 095095 号

新闻之外

XINWEN ZHI WAI

王握文 著

责任编辑：廖雪辉

责任校对：周伊冬

出版发行：国防科技大学出版社

地　　址：长沙市开福区德雅路 109 号

邮政编码：410073

电　　话：(0731) 87028022

印　　制：长沙市精宏印务有限公司

开　　本：710×1000 1/16

印　　张：17. 25

字　　数：256 千字

版　　次：2023 年 6 月第 1 版

印　　次：2023 年 6 月第 1 次

书　　号：ISBN 978-7-5673-0618-9

定　　价：58. 00 元

网址：https://www.nudt.edu.cn/press/

目录

新闻业务

新闻感悟

新闻杂谈

新闻讲座

新闻拾零

附录

新闻业务

关于科技新闻写作的几点思考*

2002年11月，第三届世界科技记者大会通过的《巴西宣言》指出：科技新闻在提高全社会科学素养方面具有关键性作用，但是，与迅猛发展的科技相比，科技新闻工作落后了。由此可见，在当今科学技术迅猛发展、科技新闻“具有关键性作用”的时代，提高科技新闻报道水平、增强科技新闻传播效果，已成为摆在我们面前一个重要的课题。

一、把握特点规律，做到传播科技事实与传播科学精神并举

科技新闻是对新近发生或发现的科技事实、科技现象所进行的科学性、知识性的报道。凡是有科技活动的地方都可以产生科技新闻，科技活动涉及的领域也是科技新闻涉及的领域。

一般说来，科技活动主要涉及自然科学、社会科学与认知科学等。但是随着科技的进步，一些自然科学与社会科学相互交叉，形成新的科学，一些原来只用于自然科学研究的技术也用来研究社会科学，从而产生一些边缘科学，如经济数学、数理语言等。因此，对人类的科技活动我们不能认为只是认识自然和改造自然的活动，而应理解为认识世界和改造世界的活动。这就要求科技新闻工作者在传播科学信息、报道科学进展的同时，承担起传播科学知识、科学精神的社会责任，为提高人们的科学素养发挥

* 原载《军事记者》2003年第4期，获湖南省优秀科技新闻论文二等奖。

作用。

应该看到，尽管人类已经进入科技迅猛发展的21世纪，但世界范围内科技知识普及程度严重不足，致使愚昧现象层出不穷，甚至在一些地区出现了严重危害人类的邪教现象。最新的公众科技知识调查表明，即便在发达国家，人们的科学素养仍然很低。有资料显示：只有48%的美国人和41%的欧洲人知道“电子比原子小”，只有65%的美国人和48%的欧洲人知道“父亲的基因决定孩子的性别”。我国政府虽然十分重视科普工作，但前些年却出现了诸如“水变油”“特异功能”等伪科学报道，一些人甚至迷恋上了邪教“法轮功”，造成了严重的危害。由此可见，科技新闻工作者在普及科学知识、传播科学精神方面是多么任重而道远。

作为科技新闻工作者，必须深刻认识科技新闻的特点和规律，做到传播科技事实与传播科学精神并举，在报道新近发生或发现的科技事实、科技现象的同时，对其中所蕴含的科学道理、科学知识进行必要的揭示和阐明，在使人们了解科技事实和科技活动的同时，还要帮助他们认识科学技术对人类生活、社会发展的重要意义，激发受众对科学技术的推崇，从而推动思维方式的转变和科学世界观的构建，形成崇尚科学、追求科学的价值取向。

二、遵循报道原则，不断提高科技新闻传播效果

人类的一切科技活动都具有其科学性、探索性，科技新闻的一切要素都来自科技活动本身，当对科技事实或科技活动进行传播时，应该做到科学准确、态度严肃、通俗易懂，这是科技新闻报道必须遵循的报道原则；否则，就与传播科学知识和科学精神背道而驰。

科学性历来是构成科技新闻价值、引起读者阅读兴趣的一个重要因素。一篇科技新闻的科学性不仅包括对科技事实、科技现象本身的报道要符合科学原理，经得起科技发展的检验，还应包括从事科学研究人员的科学精神、科学作风和为科学献身的人生追求等。所有这些，都来不得半点

虚假和勉强。

准确性是科技新闻的生命。科技新闻报道的内容必须准确无误，科技概念、科学原理、科技事实，以及数字运用、程度表述、意义评价等都必须准确无误，与科技事实相符。决不能主观想象，胡乱猜测，一定要尊重专家意见，虚心求教；决不能不懂装懂，特别是对其作用和意义的评价，一定要以权威人士或是鉴定结论为准；决不能随意拔高，把一般科技成果说成是“解决世界级难题”“具有国际先进水平”，或是把应用前景说成即可实现的事实；也不能在报道中说“过头话”“外行话”，对读者进行误导。

科技新闻承担着向社会大众传播科技信息和科学知识的任务，应该把深奥的科学原理、专业术语，用广大读者能够理解的通俗语言进行翻译和解释，或用人们最熟悉的事物和常识，给予类比、解释，用生动的、大众化的语言表达出来，让人读后既有兴味又颇受启发。如果科技报道通篇都是深奥的专业知识、专业名词、专业术语、外文符号，就不能取得好的传播效果。

对科技活动的报道，应该有一个严肃的科学态度，无论是科技成果的介绍、科学知识的传播，还是典型经验的推广、科技人物的宣传，都要有一个严肃的写作态度，坚持实事求是，尊重科学规律。对所提供的新闻事实，要有科学根据，切忌人云亦云、哗众取宠。如前些年有关“长沙陨冰”和“猴子牧猪”的报道，就是由于作者缺乏严肃科学态度而造成新闻严重失实的典型事例。

三、掌握写作技法，努力把科技新闻写得生动精彩

科技新闻涉及人类科技活动的各个研究领域，高深理论、专业术语、专业名词很多，不是本专业及相关领域的人很难弄得明白。这就容易导致一些科技新闻写得枯燥乏味，陷进技术圈子里跳不出来，使科技新闻的传播价值和传播效果大打折扣。怎样解决这个问题？关键是要掌握科技新闻

写作的一些技法。苏联科普作家伊林曾说过："没有枯燥的科学，只有枯燥的叙述。"我国科学大师钱学森也指出：科学本身比有些人的科学幻想高一千倍，原子世界、宇宙天体、分子结构、遗传信息，实在丰富得很。那么，如何才能写得生动精彩呢？

精心设计导语。"导语是记者展示其杰作的橱窗。"一个好的消息导语一般要做到两点：一是要抓住事物的核心；二是要能吸引读者看下去。有些科技新闻一开始往往就出现一堆专业名词或专业术语，再就是"达到先进水平"之类，很难提起读者的阅读兴趣。因此，科技新闻要写得生动精彩，必须下功夫写好导语，既抓住事物的核心，又吸引读者看下去。我在报道"虚拟空间会议系统"科技成果时，导语这样写道："开会了，但你无需去远在千里之外的某个会议室，只需像往常一样坐在办公室，就能与其他与会者握手、交谈和讨论问题。这就是国防科大日前研制成功的'虚拟空间会议系统'的特殊功能。"这样写不仅把这一成果的作用和奇妙之处讲清楚了，还能让读者产生浓厚兴趣。在报道我国第一台类人型机器人诞生时，导语中则采用拟人的描写："在我国第一台两足机器人10周岁时，我国第一台类人型机器人呱呱落地。今天，这个高1.4米、重20公斤的'新生儿'在国防科技大学（以下简称"国防科大"）首次亮相。有关专家称，类人型机器人的问世，标志着我国机器人技术已跻身国际先进行列。"这样，一个漂亮的机器人就展示在读者面前了，此稿后来获第十一届中国新闻奖二等奖。

善用眼睛写稿。科技新闻要写得生动，就要善于用眼睛观察。我在报道"我国首台蛇形机器人诞生"的消息时，就通过采用现场描写手法把读者"带进"了现场："记者在实验现场看到，这条长1.2米、直径0.06米、重1.8公斤的蛇形机器人，能像蛇一样扭动身躯，在地上或草丛中自主地蜿蜒运动，可前进、后退、拐弯和加速，其最大运动速度可达每分钟20米……特别令人感兴趣的是，这条蛇形机器人披上'蛇皮'外衣后，还能像蛇一样在水中游泳，摆动的身躯在水面激起层层涟漪，煞是好看。"这样就让读者有如临其境之感。

掌握“翻译”技巧。科技新闻如何避免让人“雾里看花”，一个重要环节是要善于把高深的科学原理和技术问题，用通俗化的科普语言表达出来，也就是要掌握科技新闻的“翻译”技巧。可以说，科技新闻写作是一门“翻译的艺术”。2001 年 3 月，国防科大研制成功的我国首台核心路由器，它每秒信息吞吐量达 400 亿比特以上。“比特”是计算机储存基本单位，“400 亿比特”是一个什么概念呢？普通读者是很难理解的。我在写作时就把它“翻译”为：“相当于每秒传输 25 亿个汉字信息，也就是说，一万册每册 25 万字的图书，在核心路由器上一秒钟就能完成交换传输任务。”读者看了这段文字，不仅会对“400 亿比特”概念有深刻理解，还会对研制出如此高水平成果的科学家产生钦佩之情。

配发新闻资料。一个高精尖的科技成果，往往不可能在一篇几百字的消息中将所有技术问题完全说明白，加个小资料作为补充十分必要，它能帮助读者理解与认识新技术、新成果。我在报道机器人、核心路由器、磁悬浮列车等科技成果时，都在消息后配 300 字左右的小资料，起到解释和补充作用。如在“核心路由器”小资料中写道：“路由器通常被称为互联网络的枢纽和‘交通警察’，其作用是为在网络上传输的数据寻找最佳路径并进行传送……在整个因特网领域中，路由器技术始终处于核心地位，是一个国家信息领域技术水平的重要标志。”这样就使读者对“路由器”的作用一目了然。

四、坚持稿件送审制度，严格保守科技机密

在当前激烈的科技和经济竞争中，世界各国都十分注意保守自己的科技机密，因为它事关国家和民族的利益。然而，作为向公众传播科技动态和科技知识的科技新闻，所报道的往往都是最新科技成果和最新科技动态，稍有疏忽，就容易泄露国家和军队的科技秘密，造成不可挽回的损失，这方面的教训很多。据有关部门统计，我国科技秘密的失、泄密，60% 是由新闻报道造成的。因此，在科技新闻报道中，保守科技秘密十分

重要。

造成科技新闻泄密的原因虽然很多，但绝大多数都是由于稿件不按规定和要求送审，或审稿把关不严造成的。最典型的事例莫过于“卫星轨道泄密事件”。1981 年，我国首次运用运载火箭发射了 3 颗人造卫星，当时新华社只简明扼要发了一则消息，外国情报机构便闻风而动，想了解这 3 颗卫星能否进入不同轨道，结果一无所获。正当他们心急如焚的时候，北京某电台播出了《太空奥秘压桂冠》的广播新闻，不久，某晚报又刊登同一作者的长篇科技新闻，还配发了照片，将 3 颗卫星的运行轨道、无线电遥测频率全盘托出，严重泄露了我国的航天科技机密。后经查实，稿件未经审查，而作者发稿时却谎称已经通过有关部门审查，结果造成严重泄密事件。前些年南方某报发生的一起震惊全国的严重泄密事件，则是把关不严造成的。

其实，从事科技新闻报道，只要我们严格遵守有关保密规定，并按要求坚持稿件送审制度，就能够杜绝此类泄密事件的发生。首先，要增强保密意识，了解科技机密的保密范围，了解国家和军队的保密规定和措施，特别是对报道涉及领域的保密范围要十分清楚，决不能“越雷池半步”，也不能因国外已经报道过同类新闻而产生“无密可保”思想。国外许多科学技术比我们先进，成果也公布过，但这不等于我们就可以报道。我们的科技新闻能不能报，或以什么样的口径报，报道到何种程度，一定要服从主管部门指示，听从审稿人的修改意见。其次，要严格按程序送审。在采访中，尽管我们对所报道的科技新闻的保密范围有所了解，写作时落实保密要求，但最后一定要将稿件送当事人和有关部门审查并签字盖章，一般应经过课题负责人、单位主管领导、科研主管部门和保密委员会这几道关。在实际工作中，往往会发生审稿与发稿时效相冲突，但必须发稿时效服从审稿，切不可为了发稿时效而强行“闯关”。

舆论战：信息化战争的“第二战场”*

纵观近年来发生的几场高技术条件下的信息化战争，我们发现，在一大批高技术武器装备演绎着现代战争新概念的同时，舆论战一次比一次突出地被推到了国际间对抗争夺的第一线，成为现代信息化战争的“第二战场”。作为信息化战争的一种新的作战样式，舆论战的渗透力与震慑力日益彰显，越来越引起世界各国的广泛关注与思考，成为摆在我们面前的一个重要课题。

一、在信息化战争中，新闻媒体成为一种特殊的作战武器，呈现出新的作战样式

在人类战争史上，“不战而屈人之兵”历来是军事家追求的最高境界，舆论宣传的作战功能也为古今中外兵家所认同。拿破仑曾说，“报纸一张，犹联军一队”；艾森豪威尔也说过，“在宣传上花 1 个美元等于在国防上花 5 个美元”。毛泽东早在 1928 年 10 月就旗帜鲜明地提出：共产党是要在左手拿宣传单，右手拿枪弹，才可以打倒敌人的。由此可以看出，历史上的政治家和军事家都十分重视新闻宣传在战争中的作用。但是，由于受到传播技术与条件的限制，传统战争的着眼点主要在于攻城略地或歼灭敌人有生力量，新闻舆论战只是争取人心和夺取战争胜利的一种辅助手段，对战

---

* 原载《国防科技》2004 年第 10 期，获湖南省优秀科技新闻论文二等奖。

争全局的影响有限，其威慑力并不能与武力相提并论。但随着现代科学技术的迅猛发展，大众传媒的现代化水平有了巨大发展，信息承载能力空前增强，新闻舆论可以在瞬间对全世界产生影响。特别是在现代高技术战争中，战争所追求的目标，已不再是大规模消灭敌人有生力量和攻城略地，而是力求通过有限军事手段和强有力的舆论攻势，真正达到“不战而屈人之兵”的目的。这种以威慑代替实战从而达到政治目的的舆论战，其“软杀伤力”甚至超过了武器装备的“硬摧毁”效果。因此，直接用来实施意志、精神、心理打击的舆论战的作用也就显现出来，新闻传播阵地成了精神杀戮、意志摧毁的无形战场，新闻舆论战上升到国家与军队的战略层面。

在2003年伊拉克战争打响前，美国国防部官员曾明确表示，“在这场战争中，真刀真枪的战斗仅占25%，其余75%的任务是争取伊拉克人民的友好和合作”。时任美国总统布什在一次记者招待会上说，改变伊拉克政权是美国的一项国策，“要用一切办法实现这个目标”。布什所说的“一切办法”，其中就包括要在国内外特别是伊拉克开展强大的新闻舆论攻势。战前，布什政府为了达到更迭伊拉克政权的目的，充分利用现代化的信息传播手段，进行舆论造势和策反活动。美国政府宣布伊拉克为“邪恶轴心”，掌握大规模杀伤性武器，对世界构成了威胁，等等；美国的新闻媒体则利用“9·11”恐怖袭击事件在美国民众中产生的深刻影响，围绕布什的重大决策，发表了连篇累牍的新闻、评论，形成了强烈的舆论氛围，最终使布什政府在未获得联合国授权的情况下，获得了72%的国内支持率。战争打响后，美国又通过“电视直播”，陆续宣布“斩首行动”“震慑行动”“截断蛇头行动”等，直指要害目标，对伊军民实施全方位、多层次、全过程的政治攻势，导致巴格达城池不攻自破，几十万伊军“集体蒸发”，伊拉克政权迅速瓦解。

战争初期，伊拉克对舆论的争夺也毫不示弱，尽管他们掌握的新闻资源有限，但伊拉克新闻部长萨哈夫针锋相对，每天针对美国发布的战争信息，作出完全相反的发言，一度令美国十分头痛。例如，当美国媒体报道萨达姆负伤、阿齐兹叛逃、51 师师长投降的新闻后，伊拉克立即让他们出现在电视画面上，揭穿美国媒体的欺骗宣传。到了战争后期，萨哈夫的许多新闻也完全是无中生有，而这正是利用新闻进行战争欺骗的一种手段。

在伊拉克战争中，新闻传媒服务并服从于战争，甚至直接介入军事行动的特征表现得淋漓尽致。它告诉我们，舆论战既是战争的重要手段，又是战争的重要组成部分。在信息化战争中，新闻媒体已成为一种特殊的作战武器，并呈现独立的作战样式。

二、在信息化战争中，制新闻权已成为战争的重要组成部分和交战双方的争夺目标

现代战争有对制空权、制海权的争夺，从近年来几场信息化条件下的局部战争中可以发现，制新闻权，已成为信息化战争的一个重要组成部分和交战双方争夺的重要目标。

在伊拉克战争中，美伊双方均将新闻舆论争夺摆在了前所未有的战略位置并贯穿战争始终。无论是战前围绕武器核查，还是战中炫耀武力，双方都是由战略层亲自介入，政府首脑和高官亲自披挂上阵，精心策划，严密组织，适时调整，针锋相对。

美国为推翻萨达姆政权，把一场没有联合国授权的战争宣传成“正义”的战争，欺骗国际舆论，鼓舞美军士气。布什政府从一开始就牢牢把握新闻传媒机器，直属白宫的新闻舆论战专门机构“全球宣传办公室”，依据对伊作战计划，把新闻舆论战作为整个战争行动的重要组成部分，进行了周到细致的安排部署，集中国家的一切新闻资源为战争服务，并对战时新闻舆论实施了统一管理、严格控制。美国各新闻媒体在“国家利益高于一切”的理念指引下，与政府默契配合，紧紧围绕军事行动展开新闻报道。在整场战争中，美国广泛利用高度现代化的传播手段和先进设备，在太空调集了总数高达 100 多颗的通信卫星，在空中有播发广播电视节目的飞机，在地面有随身携带数码照相机、卫星电话的战地记者，形成了空地

一体、覆盖全球的战场信息传播网络，及时、快速、大量地发布了有关信息，有效地压制了处于传播弱势的伊拉克舆论，牢牢控制了这场战争的制新闻权。

美军还采取了比 1991 年海湾战争更为严格而又灵活的新闻舆论管控方式，主动邀请500 多名国内外记者随军采访，进行所谓的嵌入式报道。美军的这一非同寻常之举，并不是真正要为新闻记者提供方便，而是为了更直接、更有效地控制新闻媒体，让新闻记者成为美军的“传声筒”。

伊拉克虽在传媒技术力量上处于劣势，但也充分发挥国家电视台、电台的作用，并努力争取和利用卡塔尔半岛电视台等伊斯兰国家电视传媒，传送自己的声音，打破美国的新闻垄断。战前，萨达姆曾通过新闻舆论积极呼吁阿拉伯世界联合起来，试图建立最广泛的反战舆论联盟来遏制和避免战争。战争爆发后，伊拉克又以伊斯兰精神来激励国民斗志，努力营造出一种委屈无奈、悲悯无助的情境，不断唤起国际社会的怜悯理解之情和伊拉克人民的同仇敌忾之志。虽然萨达姆政权在这次战争中不堪一击，迅速瓦解，但他们在战争初期对制新闻权争夺，运用新闻媒体争取国际社会同情等方面也有不少可圈可点之处，给人留下了深刻的印象。

透过伊拉克战争的硝烟，我们可以更清楚地看到军事强国已经形成了以信息化为基础、以高控制为基点的舆论战略，并在实践中取得了较好战果。可以预见，今后世界各国都将重新认识大众传媒、新闻舆论对战争的影响和作用，在战争中充分利用大众传媒，从外交、经济、政治、心理各方面向对方的政府、民众以及国际社会施加影响，围绕“制新闻权”的斗争将会变得异常激烈。

三、在信息化战争中，新闻报道受“军规”约束，新闻管制变得越来越严格

从 20 世纪 80 年代起，美军总结了越南战争没有严格进行新闻检查而最终导致战争失利的教训，开始对与军事行动有关的新闻实施严格的新闻

管制。在 1983 年美军入侵格林纳达和 1989 年入侵巴拿马等一系列局部战争中，美军为确保军事行动成功，对战时新闻报道实行了空前严厉的封锁阻断，不但完全阻断了新闻媒体的战地采访，而且对所有新闻媒体严密封锁战场消息。只有在军事行动取得速战速胜之后，才允许记者进入被占领国采访。美军这样做虽然遭到新闻媒体的批评，但确保了新闻管制的万无一失。到了 1991 年的海湾战争，美军就与新闻界达成了妥协，对其新闻检查制度进行了调整，由“封锁阻断式”向“舆论约束式”过渡，并依靠行政、法律手段实行强制性控制。美军通过制定各种战时法规，加强对新闻记者自由的限制，严格执行战时新闻检查制度和保密制度。美国政府还设立专门机构对传媒实行严格监督、审查和管理。例如，设立无线电委员会统一管制电波的频率、频道等，对广播电视节目的内容和运作进行严格控制。在科索沃战争、阿富汗战争以及伊拉克战争中，美国政府都曾规定，一切关于战争的报道必须与白宫、五角大楼的宣传口径保持一致。

从这以后，美军对新闻记者的报道就定下了铁的“军规”。1991 年海湾战争期间，五角大楼就对给死亡士兵拍照及其他相关的新闻报道作出具体规定。例如，记者被严令禁止拍摄死亡士兵尸体的照片，更不能将照片公之于众。在伊拉克战争打响之前，五角大楼与记者约法三章，对战地记者提出了明确要求，对哪些东西可以报道、哪些东西可以模糊报道、哪些东西绝对不能报道作出明确规定。五角大楼还把所谓的《战地报道规定》下发给各大新闻媒体，列出了 14 类可以报道的信息以及 19 类不得报道的信息。

在 2003 年的伊拉克战争中，美军对在卡塔尔美军中央司令部采访的所有记者作出 3 条规定：不准问美军和英军的伤亡情况；不准问与目前军事行动有关的问题；不准问与今后军事行动计划有关的问题。对在战地采访的记者，美军也定了 3 条规定：获准随军采访的记者可以与部队一起行动，但不得自由活动；“现场转播”涉及美军伤亡情况必须由国防部决定；战斗开始时间、地点以及战斗结果，不能详报。如果记者违规，将受到包括剥夺战地报道权在内的严厉惩罚，根本不存在西方社会标榜的新闻自由。曾报道越南战争而获得普利策新闻奖的美国全国广播公司资深记者彼得·阿内特，因在接受伊拉克国家电台采访时发表美国第一阶段计划已经“失败”的言论而被解雇。2004 年 4 月，美国一家承接五角大楼合同的航空运输公司的两名雇员，擅自将运送 20 具美军尸体棺材的照片泄露给了《西雅图时报》，引起美国国内舆论的极大轰动。五角大楼暴跳如雷，称这违反了有关禁令，有关方面对运输公司施压，逼迫该公司将这两名雇员开除。

美国在伊拉克战争中虽然成功地控制了参与采访战争的记者与媒体，却疏忽了美军官兵手中数以万计的数码照相机，正是美军手中的这些数码照相机，暴露了美英联军骇人听闻的虐俘事件，给他们战时新闻控制又出了一道新的难题。

四、在信息化战争中，新闻舆论的作战功效日益突出，加强舆论战研究成为摆在我们面前的一个重大课题

高技术条件下的信息化战争表明：利用新闻传媒实施的新闻舆论战已成为军事行动的有机组成部分，具有信息化武器装备不可替代的“软杀伤力”。通过伊拉克战争活生生的事实，今后世界各国都将重新认识舆论对战争的影响和作用，并把提高夺取战时新闻舆论优势的能力作为顺应新军事变革的一个必要举措。因此，我们必须大力加强信息化战争中的舆论战研究，以便在未来的信息化战争中抢占舆论先机。

加强舆论战研究，首先要强化舆论战意识，确立与之相适应的思想观念。我们知道，舆论传播最早用于战争，战争与舆论有着天然的联系。打赢信息化战争，不仅要靠信息化武器装备的“硬摧毁”，而且需要新闻舆论的“软杀伤”。在现代信息化战争中，我们要树立媒体、舆论是一种特殊武器的观念，从而不断提高驾驭新闻舆论战的能力，牢牢掌控战场制新闻权、制信息权。在新的历史条件下，战争形态在变化，新闻工作发挥作战功能的领域在扩展，只有大力加强对现代舆论战的方式、方法和手段的

研究，不断在舆论战的谋略、内容、战法上进行创新与发展，才能为未来我军在军事战场和舆论战场上获得双赢做好充分准备。

加强舆论战研究，必须以战略需求为牵引，构建与信息化战争相适应的新闻管理机制。在信息化战争中，制新闻权已上升到战略层面，成为现代信息化战争的一种重要作战样式，我们必须从战略层面上给予高度重视，充分认识大众传媒在现代战争中重大的舆论导向作用，要以国家和军队战略需求为牵引，站在维护国家和军队利益的高度，抓紧建立和健全战时新闻舆论组织协调指挥机构，制定战时新闻管理法规，建立军事新闻发布制度，尤其要建立战时军事新闻发言人制度，牢牢掌握战时舆论宣传的主动权。在伊拉克战争中，美军中央司令部的军事新闻发言人布鲁克斯准将和伊军的军事新闻发言人萨哈夫，在舆论战中都发挥了积极作用，成为媒体关注和追踪的新闻人物。

加强舆论战研究，必须以提高新闻舆论谋略水平为重点，不断增强战时新闻舆论管控的艺术性和有效性。美国政府十分重视对新闻舆论谋略的研究，专门成立了以资深传播学家、社会学家、军事专家组成的研究机构，围绕国家战略目的，就如何摆脱舆论对自己的牵制和利用舆论牵制别国等重大问题设谋定策。“他山之石，可以攻玉。”美国的一些做法值得我们借鉴。无数战争一再证明，无论是武打，还是文攻，都是善谋者胜。信息化条件下新闻舆论战的谋略对抗更是一种高智能的较量。“运用之妙，存乎一心。”因此，必须加强新闻舆论的谋略意识和策划观念，增强新闻管控的艺术性和有效性。只有这样，才能确保在未来信息化条件下的舆论战中稳操胜券。

加强舆论战研究，必须着眼于提高人的素质，建立一支政治强、业务精、纪律严、作风正的高素质军事记者队伍。取得信息化战争胜利的筹码不在于军队的数量和规模，而在于军队的质量和效能，舆论战也不例外。打赢信息化条件下的舆论战，必须有一支高素质的军事记者队伍。信息化战争中双方对制信息权、制新闻权的争夺空前激烈，国际环境错综复杂，战场情况瞬息万变，新闻采写困难重重，对军事记者的综合素质是一场严峻的挑战与考验。战争一旦打响，记者不单纯是记录战争，而是战争的直接参与者，人的素质仍然是决定因素。因此，在信息化战争中，记者应该是国际问题的观察家、军事问题的谋略家、舆论宣传的指挥家、掌握现代传播技术与手段的新闻家。记者不仅要懂政治、懂军事，还要懂科技、懂谋略，不仅要有精明的头脑，还要有强健的体魄。一句话，只有具备了开展信息化条件下的舆论战所必需的素质与能力，军事记者才能在信息化条件下的舆论战中发挥应有的作用，出色完成各项任务。

舆论谋略与记者的战略思维*

自海湾战争特别是伊拉克战争以来，作为信息化战争一种特殊作战样式的舆论战，从来没有像今天这样越来越引起人们的关注，其“软杀伤”的威力与效果，也没有像今天这样能与“硬摧毁”相提并论，甚至有过之而无不及。与信息化战争一样，舆论战运用作战谋略。不同的是，充满火药味的武力厮杀有特定的战场时空，而舆论战则不受时空限制；刀光剑影的战争可能一时不会发生，但没有硝烟的舆论战天天在打，记者每天都在战场上。因此，重视并善于运用舆论谋略，不断提高记者的思维层次和战略思维能力，是摆在我们面前一个重要而紧迫的课题。

一、重视并善于运用舆论谋略，是记者着眼国家利益必须锤炼的本领

从本质上讲，谋略就是方法论，是腾起在竞争对抗激流中的智慧浪花。我国是以作战智慧、东方谋略见长的国度。“一策而转危局，一语而退千军，一计而平骚乱，数言而定国基。”这就是谋略的巨大作用。

提到谋略，一般人总以为这是政治家、军事家的事，似乎与记者无关。其实不然，舆论战也是一个斗智伐谋的广阔舞台，无论战时、平时，记者都是舆论战的直接参与和策划者，在正确引导国内舆论、有效影响国

* 原载《军事记者》2007 年第 2 期，获湖南省优秀科技新闻论文二等奖。

际舆论，乃至达到“不战而屈人之兵”上，记者肩负的使命与发挥的作用不言而喻，特别是当大众传媒在军事、经济、外交等领域已成为一种特殊武器并呈现出特殊作战样式的今天，重视并善于运用舆论谋略，更成为记者着眼国家利益必须锤炼的一种职业本领。

在人类战争史上，“不战而屈人之兵”历来是军事家追求的最高境界。信息化战争的先行者美国就十分重视通过非军事手段来达成战争目的，他们基于对舆论本质及其效益生成机制的深刻理解，不断加强对新闻舆论谋略的研究，组成以传播学家、社会学家、军事专家为主的精英智囊团，围绕国家战略与国家利益对舆论设谋定策。这种对舆论的筹谋策划，既有政府高层与军事专家的战略思考，也有一线新闻记者的组织策划。事实上，大多数的舆论战都需要两者的密切配合，最终要靠媒体和记者去组织实施。被人们称为“有战争情节的政治戏剧”的伊拉克战争，就处处体现着舆论谋略的运用，其花样不断翻新，让人眼花缭乱，新闻传播阵地成了精神杀戮、意志摧毁的无形战场。

日益呈现出特殊作战样式的舆论战，其谋略的作用不可小觑，战时如此，平时也如此。在国际舆论斗争中能否抢占舆论制高点，争得第一话语权和解释权，谋略运用是关键，它直接决定舆论的效果。2005 年 3 月，第十届全国人大第三次会议通过《反分裂国家法》，成为国内外关注的焦点。在此之前，“台独”分裂势力和一些国外敌对势力，对我国通过立法维护国家统一肆意歪曲、恶意攻击。但当新华社根据起草小组将“反分裂国家法”译为“Anti-Secession Law”的新闻稿向全世界播发后，一场原本可能引起国际负面影响的风波便偃旗息鼓。因为，secession 一词意为“退出”“分离”，且有叛国之意。发生在 19 世纪 60 年代的美国南北战争，起因就是南方 11 个州要脱离联邦，美国法律和历史教科书提到南方的分离运动，使用的就是 secession。我们在翻译《反分裂国家法》时使用 secession，中国的《反分裂国家法》就易于被国际社会根据其自身的历史文化理解和接受。仅仅是一个词，就在这场舆论战中抢占了先机，起到了先声夺人、以正视听的作用，有效引导了国际舆论。据了解，“两会”召开前，新华社专门举办了《反分裂国家法》专题报道培训班，强调一定要打好这场有着复杂背景和特殊意义的舆论战，正是由于具有高度的政治责任感和出色的舆论谋略运用，才牢牢把握了舆论的主导权。台湾《世纪论坛报》说："3月14日北京全国人大通过了促进一中两岸统一的《反分裂国家法》，台湾原先一厢情愿预期的国际负面反应几乎等于零。"

因此，记者应该学会着眼全局和战略层面思考问题，锤炼观察问题的敏锐性和思考问题的深刻性，应该具备战略家、军事家那样的谋略智慧与战略眼光，谙熟新闻舆论谋略，充分发挥新闻信息资源的舆论效益，努力掌握新闻舆论的主动权。

二、重视并善于运用舆论谋略，是当前国际舆论环境对记者提出的必然要求

在当前国际风云变幻、利益争夺激烈的情况下，舆论斗争日益呈国际化和全球化趋势。然而，发达国家与发展中国家之间的信息传播流量是极不对等的。据有关资料统计，占全球人口20%的发达国家拥有全球信息传播总量的80%，占全球人口80%的发展中国家只占有20%的信息处理量，而且信息基本上是发达国家流向发展中国家。目前，美国、欧盟和日本控制着全球90%的信息资源，西方五大通讯社在全世界发布的新闻量占到了96%。在今天无时不在、无处不在的舆论斗争中，我们在信息传播中实际上处于劣势。

一个客观存在的事实是，在中国和平发展的过程中，一些西方媒体出于自身利益和全球战略考虑，不断加强对我国的舆论渗透和形象诋毁。在发达国家几乎垄断国际新闻信息发布权力的情况下，我们要谋求以少胜多的舆论效果，尤其要注重对舆论谋略的研究和运用，否则会处于十分不利的被动局面。然而，由于少数媒体和记者缺乏战略思维能力和舆论谋略的运用，往往被别人牵着鼻子走，不自觉地充当了西方媒体的传声筒。在美军攻打伊拉克的时候，少数媒体为了得到所谓的独家报道，直接从美国国

防部的网站上翻译内容进行登载，站在美国的立场上误导读者。2006 年 3 月 13 日，《参考消息》转载《日本经济新闻》的文章：《“中国通”的烦恼》。原因是我国某都市报在对日本新任驻华大使宫本雄二的报道中，极尽赞美之辞，称宫本是“中国通”，说他为帮助中国获得无偿援助足迹遍布中国各地，还说他是驻华大使的不二人选。这篇报道通过互联网传到日本引发了不少议论。日本外务省中国事务负责人也认为，在双方关系困难、被对方欣赏就将被本方怀疑的形势下，这可能会造成对宫本的捧杀。这就是让宫本这位“中国通”感到烦恼的原因。这篇一厢情愿的报道，其效果完全事与愿违。

面对当前复杂的舆论斗争现实，记者必须从巩固党的执政地位、有效抵御西方敌对势力对我“西化”“分化”图谋的高度，来认识和看待提高舆论引导能力的紧迫性，自觉加强舆论谋略的研究与运用，这是当前国际舆论环境对记者提出的必然要求。首先，要牢牢把握正确的舆论导向，在重大问题、突发事件、热点焦点上正确引导，注重舆论谋略的运用，有效引导国内国际舆论；其次，要增强舆论的感染力和渗透力，寓情于理，在服务受众中引导受众，满足受众的信息需求；最后，要了解国际传媒的运作规律与其社会环境，学会用对方受众容易接受的方式与语言进行舆论引导，着力于影响受众的情感、主观判断和行为选择，主导新闻舆论，影响民意归属，谋求以少胜多、以弱胜强的舆论战法，让我们发出的声音受众听得见、听得懂、听得进，努力增强传播效果。

三、重视并善于运用舆论谋略，要求记者必须具有宽阔的国际视野和战略思维能力

打赢舆论战不能忽视谋略的运用，新闻记者的谋略水平很大程度取决于他的国际视野和战略思维能力。记者不是单纯的写稿匠，而是在舆论战中冲在第一线的战士，肩负着维护国家利益、营造有利于我国和平发展良好舆论环境的重要使命。

具有不同思维层次与舆论谋略的记者，在实战中的表现是完全不一样的。2005 年 5 月，当中国人民纪念抗战胜利 60 周年的时候，日本厚生劳动省政务官森冈正宏竟宣称："甲级战犯在日本国内早已不是罪人。"此言一出，新华社解放军分社记者迅速作出反应，写出了《战犯，永远被钉在历史耻辱柱上》的评论，并配以"供奉在靖国神社的 14 位甲级战犯罪行录"向全世界播发，以无可辩驳的史实抨击日本右翼，取得很好的舆论斗争效果。然而，在对待日本靖国神社问题的舆论交锋中，我们并不是每次都有这样的出色效果。在此之前，随日本外相访华的日本外务报道官高岛举行记者招待会，国内某媒体记者得到唯一提问机会，她提出，"请日本考虑'如果布什祭拜那些向广岛投下原子弹的美军，日本人会是什么心情'"。其本意是强调小泉一再参拜靖国神社严重伤害了中国和亚洲人民的感情，但她以"如果布什祭拜那些向广岛投下原子弹的美军"作类比，极不明智，也十分荒谬。有学者指出，美军向广岛投下原子弹，动机尽管十分复杂，但毕竟是一个遭受日本侵略的国家，为了迫使日本尽快投降而采取的措施，即使布什去祭拜那些向广岛投下原子弹的美军，其含义也与小泉参拜靖国神社完全不同。这一提问不仅说明这位记者缺乏起码的国际知识和历史知识，更是中了日本把自己塑造成受害者而否认自己是加害者的圈套。

在舆论斗争中，既要避免误入圈套，更要避免授人以柄。例如，一些媒体在报道中就曾出现过"全国解放后"这一极不严谨的提法。军报资深报人吴顺祥同志发现后，立即指出："其权威、准确、正规的表述应为'新中国成立后'，在当前台海局势并不稳定的情况下，你这样说，岂不是授人以柄?"这绝不是危言耸听或吹毛求疵。因为记者天天都在战场上，用的只不过是脑和笔。新闻稿件字字千钧，切不可马虎大意，报道中的一个失误哪怕是一个错字，都有可能被敌对势力所利用，给党和国家的事业造成无法挽回的损失。

作为一名舆论战士，面对纷繁复杂的国际风云，必须时刻保持清醒头脑和战斗姿态，练就一双火眼金睛，让自己具有更宽的国际视野、更高的思维层次和更强的战略思维能力。英国随军记者利得尔·哈特，长期专注于战争问题研究，后来写出了《间接路线战略》等著作，被西方军人称为“将军师”，成为世界著名的军事战略理论家。美国社会未来学家托夫勒，原是美国一家杂志的记者，他写的《第三次浪潮》和《战争与反战争》等论著，几乎影响了全世界。像他们这样由记者而成为战略家、思想家的，在我国新闻界也不乏其人，他们应该成为新闻记者的榜样。由此看来，重视并善于运用舆论战谋略，提高自己战略思维能力，既是打赢舆论战的需要，也是记者走向更高层次的一个有效途径。

守正创新：讲好新时代强军故事*

摘　要：讲好故事是实现对外传播的有效途径。讲好新时代强军故事，就要坚持守正创新，以思维理念的“升级换代”讲准，彰显时代特征；以方式方法的“推陈出新”讲活，用好全媒体时代的传播载体；以话语体系的“合理建构”讲深，发挥主流媒体话语优势。

关键词：守正创新；新时代；强军故事

当今世界，对外传播能力是国家和军队软实力的重要组成部分，讲好故事是实现对外传播的有效途径。在2018年8月召开的全国宣传思想工作会议上，习近平总书记强调，讲好中国故事、传播好中国声音，向世界展现真实、立体、全面的中国，提高国家文化软实力和中华文化影响力。在许多重要国际会议与外事活动中，习总书记还带头讲中国故事，用具体而生动、通俗而深刻的故事来彰显中国智慧、阐释中国方案、解读中国道路，架起中外沟通的桥梁。

讲好新时代强军故事，是讲好中国故事的一个重要组成部分。传播好中国军队声音，展示中国军队形象，让世界更了解中国军队，已成为军事新闻传播的一道时代课题。讲好新时代强军故事，就要坚持守正创新。守正是创新的前提，必须始终坚持正确的政治方向、坚守正确的政治立场、遵循正确的政治导向；创新是守正的发展，必须实现创造性转化，确保守

---

* 原载《军事记者》2019年第6期，与吴穹合作完成。

正更有活力、更有生命力。坚持守正创新，就是以思维理念的“升级换代”讲准，彰显时代特征、立足强军背景、突出故事属性；以方式方法的“推陈出新”讲活，实现传统媒体与新兴媒体相融合、传播内容与传播载体相契合、“借船出海”与“造船出海”相结合；以话语体系的“合理建构”讲深，发挥主流话语严谨规范的优势、学术话语学理支撑的优长、大众话语鲜活生动的优点，真正把新时代强军故事讲准、讲活、讲深。

一、把握时代脉搏：通过思维理念的“升级换代”，准确阐释新时代新气象新作为

讲好新时代强军故事是一个系统工程，应该用系统思维方法，注重思维理念上的创新，重点是解决好认识论层面的问题，这是人民军队在传播格局深刻变革、媒体格局深度重塑、舆论生态深刻变化的大环境中，传播好中国军队声音的必然要求和应有之义。

（一）彰显新时代强军故事的时代特征

好故事蕴含着大道理，吸引人的故事必须富含时代气息，与社会进步和时代发展同频共振、同步推进。中国特色社会主义进入新时代，国防和军队建设也进入了新时代。党的十九大确立的这一新的时代方位，就是讲好新时代强军故事所必须把握的时空坐标。既要坚持不忘本来，从薪火相传的优良传统中传承红色基因、汲取丰富养分，始终保持本色不改、底色不变，也要重视吸收外来，围绕共同的价值追求，注重融入情感元素，让人物的形象和个性丰富起来，确保产生话题效应、刷屏效果，为受众探知与认同彼此的价值取向提供载体，为造就现象级传播提供强大动力。同时，强军故事由每一名普通官兵的故事汇聚而成，要立足日常训练工作生活实际，选取那些鲜活的带有人情味的故事，从而更好地吸引人、感染人、打动人、激励人。比如身为退役军人的英雄机长刘传健，在万米高空突然发生驾驶舱挡风玻璃爆裂脱落、座舱失压的紧急状况下果断应对，带

领机组成员临危不乱、正确处置，确保了机上 119 名旅客生命安全，引发了受众对军人群体的关注和点赞。

（二）立足新时代强军故事的历史背景

好故事往往具有时代烙印，必须适应信息时代的传播特点，有尺度地选取内容才能驾驭无尺度的网络平台。英国著名学者马丁·雅克指出，“西方存在一种势力强大的臆断，认为中国应当跟我们一样；但中国从来都与我们不一样，以后也永远不会跟我们一样。”如果说当前国内外的政治经济生态是开展国际传播能力建设必须考虑的现实语境，那么，强军兴军的伟大实践就是讲好新时代强军故事的真实环境，其中既不缺乏轰轰烈烈的宏大叙事，也不缺少细致入微的感人情节，这些都为讲好强军故事提供了丰富营养。要在就事论事、讲清情节、讲好细节的同时，将故事背后的军营元素、社会元素和政策元素，进一步提炼为兼具理论深度、实践广度和传播力度的新概念、新范畴和新表述，就像习主席所指出的那样：“既准确报道个别事实，又从宏观上把握和反映事件或事物的全貌。”通过一个个具体故事的典型性、必然性、逻辑性，拼接出蕴含于背后的强军图景，让“重整行装再出发”的人民军队尽展于受众面前。

（三）突出新时代强军故事的故事属性

好故事只存在于故事中，《人类简史》一书的作者尤瓦尔·赫拉利有个著名观点：人类创造了故事，故事养育了人类，讲故事的独特能力才使人类成为地球之主。移动互联时代，受众身处各类信息终端包围之中，无时无刻不在主动或被动地接触大量信息。这种情况下，一个生动有趣的故事往往能第一时间吸引眼球。同时，故事也是人类文化传统赓续和价值理念传承的重要载体，不同地域、不同种族、不同国度甚至不同信仰的人们都可以通过讲故事和听故事来拉近彼此心灵的距离。可以说，没有任何一种抽象的概念，能够比血肉丰满的情节更有说服力和感染力。讲好强军故事，必须把故事属性凸显出来，通过讲故事让道理变得更加亲和、更富魅力、更有效果，进而滋润心灵，引发思考，鼓舞人心，最终与受众产生思想和感情的双重共鸣。

二、强化融合意识：通过方式方法的“推陈出新”，为讲好新时代强军故事提供更多选项

现代传播领域是技术反哺表现最为突出的领域之一。回顾历史不难发现，每次传播格局的变化都是在技术推动下实现的。在科技进步对社会造成的全方位多领域影响中，大众媒介往往首当其冲。当前，具有跨时空、大容量、开放性、交互性、移动化等传播特点的短视频、微博、微信、客户端等网络媒体，日益成为信息传播的主渠道、主平台，为讲好新时代强军故事提供了更多选项。

（一）实现传统媒体与新兴媒体相融合

互联网时代社交媒体的兴起，为对外传播带来新机遇，为讲好中国故事提供了新平台。调查显示，“新媒体时代，自媒体在外国人生活中的重要程度极大提升”，“接近2/3的外国青年将互联网作为接触中国文化信息的首选渠道”。讲好新时代强军故事，就是要紧盯互联网及其相关技术前沿，高度关注互联网传播的移动化、视频化、社交化趋势，通过媒体的深度融合，不断提升适应和驾驭新技术的能力水平。2018年成立的解放军新闻传播中心，涵盖了报纸、通讯社、电台、电视、网络、出版等版块，共推出100多种新闻产品，在体制编制上把军队媒体所有平台整合在一起，实现了报、端、网、微同频共振、同向发力，形成全方位多层次多声部的主流声音传播矩阵。2019年春节前夕，武警部队政治工作部策划制作的首部强军网络宣传片《中国武警，永远和您在一起》，也是按照“适合网络特点，契合网民需要，符合传播规律”的思路摄制，采取沉浸式铺垫和触动式叙述，以短视频的形式引导受众主动体悟和感受。推动媒体融合发展，不是单纯的品种嫁接、搞“1+1”，更不能搞“一刀切”“一个样”。

传统媒体与新兴媒体也不是取代关系，而是迭代关系；不是谁主谁次，而是此长彼长；不是谁强谁弱，而是优势互补。要通过整合资源、攥紧拳头，实现基因重组、合二为一，最终构建起资源集约、结构合理、差异发展、协同高效的全媒体传播体系。

（二）实现传播内容与传播载体相契合

不同的传播载体往往需要不同的讲故事方法。故事的讲述方式、呈现方式必然随着传播载体的不断变化而迭代升级，从报刊、广播、电视到移动媒体，每一种媒介都经历了长期的叙事探索。习主席强调，正能量是总要求，管得住是硬道理，现在还要加一条，用得好是真本事。当前，移动互联网成为信息传播的主渠道。根据第 43 次《中国互联网络发展状况统计报告》，我国网民中使用手机上网的比例已达 98.6%，远超台式电脑、笔记本电脑等其他上网终端。面对占据主导地位的智能手机终端，要讲好人民军队备战打仗的故事、建设发展的故事、履行使命的故事、改革重塑的故事、维护世界和平的故事，就要适应传播载体的变化，充分考虑竖屏时代画面构成的变化和受众接受习惯的改变，少选取战车轰鸣、战机升空、战舰破浪、队列行进等场景化特征明显，但指向性不明、代入感不强、承载和传递信息量不多，甚至让受众产生审美疲劳的视角。自 2019 年 3 月 1 日起，由军队相关部门拍摄的边防军人公益短片《家国与边关》作为电影贴片，登陆全国 1 万多家影院就是一次全新探索。这部时长 45 秒的短片没有飞机坦克，没有炮火硝烟，而是讲述了在神仙湾、河尾滩、红其拉甫等哨所边关的边防官兵奉献青春、卫国戍边的感人故事。在对外进行跨文化传播时，还要充分考虑并准确把握不同类型文化之间的差异，做到在角色造型、人物对白、情节架构、典型塑造方面都适应移动化、视频化传播趋势。比如，中国网推出的《中国 3 分钟》栏目，就因为通过一个个马赛克般的小故事、短评论拼接出完整的中国形象而广受好评。

（三）实现“借船出海”与“造船出海”相结合

全球化带来的资本、人员、信息的跨国、跨文化和跨语言流动，彻底颠覆了国际传播与国内传播“内外有别”的分野，二者之间逐渐形成相互建构、相互印证的关系，对国外受众来说，当地媒体仍是他们获取中国信息的重要平台。2018 年，当代中国与世界研究院和零点有数科技公司，在“一带一路”沿线 17 个主要国家合作开展的中国观调查发现，有 55.2% 的受访者通过当地新闻媒体了解与中国有关的信息，这一比例约为中国新闻媒体（26.7%）的两倍。因此“他者”镜像是我们讲好新时代强军故事的重要选项。要尊重双向互动、平等互补的信息流动规律，充分利用脸谱（Facebook）、推特（Twitter）这类国际网络媒体和对象国的媒体资源。比如，从 2017 年开始，中国英文时政新闻周刊《北京周报》就与美国《时代周刊》《新闻周刊》《商业周刊》和英国《经济学人》等建立了合作供稿机制，通过将重要文章定期刊发在上述期刊上，达到“借嘴发声”的效果。在借助海外成熟传播平台的同时，还要逐步打造具有国际影响的网络媒体，做大做强主流媒体外宣网站，加强本土化运作，开展多语种、全业态传播，不断提升自身的传播力、影响力和引导力，让外界更好地了解人民军队，充分展示威武之师、文明之师、和平之师的良好形象。

三、转变传播理念：通过话语体系的“合理建构”，不断提升对外传播效果

1970 年，法国哲学家米歇尔·福柯在《话语的秩序》演讲中提出话语权力的概念，认为“话语即权力”。西方发达国家依据这一理论，抢占话语平台的制高点，凭借话语优势向世界传播自己的价值观。习主席曾多次要求，要精心构建对外话语体系，发挥好新兴媒体作用，增强对外话语的创造力、感召力、公信力。作为故事的承载，构建话语体系与讲好强军故事之间是双向促进关系。通过故事分享达到情感共鸣的前提就是传受双

方拥有可以互动、融通的话语体系。实现党在新时代的强军目标，要求我们加紧推进与之相匹配的话语体系建设，用一流话语描述一流成就、展示一流业绩、彰显一流风范。

（一）发挥主流话语严谨规范的优势

互联网是技术问题，也是政治问题。近年来，西方不断在网上抛出“中国威胁论”“中国崩溃论”“中国责任论”等新版本、新说法，杜撰出一些听起来似乎很有道理的新名词来描述我国我军的发展成就和发展理念，极具迷惑性和鼓动性，同时还用西方的思维模式和概念框架加以阐释和分析。通过讲好新时代强军故事，超越被动辩护、见招拆招的阶段，实现主动设置议题，某种程度上也是跳出话语陷阱、既设路径，实现另辟蹊径、弯道超车的主动尝试。特别是在抢占“第一落点”难度增大，难以做到“讲得快”的情况下，如何讲得全、讲得深、讲得好就是应当重点考虑的问题。因此，必须旗帜鲜明地坚持正确的政治方向、舆论导向、价值取向，继承发扬马克思主义主流话语体系的一贯本色，通过对客观世界、人的思维认识和人类社会发展规律的真实反映，实现落地生根、深入人心，切实推动互联网这个“最大变量”转变为“最大增量”。

（二）发挥学术话语学理支撑的优长

从传播学角度讲，故事带给人们形象、生动的记忆，但讲好故事本身不是目的，而是要通过故事引人入“道”、启人悟“道”，讲出我们蕴含其中的特有优势。只有学会寓事于理、析事明理，才能更好地赢得受众、拥有话语权。帮助受众解读出强军兴军辉煌成就背后蕴含的血性密码和基因图谱，是讲好新时代强军故事的要义所在，把好的故事讲出深度，就要借助学术话语的规范性、尊重学术发展规律，根据新的现实，构建新的理论框架，揭示新的学术原理，总结新的思想观点，并通过学术逻辑、学术概念等学术语言来准确表达，最大限度避免标签化、口号化、空泛化等倾向。在对外传播中，对一些重要理念、政策概念的翻译和传播既要形成中国特色的表达方式，也要善于借用西方喜闻乐见的表达方式和语汇，切忌直译，避免误读。

（三）发挥大众话语鲜活生动的优点

由于时间碎片化带来的信息传播短平快，受众对于内容容易断章取义、一知半解，这既有传播缺位的因素，也有语境转换的影响。讲好新时代强军故事要把握传播领域移动化、社交化、可视化的趋势，重视视听符号、叙事方式、表达手段的积极创新，更多采用画面、动作场景以及信息相对明晰的话语来完成故事讲述，在乐于接受和易于理解上下功夫，让受众听得懂、听得进、听得明白，不断提升对外传播效果。同时，在西方价值和话语体系中，理性与情感、自由与责任、个人与社会、人类与自然等往往分裂对立，要充分考虑对象国受众在文化心理、思维特点和认知方式方面的差异，准确把握他们的信息关切和接受习惯，在事实选取、表达方式、讲述形式等方面，做到有所区别，有针对性地搞好“翻译”转换，着力增强贴近性、亲切感，寓理于事，以情动人，提高传播效果，从而把“讲好中国故事、传播好中国声音”落到实处。

论军事科技新闻的人文化表达*

摘　要：军事科技新闻的人文化表达是军事科技新闻讲好新时代强军故事的一个具体体现，更是增强军事科技新闻传播力、引导力、影响力、公信力的必然要求。本文结合军事科技新闻采写实践需要把握的相关要诀，探讨军事科技新闻的人文化表达，兼谈讲好新时代强军故事。

关键词：军事科技新闻；人文化表达；新时代强军故事

科技创新是人类探索未知的创造性实践活动，是推动社会进步和经济发展的重要途径。科技新闻是对新近发生或发现的科技事实、科技现象进行的科学性、知识性报道。如果把科技创新视为一种创造性文化现象，那么，科技新闻本身就属于文化范畴，在科学知识普及、科技文化传承、创新成果推广、全民科学素养提升等方面具有重要作用。

自古以来，科技创新与科技新闻紧密相连，相互促进。我国科技出版界知名专家周谊认为："科技传播活动是与人类一同诞生的。"从社会功能上看，科技创新实践活动主要提供工具理性，而工具理性是价值中立的，对人的价值取向、价值追求并不产生方向性引领作用，正如爱因斯坦所言："（自然）科学虽然伟大，但它只能回答'世界是什么'的问题，'应当如何'的价值目标，却在它的视野和职能的范围之外。""应当如何"

* 原载《军事记者》2019 年第 10 期，与吴穹合作完成。

的价值目标，是科技传播责无旁贷的功能，以“文”而“化”之，主要提供价值理性。因此，科技新闻必须注重人文化表达，把“应当如何”的价值目标落到实处。

一、抓住科学性，把握讲好强军故事的前提

科学性是构成军事科技新闻价值、引发受众阅读兴趣的一个重要因素，没有科学性，军事科技新闻将是无源之水、无本之木。军事科技新闻传播的是科学，人文化表达必须抓住科学性这个根本，把握讲好新时代强军故事的前提。

（一）瞄准科学“靶心”

受众关注军事科技新闻是奔着“科学”去的，采写军事科技新闻必须把科学的“靶心”立起来，把科学的“纲目”拎起来，无论是介绍科学发现、创新成果，还是报道军事科技事件、军事科技现象，都要把其中的科学原理、科学奥秘以及将产生的变革性影响讲清楚、道明白。如报道“磁浮交通”，人们最关心的是几十吨重的列车是怎样“悬浮”起来运行的，上下坡、拐弯和载重变化时如何稳定控制，没有摩擦如何刹车，与传统轮轨列车相比有何优势，等等。只有将这些科学原理和盘托出，才能让人真正了解科学的神奇与创新的奇妙，既满足受众对科学奥秘的求知需求，又给人以创新思维启迪，从而达成传播科学知识与弘扬科学精神的双重效果。这一过程本身，也是在巧妙讲述新时代强军故事。

（二）秉持科学态度

在军事科技新闻中讲故事必须有严谨求实的态度，对有关科学概念、科学原理、试验结论等的表述应当尊重科学，严谨求实，言之有理，论之有据；运用数字数据、引述专家评说、表达创新意义应当准确无误，不能随意解读、任意发挥，或是断章取义、为我所用，要经得起推敲和实践检

验；一项成果从诞生到应用有一个过程，未来应用并不代表眼前现实，切不可将科学描绘成科幻，误导受众。

（三）严守科学作风

军事科技新闻的特点是“新”，蕴含着新发现、新知识和新技术，甚至是突破传统认知的颠覆性技术，这是军事科技新闻的一个好看点，也是讲好新时代强军故事的一个好抓手。因此，采写军事科技新闻首先是一个学习过程，要多向专家请教、学懂弄通，切忌自作聪明、不懂装懂。不能为了吸引眼球、谋求点击率而“抓其一点”大肆渲染，或是动辄用“世界级难题”“填补空白”“国际先进”之类的浮夸描述来舍本求末、随意拔高。涉及的军事科技问题如何表述要尊重专家意见，稿件必须经专家认可和业务主管部门审核把关，否则不仅达不到应有的传播效果，还会适得其反。这就要求军事新闻工作者要注重提升科技素养。平时应重视科技知识积累，在采访前做足功课。2019 年 5 月 22 日，某报刊登《水氢发动机在南阳下线，市委书记点赞!》的报道，与多年前的伪科学“水变油”如出一辙，新闻工作者要引以为戒。

二、坚持贴近性，让新时代故事更具吸引力

作为一项创造性实践活动，军事科学研究与军事科技创新大多具有“高、精、尖”的特点。军事科技新闻要为普通民众架起一座了解科学、崇尚科学、学用科学的桥梁，必须始终坚持贴近性原则，在“与我相关”上做足文章，让新时代强军故事更具吸引力。

（一）与受众“套近乎”

要讲清楚一项科学研究与创新成果同受众有什么关系，对生产生活将产生怎样的变革性影响，使其与受众搭上“电线”、攀上“亲戚”。如“天河”系列超级计算机诞生了，每秒运算速度达到千万亿次、亿亿次。

那么，速度快与老百姓有什么关系？能用它做什么？如果告诉他们速度快可以使天气预报更准、药物筛选周期更短，超级计算机可以“算天、算地、算人、算物”，就把“高、大、上”的军事科技成果与日常生活联系起来了，让受众了解到超级计算机离自己并不遥远，不仅倍感亲切，而且近距离感受到军事科技的力量，从而更加崇尚科学、敬重军事科技工作者。

（二）帮受众“解疑惑”

普通民众对科学原理、科技奥秘并不十分了解。军事科技新闻的人文化表达就是要给受众“解开扣子”“拉直问号”。如在中美贸易摩擦中，美国对中国相关企业实施芯片禁售，许多人就弄不明白，一颗小小芯片怎么就卡住了一家企业的脖子，国内怎么就研发不出来？我们在《芯片研发究竟有多难?》一稿中，将芯片的原理、作用，设计、制造的难度，技术进步的速度，以及国内研究取得的进展一一道来，让受众理解了芯片研发难在哪里，从而既看到我们存在的差距，又从我国近年来的跨越式发展中增强了信心。

（三）跟受众“追热点”

军事科技热点是普通民众最为关心和最感兴趣的话题，又往往是雾里看花、不明就里的困惑所在，军事科技新闻就在“追热点”中为受众带来科学的精神食粮。比如，2019 年初国产科幻电影《流浪地球》热播，票房纪录不断刷新，民众对电影中涉及的许多科学问题议论纷纷，特别是那 1.2 万台高达 1.1 万米的行星发动机，是怎样通过“烧石头”的方式喷射产生强大的反作用力，进而推动地球寻找新的家园？尽管这是一部科幻片，但“科幻”不是“玄幻”，更不是“梦幻”，同样蕴含着科学。通过采访专家，我们写出了《等离子体：神秘的第四种物质存在形态》这一科普文章，在《解放军报》刊登后产生了较好的传播效果。

三、力求通俗性，让新时代故事流传得更广

“话须通俗方传远，语必关风始动人。”只有通俗易懂的话语，才能广泛传播、影响深远。军事科技新闻更是如此，必须站在受众的角度，力求把稿子写得通俗易懂，让新时代强军故事流传得更广。

（一）科普化

对于军事科技新闻里涉及的深奥内容，用通俗的语言将“是什么”“为什么”“会怎么样”阐释清楚。如讲“激光陀螺是一种不依赖外部导航信息就能实现导航、制导、定位、定向和姿态控制的核心器件，被誉为自主导航系统的CPU”；“静脉特征识别是一种采用基于非可见光、非接触的温和成像技术，具有识别速度快、稳定可靠、安全清洁等优点”；“光纤相干合成输出是通过相位控制等方法将多根光纤激光器‘捆绑’起来，实现‘步调一致’的高功率、高质量激光输出”。这样写就显得简洁明了、通俗易懂了。

（二）做类比

将深奥的科学问题比作人们熟悉的事物。如将稀土比喻为现代工业的“维生素”、将超级计算机比喻为科技创新的“发动机”，介绍路由器说它相当于互联网络的枢纽和“交通”，等等。对广大受众来说，维生素、发动机、交通都是日常所见，这样进行类比，就易于理解了。

（三）巧换算

报道军事科技新闻往往涉及许多数字、数据，这些数字、数据究竟意味着什么呢？普通民众不一定理解，这时，就要对其进行换算，帮助他们掌握其中蕴含的科学奥秘。比如，我国首台核心路由器的信息吞吐量达到每秒400亿比特以上。“比特”是计算机储存基本单位，“400亿比特”又

是一个什么概念呢？“相当于每秒传输 25 亿个汉字信息，也就是说，一万册每册 25 万字的图书，在核心路由器上一秒钟就能完成交换传输任务。”再比如，介绍超级计算机运算速度之快，“‘天河二号’运算 1 小时，相当于 13 亿中国人计算 1000 年。其存储总容量为 12.4 拍字节（PB），相当于可存储 600 亿册每册 10 万字的图书”。这样一来，抽象的概念就变得具象化了。

（四）引名言

名人名言具有权威性和易于被受众接受的特点，科技新闻适当引名言可以以此为佐证并强调其重要性。如我们写数学在军事领域的应用和产生的威力时，引用了马克思名言：“一门科学只有当它充分利用了数学之后，才能成为一门精确的科学。”当介绍超精加工技术时，引用诺贝尔奖得主罗勒的论断，“未来的技术将属于那些以纳米作为精度标准，并首先学习和使用它的国家”。这样，既增加了军事科技新闻的权威性，更突出了军事科技创新重大突破的重要性。

四、挖掘故事性，让新时代故事鲜活起来

苏联科普作家伊林曾说过：“没有枯燥的科学，只有枯燥的叙述。”科学大师钱学森也指出，科学本身比有些人的科学幻想高一千倍，原子世界、宇宙天体、分子结构、遗传信息，实在丰富得很。军事科技本身有严密的体系和严谨的专业表达，科学家大多看上去比较“高冷”，如果生搬硬套，或是奉行“拿来主义”，就会陷入技术圈子里跳不出来，表述将枯燥乏味，如同嚼蜡。事实上，好故事并不难找，只要善于挖掘，便可信手拈来、为我所用。军事科技新闻有了故事就能鲜活起来，好读、耐看、吸引人。

（一）从军事科技发展史中探寻

军事科技发展并非一条直线，神秘中往往妙趣横生，中间隐含着许多生动故事，严肃的科学大师同样风趣幽默。“大家都知道爱因斯坦发明了相对论，但他也是一个音乐爱好者，经常与量子论创始人普朗克一起弹钢琴，爱因斯坦说：‘这个世界可以由音乐的音符组成，也可以用数学公式组成。’”我们用这个故事，恰到好处地说明了科学与文化的相互促进关系。“激光原本在自然界并不存在，它源于1917年爱因斯坦解释黑体辐射定律时提出的‘假设’，一经产生便照亮了整个人类。”介绍激光，这个故事可以佐证它的传奇与神秘。报道“天河”超级计算机，联想到“如果千年前算盘的发明者穿过‘时空隧道’，看到‘天河一号’会发出怎样的感慨?”将计算技术的历史与现实较好地连接起来。

（二）从军事科技创新经历中发现

在军事科技创新的人与事中，往往隐藏着传奇。比如，我们曾经报道过一位专家在研究卫星太阳翼振动控制装置时遇到了难以突破的技术瓶颈。一天，喜爱拉二胡的这位专家，突然从调弦的张力与频率对应关系中，想到了太阳翼振动变化。受此启发，解决了太阳翼振动控制这一国际公认的技术难题。于是，就有了一个“二胡与卫星太阳翼”的创新故事。与此类似的还有“一个公式改变了一支部队的执勤模式”“逆向思维突破技术瓶颈”等。

（三）从军事科技专家身上挖掘

采写军事科技新闻特别是军事科技人物，常常为缺少故事而烦恼，甚至“抱怨”他们不会讲故事。其实，军事科技专家的成长经历和攻关实践中蕴藏着大量感人至深的细节，只是本人往往并不在意，认为小事一桩，不值一提。这就要求采访者要善于引导，让他们说出故事，并从中选择和提炼出有代表性、有说服力的故事，写出有思想、有温度的新闻，让读者从中感受军事科技专家的家国情怀和创新追求，进而崇尚科学、锐意创新。

五、突出知识性，让新时代故事通过知识性凸显出来

当今时代，各类信息极大丰富，很多时候不是人找信息，而是信息找人。与以往不同的是，由于新技术的赋能和加持，个体信息生产能力极大增强，大量 UGC（user generated content，用户生成内容）充斥在各类信息获取渠道之中。研究发现，UGC 语境下的现实困境是知识信息所占的权重不升反降，具有效用和价值的知识传播行为相对较少。这对军事科技新闻来说是一个难得的机遇。可见，突出知识性，能让新时代强军故事更加凸显出来。

（一）突出知识要点

知识要点是军事科技新闻知识性的有效载体和具体体现，在撰写过程中注意做好铺垫，先对内容涉及的新知识、新技术进行简明扼要的介绍，让受众简要了解"是什么"，再进一步剖析新知识、新技术，达到普及科学知识、提升民众军事科技素养的目的。

（二）补充背景资料

受限于版面和篇幅，几百字的新闻往往难以将一项军事科技成果涉及的技术问题完全说明白，因此有必要在文末加个小资料、小链接，帮助受众进一步理解与认识新技术、新成果。比如，我们报道"核心路由器"时，在小资料中写道："路由器通常被称为是互联网络的枢纽和'交通'，其作用是为在网络上传输的数据寻找最佳路径并进行传送……"这样就使受众对路由器的作用一目了然。

（三）制作相应图表

拍摄和制作一幅或数幅与内容密切相关的图片、图表用以提炼或佐证所要表达的内容，不仅比纯文字的大段论述更符合受众的阅读习惯，图文并茂还显得直观生动。我们在报道诸如“合成生物学”“声学镊子”“结构色”等前沿科技时，都请相关专家提供并筛选提供图片，有时还针对稿件内容制作原理图片。如介绍“声学镊子”时，我们专门绘制了4张原理示意图，受众从图中就能简略知道“声学镊子”如何运用声波“搬动”微小物体，这样做就达到用图说话的目的。

着力提升全媒体时代官兵媒介素养*

摘　要： 全媒体时代，提升官兵媒介素养成为迫在眉睫的重要课题。要充分认清这是军人的必备素质，是运用舆论做好军事斗争准备的必然要求。从时间、空间、主体、效能等维度，牢牢扭住全程媒体、全息媒体、全员媒体、全效媒体这“四全媒体”来界定内涵要义。从树牢新理念、拓展新思路、掌握新方法等角度，科学规划提升媒介素养的路径和抓手。

关键词： 全媒体时代；官兵；媒介素养

中国互联网络信息中心发布的第47次《中国互联网络发展状况统计报告》显示，截至2020年12月，我国网民规模达9.89亿，互联网普及率达70.4%。其中，手机网民规模达9.86亿，占比高达99.7%。这一数据表明，网民上网途径基本实现了由固定端向移动端的转换，以智能手机为媒介的移动互联时代已然到来，其对官兵的影响将更加深远。面对全媒体时代信息无处不在、无所不及、无人不用的格局，提升官兵媒介素养成为迫在眉睫的重要课题。

---

* 原载《军事记者》2021年第5期，与吴穹、谢晋源合作完成。

一、充分认清媒介素养是全媒体时代军人的必备素质

媒介素养是指人们在面对不同媒体中各种信息时所表现出的信息选择能力、质疑能力、理解能力、评估能力、创造及生产能力以及思辨的反应能力。随着全媒体不断发展，全程媒体、全息媒体、全员媒体、全效媒体作为人们获取信息的重要渠道，日益成为官兵须臾不可脱离的新载体、新平台、新空间，媒介素养愈发显得不可或缺。

能动适应“传统把关人”角色缺失带来的信息传播失序。传统媒介条件下，“把关人”处于信息传播链条的关键节点，在信息传播过程中发挥关键作用，能够对信息的流向甚至流量施加重要影响。而移动互联网的普及，一方面带来了交流沟通的便利，另一方面也造成了信息传播失序甚至失范后果。随着网络空间中“传统把关人”角色职能的弱化，在网络技术伦理与自律规范缺失、网民自我约束力不强等多重因素的叠加之下，这种失序和失范更是在无形中放大了。能否始终保持清醒头脑，有效抵制网上形形色色的侵蚀诱惑，是广大官兵时刻面临的严峻考验。只有不断提升媒介素养，强化对良莠不齐信息的自我把关、高效辨识，才能做到激浊扬清、坚守本心。

有效破解“信息筛选者”作用强化引发的“过滤泡”效应。由于人的时间和精力都是有限的，因此在信息传播过程中，信息的易获得性与可使用性之间并不总是正向相关，当超越某一临界点之后，大量的无用信息就会冲淡甚至淹没有用信息。面对近乎唾手可得的海量信息，很多人囿于自身客观条件，很难高效选择和吸收，往往自觉或不自觉地让渡一部分甚至大部分相关权利给网络“大 V”、网站编辑等“信息筛选者”。但在享受“订制化”便利的同时，信息来源窄化、网络身份矮化、思维方式固化，有可能导致认知框架和思维模式发生难以逆转的改变，这种趋势一旦被敌对势力掌控并利用，后果不堪设想。只有不断提升媒介素养，保持主体意识、抓牢主动权利、发挥主导作用，才能看破“过滤泡”中的多彩幻象。

主动应对“算法型推荐”模式泛化营造的“信息茧房”。人们对网上信息的选择并不全面，在浏览过程中，常常认同那些与自身兴趣和立场相符合的信息、观点，而有意无意地忽略其他领域的信息。基于人工智能技术可以捕捉并记录网民极具个性化特征的个体行为偏向，并在后续过程中通过对类似信息的持续推送来逐步固化，最终导致人们沉浸于“信息舒适圈”难以自拔，这也是算法推荐技术得以大行其道的内在逻辑。但过于依赖算法推荐甚至与异质信息隔离开来，可能导致过度自我认同，反复强化自身观点，甚至追求自我极化，让认知面越来越狭窄、视野范围越来越狭小。只有不断提升媒介素养，才能通过广泛涉猎、博采众长，有意识地增加不同类型、不同类别信息的接触机会，实现“破茧而出”“化羽成蝶”。

二、提升媒介素养是运用舆论做好军事斗争准备的必然要求

军人天生为打仗。回望人类历史，战争从来都不仅表现为武器装备、军队规模、工业基础等硬实力的比拼，而总是软硬实力交织的全维较量。作为军事“软实力”的重要组成部分，媒介素养对于传播军队好声音、塑造军人好形象至关重要。因此，提高媒介素养既是形势所需、职责所系，更是备战打仗的题中应有之义。

有助于减弱“西强我弱”国际舆论格局的不利影响。敌对势力头脑中的冷战思维从未改变，近年来更是借助长期积累的技术优势、媒介优势、话语优势、平台优势，大肆对我进行西化、分化和丑化，千方百计扭曲我军国际形象。网上一些价值取向错误、品位格调低级的糟粕垃圾也沉渣泛起，谋求借助各种渠道侵害官兵心灵，试图把人民军队从党的旗帜下拉出来，铸魂与蛀魂、固根与毁根、立旗与拔旗的较量一刻也没有停止。如何做到在多元中立主导、多样中谋共识、多变中立主流，确保思想不动摇、信念不滑坡，始终保持血脉基因和忠诚本色，迫切需要通过强化媒介素养培养来提高官兵对各类信息的识别、分析、评估能力。

有助于强化军事传播在未来战场上的战略主导作用。军事传播历来与

作战行动相伴相生，并随着传播手段和媒介的进步，由最初的传单、报纸、广播、电视等，拓展成为线上线下、网内网外的立体混合宣传，今后还将在5G、人工智能、大数据、区块链等技术的赋能与加持下不断发展。层出不穷的表现形式、类型多样的平台载体和富于变化的传播样态，既增强了表现力度、影响深度和用户吸引力，也对官兵媒介运用能力提出了新的更高要求。作为未来战场上的主体和战争胜负的决定性因素，官兵媒介素养只有得到普遍提升，才能确保人人掌握舆论武器、善用舆论工具、免受舆论影响，在多维多域战场上立于不败之地。

有助于营造虚拟现实空间深度融合的有力战略态势。以“两微一端”为代表的新媒体媒介属性和社会动员功能日益增强，深度影响受众思想观念与道德认知，甚至造就出迥异于现实世界并叠加其上的虚拟空间。人作为虚拟与现实之间的联系纽带和双重主体，两大空间往来穿梭、身份转换频繁进行，极易产生身份认知模糊乃至认同倒错。如何有效避免这种情况，确保对虚拟与现实空间中的不同身份始终保持清醒认知，本身就是媒介素养培育的重要内容，只有正确把握主体间性，准确辨识虚拟与现实之间的关系，才能做到用网而不为网所用，防止因技术进步而异化的“心为物役”现象。

三、着眼全媒体时代界定官兵媒介素养内涵要义

全媒体时代，全程媒体、全息媒体、全员媒体、全效媒体实现了在时间、空间、主体、效能等维度对传统媒体形式的全面拓展和重新定义。全媒体时代的媒介素养要顺应这种发展趋势，以此达到变革创新和超越提升。

立足时间维度的全程媒体要求切实增强互动性。信息传输技术和移动网络技术迭代发展，从根本上改变了按部就班的传统线性传播流程。基于时间维度的全程媒体克服了传统媒介形式传播时效性低的缺点，以非线性传播实现了信息内容多点齐发、动态演绎的全时传播效果，是基于现代信

息技术对客观事物运动整个过程的捕捉、存储和记录。因此，官兵媒介素养不能仅拘泥于信息接收和处理，要从源头介入，在信息传播全生命周期全程存在、全程作用，特别是要发挥好网络拓扑结构中的枢纽中转功能，更好地实现人机互动、人人互动、自我互动。

立足空间维度的全息媒体要求切实增强融合性。由于物联网、多维成像技术特别是大数据技术的成熟，全媒体传播将文字、图片、音频、视频等各类元素融为一体，使得客观事物在空间存在和运动时的全部信息都会被有效采集，并通过多模态集成与全方位呈现，让人们的认知维度和认知体验更加丰富。基于空间维度的全息媒体，要求官兵应当努力成为“多面手”，不能局限于对报纸、杂志等平面媒体的掌握和运用，而是要尽可能多地熟悉 VR（virtual reality，虚拟现实）、AR（augment reality，增强现实）、H5（html 5.0，超文本）等新业态新模式，娴熟运用各种物理空间智能仿真技术，实现新旧媒体之间的自由切换。

立足主体维度的全员媒体要求切实增强参与性。海量信息内容是全媒体有序运转的内在要求，由于手机、平板电脑等智能终端的普及，媒体进入门槛大大降低，参与主体显著增加，理论上全体社会成员都获得了表达机会与发声渠道，能够利用网络平台去发布自己日常生活中的所见所闻、所思所想、所感所悟，让信息传播成为覆盖广大民众的广泛信息交互，突破了原有的专业机构思维和大众传播模式，新闻报道、信息传播几乎无人不会、无人不能，众包机制、利基新闻、公民新闻等以用户为主导的内容生产形式层出不穷。基于主体维度的全员媒体使每名官兵都可能成为“拥有麦克风”的“发言人”，媒介素养不能再作为少数人的“专利”，而是要成为每个人的必备技能。

立足效能维度的全效媒体要求切实增强广泛性。全媒体时代，各种各样的垂直应用通过整合聚合，共同打造了功能全面、效能强大的新型传播平台，特别是移动化、分众化、碎片化的融合传播，带给受众更为广泛的媒介体验与媒介认知，必将释放出更加强大的传播效能。基于效能维度的全效媒体，内在要求只有每名官兵都具备较高的媒介素养，才能产生更加符合需要的内容形式、选择更加适应需求的方法手段，使媒体效益更好地满足受众期待。

四、科学规划提升全媒体时代官兵媒介素养的路径抓手

实践决定认识，而认识又反作用于实践。把握认识与实践之间的辩证关系，决定了提升全媒体时代官兵媒介素养不能按部就班、墨守成规，而要基于新的实践、新的认识，着重从全面功能、媒体属性、时代特色三个方面寻求突破，自觉做到理论认知、内心认可、行动认同，实现认识论与方法论两手并举、相互促进。

聚焦发挥全面功能树牢新理念。媒介素养提升不能靠坐而论道、闭门造车，而是要综合利用报纸、广播、电视和微博、微信、抖音、手机客户端等媒体，打造特色鲜明的媒体深度融合平台，让媒介素养在实时互动中有序提升。要加强对各类涉军媒体的监管力度，规范自主接触和运用媒介行为，健全完善触网用网相关规定，探索设立并用好媒介监测员、舆情引导员、网络评论员这三支队伍，通过交任务、压担子、给机会，不断提升媒介认知、媒介运用、媒介掌控的素质本领。

聚焦突出媒体属性拓展新思路。无论外在形式如何变化，事物本质特征不会因此改变。同样，媒介形式的变化也不会改变媒体属性。全媒体视域下，新兴媒体信息传播渠道多样、内容多元、方法多维，但这种超越与拓展并不意味着替代与摒弃，最终将逐步从相加走向相融，实现“你就是我，我就是你”。要适应这种变化和趋势，让官兵既了解传统媒体的“稳”与“准”，也能把握新兴媒体的“快”与“活”，在两种不同类型媒体之间自由“转码”、自在“转换”、自如运用。

聚焦彰显时代特色掌握新方法。顺利抵达彼岸，就要很好地掌握赖以渡河的“桥”与“船”，解决好方法问题。应当注重变“灌输”为“涵养”，变“漫灌”为“滴灌”，从官兵关心关注的热点焦点出发，以小切口讲清大道理，用易于理解、便于接受的内容摆脱低效困境。要筑牢防

线、坚守底线，通过实战演练、情景模拟、角色转换、攻防变换等方式，切实增强对网上各种扭曲事实、混淆视听的噪音和过分鼓吹、造谣传谣的杂音的辨识力与处置力。

让“易碎品”成为时代记录*

考察中外高等教育发展史，世界上没有哪一所院校，像国防科大这样，从筹办、创建到建设、发展，始终受到党和国家领导人的高度重视和殷切关怀；也没有哪一所院校，像国防科大这样，她的建设与发展始终与国家命运、民族振兴、军队建设息息相关。

探寻这所学校的发展历程，可以清晰地看出，从她诞生那一天起，就承载着党中央、中央军委的殷切期望，肩负着强军兴国的神圣使命。从“哈军工”到新的国防科大，在建校60多年的辉煌历程中，毛泽东、邓小平、江泽民、胡锦涛、习近平等历届中央领导，以颁发《训词》、题词、视察、批示、讲话等为学校各个时期建设指明方向，给予殷切勉励和期望。据统计，60多年间，先后有100多位党、政、军领导人来学校视察指导，我军十大元帅有8位到过学校，著名科学家钱学森曾6次到学校指导学科建设、人才培养和科学研究工作。一所高校得到如此高度重视和特殊关爱，这在世界高等教育发展史上绝无仅有。

“东风洒雨露，会入天地春。”在党中央和中央军委的亲切关怀和殷切勉励下，这所大学在每一个发展时期始终牢记使命，不负重托，励精图治，创造了令中外瞩目的辉煌成就。60多年来，先后培养了16万多名高素质新型军事人才，400多人走上省部军级以上领导岗位，50多人担任国

---

* 2015年7月，《续写“哈军工”辉煌——一位军事记者笔下的国防科大》一书由解放军出版社出版，这是该书后记，收入本书时略做删节，并添加了标题。

家重点工程和重点型号装备研制总指挥、总设计师，在中国载人航天工程及各大系统中，有19位正副总指挥、总设计师毕业于国防科大。这里还诞生了多次荣登世界超算500强榜首的“天河”超级计算机、达到亚纳米级精度的超精光学零件加工设备等数千项高水平标志性成果，在我国科技领域实现了一系列重大突破。这些，无不显示出这所大学不凡的办学实力，展现出建设具有我军特色的世界一流大学的绚丽风采。

1999年6月，新的国防科学技术大学组建后，经总政治部批准，解放军报设立驻国防科大记者站，我有幸成为记者站站长，承担报道这个军队大单位的任务。在这个岗位上，我认真履职尽责，深入采访，精心写作，不敢有丝毫懈怠。10多年来，我关注这所大学的每一步发展，见证并记录学校的新发展、新成就；采访众多教学科研团队，挖掘教书育人、自主创新背后的感人故事；探寻专家教授、莘莘学子的精神世界，领略他们“厚德博学、强军兴国”的风采；亲身感受学校科技与人文交融激荡的校园文化，领悟几代师生一切为了强军兴国的文化自觉；采写一个个全国、全军重大典型，一项项重大自主创新成果，以及思想政治工作、人才培养、后勤建设等各个方面创新举措和成功经验，不断向外界报道这所大学的最新信息和喜人成果。

有人说，记者也是行者。在路上，我不敢偷懒。因为，这所大学的发展进步和师生奋力攀登的铿锵步履，总是令人鼓舞，催人奋进，唯有不懈努力，不断进取，才能不落时代之伍，不负记者之名。10多年间，我在这座新闻“富矿”中，挖掘采写了上千篇各类稿件。随着一篇篇报道不断见诸报端，军内外读者从中可以了解到这所著名军事学府的最新信息，感受她的发展脉动，获悉她在人才培养和科学研究中取得的可喜成就。令我欣慰的是，许多在学校工作和学习的领导和校友看到有关学校的报道，时常将欣喜与自豪之情反馈到学校，给予祝贺和勉励，每年考入学校的新生中，许多人正是从这些报道中坚定了自己的报考志向，一些报道还被国内外媒体和网站转载和评论，产生了良好的传播效果，有效扩大了学校的影响，提升了办学声誉。

一位新闻名家曾说，优秀的写作从来都是痛苦的。如果你没有受伤，你就没有尽力，而痛苦的回报是能从一篇成功的写作中产生深切的满足感。当又一个春天来临之时，我从刊发在《解放军报》等媒体上千余篇稿件中精选一部分，汇编成《续写“哈军工”辉煌——一位军事记者笔下的国防科大》一书，既是对个人新闻作品的一次梳理归纳，又为读者了解这所著名军事学府打开一个窗口；既为有志于报考这所大学的青年学子做一次宣传推介，又为从事院校新闻写作者提供参考与借鉴，这是我选编出版此书的初衷。

虽说新闻是“易碎品”，但它却是时代的印记、历史的记录。本书收录的稿件就是这所大学近 10 多年来发展历程、发展成果和师生风采的忠实记录。由于采写时间跨度较大，有关体现办学实力的数据仅反映采写当时情况，随着时间的推移，这些数据在有关报道中不断刷新，读者也可以从中看到学校的发展进步。

与智者对话*

有人说，人一辈子最难的是找一个可以对话的人。我很幸运，作为一名记者，主要工作是采访，采访就是与人对话，认识或不认识的，熟悉或不熟悉的，只要新闻报道需要就必须面对面采访，与他们对话、交流。特别是在国防科大这个高科技殿堂里，我能与那些思想深邃、学识渊博、情操高尚的国防科技专家对话，洞悉科技前沿、探寻创新历程、领悟科学真谛、收获心灵感动，当然是一件十分荣幸的事情。

与国防科技专家对话，是聊天，也是思想碰撞；是寻求科技问题解读，更是探寻科技创新奥秘。在这个过程中，我获取新闻写作素材、记录科技发展历程、展示科技创新风采，同时掀起头脑风暴、提升思维层次、丰富人生阅历，意义非同寻常。

与国防科技专家对话，是新闻写作的一种有益尝试。科技专家往往潜心于本领域的探索、创新，一般不愿意别人宣传，而请他们解读科技前沿动态，介绍最新科技成果，传播科技知识，引导人们对科技热点的关注，则容易让专家们接受采访，从而为读者提供喜闻乐见的科技新闻，这是记者的采写之道和应尽之责。2006 年，在解放军报军事部领导和编辑支持下，我在军事科技版开设《本报记者对话国防科技专家》栏目，相继推出一系列对话形式的科技报道，一些文章还上了一版的“导读提示”，许多

---

* 2016 年 12 月，《智者不惑——一位军事记者与国防科技专家的对话》一书由湖南科学技术出版社出版，这是该书后记，收入本书时略做删节，并添加了标题。

网站纷纷予以转载，产生了良好传播效果。后来，军事科技版改为国防科技版，开辟《国防科技大讲堂》专栏，通过记者采访国防科技专家，以科普化语言讲述前沿科技及其对军事变革的影响，我又成为该栏目主要作者。这两个时期的专栏文章，使我科技新闻写作形成了两个系列，即便过去多年，所讲述的内容至今仍处于科技前沿和当前热点，这是我将其整理出版的原因。

与国防科技专家对话，还有一种“专家访谈”形式，或采用一问一答，或记者提出问题，再转述科技专家的话进行解答，从形式上看，自然也属于对话之列。这类稿件一般是针对某个重要科技成果和科技事件，通过专家的详细解读，让读者了解“是什么”后面的“为什么”，给人更多信息和启迪。所以，我将这部分文章收录其中，成为本书的一个部分。

当然，与国防科技专家对话，不限于上述几种形式。报道科技成果、采写创新团队和科技人物等，同样需要与科技专家以及相关人员对话、交流，与上述几类文章有所不同的是，这种对话更加深入，需要挖掘一些有思想、有温度的故事，让读者能从科技专家的家国情怀、创新品质、攻关历程中，感悟到他们丰富的内心世界、高尚的人格魅力和超人的创新智慧。基于此，我将这些年采写的科技人物收入本书，也顺理成章。

孔子曰：“知者不惑，仁者不忧，勇者不惧。”君子的三种品德，在我采写的国防科技专家身上无一不得到充分体现，我始终认为，与国防科技专家对话，是与智者交流，因此，我将本书定名为《智者不惑——一位军事记者与国防科技专家的对话》。书中所列对话、讲述、访谈、情怀四个部分，也恰如其分地反映了科技专家的“知者、仁者、勇者”品德与情怀。

英国哲学家卡莱尔曾说：“大师是芸芸众生的典范和楷模，挨近他们便是幸福和快乐。”近年来，我采写了上百位国防科技专家，他们中既有获得最高学术称号、堪称大师的院士，又有开疆拓土、功勋卓著的知名专家；既有皓首穷经、行为世范的教授，也有奋勇创新、大器早成的青年才俊。他们无疑是人民军队中的典范和楷模，我能挨近他们并与之对话、交流，幸福和快乐常常洋溢心田。

每一次采访，都是难得的学习机会；每一次写作，都是提升自我的过程；每一次审稿，如同学生的作业得到老师的点拨；稿子发到报社，又得到编辑的修饰润色……一路走来，收获多多，感念满怀。

文化是什么*

文化是什么？至今难有准确的定义。有人说，给文化下定义，就好比把空气抓在手中一样难。这是因为，文化无处不在，无所不包。你能感觉到，却摸不着，大到一个国家、民族、团体的整体素质和精神品格，小到一个人的举手投足、一颦一笑，无不蕴含着文化的气息。从精神层面上看，文化反映生活在不同时代、不同环境中的人，形成的政治信仰、责任担当、精神品质、价值追求、道德情操、行为规范、生活方式、思维习惯……包罗万象，不一而足。

什么是文化？这个问题并不是没人解答。据不完全统计，文化的解释多达200多个。在众多的解答中，不乏一些精辟独到的阐述。比如，余秋雨说："文化是变成习惯的精神价值和生活方式。"梁晓声说："文化可以用四句话来表达：根植于内心的修养；无须提醒的自觉；以约束为前提的自由；为别人着想的善良。"这些虽不能称其为标准答案，但已触到了文化的本质，为多数人所认同。

文化触及灵魂，文化直指人心，有着十分丰富的内涵。不同国度、民族、地域、单位乃至个人，都有自己独有的文化特征、元素和印记。比如，一所大学在创建与发展中，会形成自己的办学理念、办学风格和育人环境等独具特色的文化，为在这所大学工作和学习的人打上"烙印"，成

---

* 2018年3月，《一所军事名校的文化密码》一书由湖南科学技术出版社出版，这是该书后记，收入本书时略做删节，并添加了标题。

为一所大学区别于其他大学的标志。

一所大学有一所大学的文化。它是以大学为载体，通过一代代师生创造、培育、积淀、传承而形成的共同价值取向和精神风向标。这种文化一旦形成，就会潜移默化地影响着这所大学每个人的行为规范，进而塑造形成他们的人格特征、价值追求和意志品质，成为一所大学发展进步的根基、血脉和灵魂。对于一所大学而言，文化有着潜移默化、润物无声的育人功能。

不同的大学有不同的文化特色。中国大学与外国大学，地方院校与军队院校，指挥院校与工程技术院校，虽然在创造和传承知识、培育人才、推进创新和服务社会上的功能相同，但大学文化特色各有千秋。

国防科技大学是1953年创办于北国冰城哈尔滨的新中国第一所高等军事工程院校——中国人民解放军军事工程学院，简称“哈军工”。从“哈军工”到国防科大，学校从筹办、创建到建设、改革、发展，始终受到党、国家和军队领导人的高度重视和殷切关怀，从诞生那天起，国防科大就肩负着为强军兴军培养高素质新型军事人才、从事国防关键技术攻关和先进武器装备研制等重要使命。

2017年7月19日，习主席向新调整组建的军事科学院、国防大学、国防科大授军旗、致训词。习主席强调，国防科技大学是高素质新型军事人才培养和国防科技自主创新高地，要紧跟世界军事科技发展潮流，适应打赢未来信息化局部战争要求，抓好通用专业人才和联合作战保障人才培养，加强核心关键技术攻关，努力建设世界一流高等教育院校。

在60多年的辉煌办学历程中，这所军队大学孕育形成了“忠诚奉献、坚忍不拔、艰苦奋斗、严守纪律、求实创新”的“哈军工”优良传统，“厚德博学、强军兴国”的校训，“忠诚、严格、科学、勤奋、文明”的校风，“严谨、务实、奉献”的教风，“勤奋、求是、创新”的学风，以及成为全军宝贵精神财富的“银河精神”。所有这些，都体现了这所大学独具特色的大学文化。

几十年来，国防科大人才辈出、成果迭出。“于斯为盛”喜人局面，无不包含着文化的力量。作为一名新闻工作者，在对这所大学多年的新闻采写与传播中，记录并见证着学校建设与发展的辉煌成就，也试图从文化的角度揭开其中的奥秘，回答“为什么是科大?”的命题。正因为如此，在我新闻实践中，便有了反映这所大学“创新文化”“科技文化”“红烛文化”的系列文章“人才森林现象”——《一所学院的航天“人才森林”现象》；有了《国防科技大学的文化自觉》《礼赞生命的“湿地”》等深度报道；有了科技文化系列活动、文化特色、文化人物和文化故事的多角度展示；有了反映师生精神风貌的报告文学、纪实散文等文学呈现。我将这些文章归纳整理，汇编成《一所军事名校的文化密码》一书，从不同侧面反映这所大学文化孕育形成的精神品格，以及薪火相传、润物无声的深远影响。它与此前出版的《续写“哈军工”辉煌——一位军事记者笔下的国防科大》《智者不惑——一位军事记者与国防科技专家的对话》一起，对这所大学进行了多侧面、全景式呈现。

本书是对国防科大大学文化的探寻和记录，总体上反映了这所大学的文化特色和精神品质，一定程度上揭开了这所大学人才与成果为何“于斯为盛”的文化密码。然而，如同文化丰富的内涵一样，其内容不可能囊括所有，但愿读者能从“窥一斑”中“见全豹”。

文章合为时而著*

壮阔东方潮，奋进新时代。1978 年，当我国改革开放的大幕拉开、科学的春天孕育着美好未来时，一种新型交通工具犹如一粒听到春雷的种子，破土而出，茁壮成长。伴随着改革开放时代步伐，这一被誉为“零高度飞行器”的磁浮列车，如今已在华夏大地“贴地飞行”，成为中国高端智造的一张亮丽名片。

从白手起家到梦想成真，我国磁浮交通走过了 38 年拼搏创新、艰苦创业发展历程。它是改革开放这个伟大时代的产物，是走中国特色自主创新道路、坚持军民融合发展取得的一项重大科技成果。它以领先世界的综合技术在世界高科技领域占有一席之地，更为民众出行提供了一种绿色低碳、方便快捷的新型交通工具。

“文章合为时而著，歌诗合为事而作。”今天，当长沙磁浮快线、北京 S1 线两条磁浮交通运营线相继开通，“中国磁浮”方兴未艾之时，正好迎来了改革开放 40 周年这个值得纪念的重要历史节点。作为一名新闻工作者，我长期跟踪报道磁浮交通技术创新、工程化研发和产业化应用成果，手头积累了大量的素材，了解磁浮交通技术创新发展经历的坎坷与辉煌，更为广大“磁浮人”敢为人先、艰苦创业、拼搏奉献、追求卓越的可贵品质所感动。于是，便决定创作一部报告文学，记录和反映我国磁浮交通波

---

* 2018 年 12 月，长篇报告文学《贴地飞行——中国自主创新发展磁浮交通纪实》一书由湖南科学技术出版社出版，这是该书后记，收入本书时略做删节，并添加了标题。

澜壮阔的发展历程，以此向改革开放40周年献礼。

历史是理解未来的钥匙。记录历史，讴歌时代，是新闻工作者的职责。创作这样一部报告文学，我既有素材积累与采访之便利，更有为时代而歌的责任驱使。国防科大是我国磁浮交通技术"发源地"，从1980年开始，以常文森教授为代表的创新团队在国内率先开展磁浮交通技术研究，从原始创新、核心技术攻关，到工程化研发、产业化应用，几代"磁浮人"历尽艰辛不畏难，几经坎坷不退缩，始终初心不改，锲而不舍，一步步将中国磁浮交通技术推向国际前沿，实现了从"追赶"到"引领"的历史性跨越，让"贴地飞行"在中国梦想成真。这一切是多么难能可贵，又是多么值得书写和歌颂，这不正是"新闻人"应该关注和讴歌的时代风采么？

当我把创作想法向学校有关领导、专家，以及参与磁浮交通工程化研发和工程建设单位的领导及工程技术人员汇报后，立即获得支持和鼓励。他们为我出谋划策，给予热情指导，在百忙之中接受采访，并提供了许多珍贵素材，使我更有信心去完成本书的创作。

磁浮交通是一个庞大的系统工程，涉及的学科门类广，技术难度大，参与研究、设计、制造、建设、管理的单位多，创新与推广应用时间跨度大，需要将其搞清楚、弄明白并非易事。为准确全面反映我国磁浮交通创新发展历程，我在过去掌握的部分素材的基础上，广泛查阅和收集相关资料，深入采访专家教授和相关人员，实地考察和体验磁浮交通线，从中获得了大量珍贵的第一手素材。在创作过程中，坚持尊重历史、客观描述，聚焦主线、突出重点，着力弘扬科学精神，传播创新文化，讴歌时代风采，努力将技术科普化、创新人文化、叙述通俗化，做到纪实性与文学性、知识性与可读性有机统一，使之成为一本普及科技知识、传颂创新品质、启迪创新思维、彰显奋斗精神、展现军民融合威力的读物。

在本书写作过程中，得到了许多领导和专家的指导和帮助。2018年5月初稿完成后，有关专家对书稿进行了两轮审阅，根据审阅提出的意见建议，我对书稿进行了校正和修改，调整并补充了部分内容。9月3日，国防科技大学智能科学学院组织机关和多位专家对书稿进行了一次集中审阅，经进一步修改完善后，最终定稿。由于本书所叙述的事件时间跨度长、涉及单位多、参与者众且变动较大，未能采访到所有相关单位和人员，内容也不可能囊括所有，如有遗漏和疏忽之处请予谅解。但愿读者能从本书中了解中国磁浮交通从梦想萌芽、技术突破、工程化研发、产业化应用，到梦想成真走过的不平凡历程，领略“磁浮人”的别样风采。

讲好身边的故事*

“讲好中国故事，传播好中国声音”是习主席对全国宣传思想战线提出的要求，也是新闻工作者肩负的使命。作为一名军事记者，讲好强军故事，传播好强军声音，职责所系，责无旁贷。

新闻传播的本质是用事实说话，因为事实胜于雄辩，事实具有不容置疑、无可辩驳的说服力。怎样用事实说话，一个重要的方法就是讲故事。《人类简史》一书作者认为：人类创造了故事，故事养育了人类，讲故事的独特能力才使人类成为地球之主、站上食物链的顶端。

好故事蕴含着大道理。故事里的事，往往生动曲折，因果关联，扣人心弦，蕴含其中的理想信念、人生追求、价值取向等人生哲理与智慧，具有鞭策激励的示范作用，特别是那些曲折的经历、生动的情节、昂扬的精神、向善的品格，更能打动人、感染人，有着潜移默化、成风化人之功效。

好故事胜过千言万语。讲道理不如讲故事，讲故事远胜讲道理。通过故事传播先进文化、弘扬主旋律、传播正能量，如春风化雨、润物无声，能产生深刻而历久弥新的影响，甚至能影响人的一生，讲好故事，事半功倍。

好故事蕴藏在生活中。德国著名电影导演弗里德里希说：“故事只存

---

* 2022 年 3 月，《抢占制高点——一个军事记者讲述的强军故事》一书由湖南科学技术出版社出版，这是该书后记，收入本书时略做删节，并添加了标题。

在于故事中，存在于时间的流逝、生命的继续中，无须制造故事。”如同生活中不缺少美而缺少发现一样，生活中的故事比比皆是，只是缺少发现，需要下功夫挖掘出来，传播出去。新闻界有一个共识：采访就是听故事，新闻要善于讲故事，用讲故事的方法写新闻。新闻史上的名篇佳作，无一不是因为好故事而让人记住并流传下来。国外一家颇有影响力的报纸，其报道受读者欢迎的原因，就在于很会讲故事，它对记者有一条最基本的要求，就是“给我讲一个故事，看在老天爷的份上，让它有趣一点”。

会讲故事，是新闻工作者的一项基本功。传播好中国声音要善于讲故事，在新闻采访中挖掘故事，在新闻传播中写好故事，这是记者的采写之道和永恒追求。在长期的新闻采写中，我注重挖掘新闻背后的故事，逐步领略到故事之于新闻的重要性，采访奔着故事去，努力让受访者说出故事，在新闻中讲好故事。特别是在采写创新成果和科技专家时，更专注挖掘那些最能体现科技工作者创新勇气、创新智慧的故事，让读者从中了解他们自主创新的使命担当、攻坚克难的拼搏精神、追求卓越的创新品质、勇于挑战的创新智慧，从而让读者产生对科学的热爱和对科技专家的钦佩与敬仰，并从中受到思想激励和思维启迪。

国防科大是我军新型军事人才培养和国防科技自主创新的高地，在强军途中，广大科技工作者紧贴国家和军队重大战略需求，坚持走中国特色自主创新之路，在高性能计算、卫星导航定位、激光陀螺、超精密加工、微纳卫星、磁浮交通、无人驾驶、指挥自动化等领域，取得了一大批标志性自主创新成果。他们锐意创新的勇气、敢为人先的锐气、蓬勃向上的朝气，形成了科技创新“于斯为盛”的可喜局面，也孕育了独具特色的创新文化。近年来，我将新闻采写中掌握的大量第一手素材，特别是那些生动感人、可歌可泣的创新故事，创作形成《抢占制高点——一个军事记者讲述的强军故事》一书，以期能给人以思维启迪和榜样激励，为读者提供一本了解国防科技创新、增强国防观念、启迪创新思维的读物。

本书讲述的故事，有关内容曾出现在我为《解放军报》《科技日报》等媒体撰写的报道中，有的故事曾在《半月谈》《军事故事会》等杂志刊出，这次根据故事的叙事特点进行了重新创作，补充了许多细节，着力增强故事性、可读性和激励性。这是讲好中国故事的一次有益尝试，更是对科技创新的由衷赞美。

让前沿科技知识“飞往寻常百姓家”*

习主席指出：“科技创新、科学普及是实现创新发展的两翼，要把科学普及放在与科技创新同等重要的位置。没有全民科学素质普遍提高，就难以建立起宏大的高素质创新大军，难以实现科技成果快速转化。”习主席这一重要论述，深刻阐明了科技创新与科学普及的关系，为推进科技创新和科学普及指明了基本方向，提供了根本遵循。

科技创新是综合国力竞争的核心，科学普及影响国家与民族的创新创造能力。科技创新与科学普及相辅相成、相互促进、相得益彰。如果把科技创新比喻为建造“通天塔”，那么，科学普及就是建造“通天塔”的“塔基”，“塔基”宽广牢固，“通天塔”才能更高更壮美。当今时代，新知识、新技术层出不穷，科学技术只有被大众所掌握，才能真正成为推动人类社会发展的强大动力。

科学普及是一项致力于提升全民科学素质的工作，它以公众易于理解、接受和参与的方式，普及科学知识、倡导科学方法、传播科学思想、弘扬科学精神，在全社会形成崇尚科学、勇于创新的良好氛围。按照国际标准，一个国家是否进入创新型国家行列，衡量的一个重要标准是具有较高科学素质的公众比例达到10%。中华人民共和国成立后，我国十分重视开展科学普及工作，相继颁发了多部科学普及法规文件，有力推动了科学

---

* 2023年1月，科普著作《走近前沿》一书由电子工业出版社出版，这是该书前言，收入本书时添加了标题。

知识普及和全民科学素质的不断提升，促进了科学技术应用和科技成果转化。第十一次中国公民科学素质抽样调查结果显示，2020 年我国公民具备科学素质的比例达到10．56%，表明我国已跻身创新型国家行列。但应该看到，我国公民科学素质分布并不平衡，城乡、区域还存在一定差距，农村居民、老年人群体、低文化程度群体的科学素质依然偏低。2021 年 6 月，国务院印发的《全民科学素质行动规划纲要（2021—2035 年）》提出，到 2025 年，我国公民具备科学素质的比例要超过 15%，到 2035 年，这一比例要达到 25%。要实现这一目标，科学普及还有很长的路要走，可谓任重而道远。

科学普及工作，是一项需要全民参与的系统工程。广大科技工作者是一支重要力量，他们既是科学探索、科技创新的开路先锋，又是科学思想、科学精神的传播者，在谋划创新、推动创新、落实创新中具有引领和示范作用，在传播科技知识、倡导科学方法等方面具有不可替代的权威性和影响力，他们志在高峰、追求卓越的创新品格具有榜样力量和人格魅力。科技工作者特别是科学家做科普，往往能产生更加显著的效果，如霍金的《时间简史》、达尔文的《物种起源》、华罗庚的《统筹方法》、袁隆平的《杂交水稻简明教程》等科学家的科普著作，影响了几代人，产生了巨大影响力，取得的社会效益、经济效益和科技效益不可估量。回顾科技发展史，凡是科学研究做得好的科技工作者，大都注重并善于做科普工作，华罗庚一生致力于数学研究，同时注重数学的科学普及，写作了大量科普文章，《华罗庚科普著作选集》就收录了 24 篇科普文章。钱学森是著名的空气动力学、工程控制论、物理力学等领域的专家，他在总结重大国防科技工程实践经验和中外学术研究成果的基础上，创立了集科学方法、管理艺术与哲学思维于一体的综合集成方法，即“人机结合，以人为主，从定性到定量的综合集成研讨厅体系”。而注重并善于做科普工作的科技工作者，科学研究大都取得了令人瞩目的成绩，形成了科学研究与科学普及交相辉映局面，为建设创新型国家、提升全民科学素质起到了积极的示范和推动作用。在科学普及中，新闻记者同样是一支重要力量，记者在报道科技成果时可以将科技知识寓于科普化报道中；可以采访专家解读最新科技成果和当前科技热点，帮助读者了解科技前沿动态；可以通过讲述科技专家创新历程、创新故事，介绍科学探索过程，让读者了解科技工作者攻坚克难、追求卓越、勇攀高峰的创新品质，促进公众科技素养的进一步提高。

国防科大是高素质新型军事人才和国防科技自主创新高地。长期以来，学校广大科技专家紧跟世界军事科技发展潮流，坚持走中国特色自主创新之路，在国防科技领域开疆拓土、攻坚克难、勇攀高峰，取得了以“天河”超级计算机为代表的一大批原创性、引领性科技成果，为科教兴国、科技强军作出了重要贡献。许多专家教授在进行科技创新的同时，通过新闻媒体解读科技前沿动态、传播科技知识、讲述创新历程、弘扬科学精神，让高科技知识“飞往寻常百姓家”，在提高全民科学素质和官兵科技素养方面产生了广泛而深远的影响。2019 年，中国科协与国防科大签署“科普中国共建基地—国防电子信息”项目协议，随即在“科普中国”APP 开设《科普万花筒》《国防科普加油站》等专栏，持续推出一系列科普文章，深受广大网友喜爱。2021 年 7 月，“科普中国”根据传播影响力、粉丝喜爱度、平台活跃度 3 个指标对全国 400 多个科普号进行集中评选，“国防电子信息”科普号位列第 15，获得“星空奖”。

科学普及的重点是传播科学技术知识，核心是弘扬科学精神、培养科学思维、点亮科学梦想、启迪创新思维。做好科学普及既要抓住“科”的根本，又要掌握“普”的方法。科学性是科学普及的价值体现和根本遵循，也是激发大众科学兴趣的重要因素，没有科学性，科学普及将是无源之水、无本之木；“普”的关键在于将深奥的科学技术通俗化、人文化，用大众喜闻乐见、通俗易懂的表达方式，让“高大上”的科学“接地气”，紧贴大众，走向社会，从而产生良好传播效果和润物无声的深远影响，这是科学普及工作需要不断探索创新的课题。

奋进新时代，一起向未来。当前，科学普及已深入创新价值链，呈现出教育、文化渐进融合发展趋势，我们应着眼未来，以更大力度、更多形式推进科学普及工作，进一步提高全民科学素养，深耕创新沃土，涵养科学精神，培育创新文化，为加快实现高水平科技自立自强提供坚实基础和动力源泉。

新闻感悟

有人格自觉才有文化自觉*

毋庸置疑，记者是文化人。文化人自然应有“文化味儿”，即“品位”，或曰“人格”。如同要给“文化”下定义一样，给“品位”或“人格”作一个定义，就好比要把空气抓在手里一样难。

有人说，这有何难？人格，就是做人的资格；记者的人格，就是做记者应该具备的资格嘛。

有道理，但有些简单化。于是，查阅相关资料，何谓“人格”，也众说纷纭，至于记者人格，则很少有人论述，这次记者部组织“记者人格大家谈”活动，在新闻界也可能是“大姑娘坐轿——头一回”。什么是人格？我倾向于这样一种解释：人格是一个人整体精神面貌的表现，是一个人的性格、气质、能力及理想、道德、情操等多方面的综合表现。

人格是有尊严的，也应该得到尊重，前提是人首先要自尊自重，懂得如何做人，怎样做事，这是人一生的课题。所以，人格是一个人长期形成的一种素养，需要自觉的修炼和养成，形成自觉人格。

《春秋穀梁传》说：“人之所以为人者，言也。人而不能言，何以为人？言之所以为言者，信也。”记者当然是能言之人，自然要言之有信，这是最基本的。真实是新闻的生命，还有什么比生命更宝贵的呢？美国学者约斯特说：“如果一条新闻不足够真实的话，刊登这条新闻的报纸也就

---

* 2012 年 5 月，解放军报记者部开展“记者人格大家谈”活动，要求每名记者写一篇文章，此文入选《从不降价——记者人格记者谈》一书。

和这个荒谬的报道一样荒谬。”前些年，某电视台报道“纸做的包子”新闻，可谓荒谬至极。

新闻的真实性原则不仅反映记者的良知、素质和人格，更关系媒体的形象和权威，记者应该总是和事实和真相站在一起，不可无中生有，道听途说，也不能添油加醋，强扭“角度”，乱贴标签，随意拔高。美国著名记者迈克·华莱士说：“记者的声誉是通过搬开石头，发现下面藏着什么来建立的。”记者的职业就是做搬开“石头”工作，去发现和挖掘新闻，不能主观想象“石头”下面会是什么东西，也不能在“石头”下面“塞进”自己的东西。记者必须言而有信，这是记者应有的职业素质和人格品质。

英国自然哲学家培根说：“就因为有了正义感，人才成为人，而不成为狼。”呵！人如果没有正义感，就会成为凶狠的狼，多么耸人听闻。如果认为这句说得太绝对，那么，蔡元培认为“野蛮人与文明人之大别在于人格观念之轻重”，则说得非常中肯。记者是文化人，自然在文明人之列，人格观念应该是很重的。在早些年的矿难事故中，那些漠视矿工生命索要“封口费”，或是拿了“封口费”而噤声的记者，就太不注重自己的人格，缺乏记者应有的正义感和良知。培根的话虽然说得绝对了些，但有他的道理，否则也不会成为名人名言。

“如果照片拍得不够好，那是因为离炮火不够近。”战地记者罗伯特·卡帕的这句话，曾被战地记者们奉为职业圭臬。这方面，军报许多记者作出了榜样，常为人们所称道。他们用行动告诉我们：记者特别是军事记者，如果没有吃苦耐劳、勇往直前的献身精神，肯定做不成好记者，写不出让人身临其境的好报道。2008 年汶川大地震发生时，有位电视媒体记者在灾区转了一圈，返回成都做连线报道时称某地“救援基本结束”，立即受到网友的质疑和批评。蜻蜓点水式的记者让人不屑，因其人格的缺失。

“有了健全的人格，才配做新闻记者。”新闻界老前辈范长江的话振聋发聩，堪称警世名言。回顾近年来出现的虚假新闻、有偿新闻、客里空新闻、低俗新闻等，都是极少数媒体从业人员缺乏基本职业素养所致，也是人格缺失、人格不健全的表现，严重损害了媒体和记者的形象，扼杀了新闻媒体的公信力。

人格是文化的灵魂，作为文化人，记者的人格自然浸透了文化，它不仅包含记者的学识、才华、能力、气质，更体现记者的动机、觉悟、眼光、洞察力、正义感。如何做人做事，怎样思考与写作，无一不是记者文化的外化和展示，体现的是记者的人格自觉。

记者有了人格自觉，才会有文化自觉。因为，文化自觉需要文化灵魂的自觉，而文化的灵魂，正是人格的核心，是记者的政治素养、职业素养所必须具备的品格。

记者的人格自觉主要体现在两个方面：一是记者本身拥有健全的、高尚的人格，具有吸引人、感召人的人格魅力与亲和力；二是能以高度的文化自觉开展新闻采写实践，坚持正确的舆论导向，坚持用优秀的作品引导人、影响人。这两点，也符合社领导提出的“更多的担当、更好的形象、更大的影响”要求，作为一名军报记者，应该很好地贯彻和落实。

好新闻是献给记者节的最好礼物*

又一个记者节到了，若不是记者部领导和同行提醒，这次也一如从前，这个节就真“节”了。中国的节有很多，属于新闻人的节日却与其他节不一样，不放假、不道贺，甚至记者自己都不记得，总是在一如往常的工作中就静悄悄地过去了。这就是干新闻这一行的特点：新闻人永远在路上。

永远在路上的新闻人，工作始终是生活的主旋律，写作永远是没有完成的工作，容不得片刻歇息，过节如此，过记者节更是如此。想起《狼图腾》中的一句话：“生命是战斗出来的，战斗是生活的本质。”记者采写新闻，有时要像饿狼扑食一样，有一种本能的战斗精神。好新闻就是记者捕获到精神食物，然后奉献给读者。有了它，记者可以安身立命，可以文以载道，可以串起一朵朵生活的浪花，记录当下，留给未来。于是，记者就有了献给记者节的最好礼物。

---

* 2014年记者节前夕，解放军报记者部要求每个记者写一篇300字感言，记者节当天配作者照片刊于中国军网。

努力增强新闻作品生命力*

参加记者会有一个很深的感受，就是记者会不太像是一个会议，更像是一次新闻业务研讨和培训，听社、部领导的讲话以及与编辑部的业务交流，真有“听君一席话，胜读十年书”的豁然开朗之感。

这次会议的主题是怎样提高稿件质量，这正是我所面临的一个问题。虽然干新闻这一行时间不算短，稿子也写了不少，真正的精品力作却寥寥可数，给人留下深刻印象或让人记住的不多，主要是追求数量而忽视质量，满足于完成任务而不够注重形成自己的风格，精品意识不强。

如果说，真实是新闻的生命，那么，一篇稿件的质量，就是新闻生命力的一个象征。优秀的新闻作品不会因时代的变迁而从读者的记忆中消失，因为它有强盛和持久的生命力。真正好的新闻作品，应该是经典之作、传世之作。作者总有一天会消失，但优秀的新闻作品则能够与世长存。许多老一辈新闻工作者，尽管他们离开了新闻工作岗位或最终离开了人世，但其优秀作品却表现出强盛生命力，永久流传，为人们所称道，甚至进入教科书。

提高稿件质量，多出精品力作，这是作为军报记者在新闻写作中应有的一种追求，尤其要在以下方面下功夫。

增加知识储备，努力做一名学习型、学者型的记者。提高稿件质量绝不是一句空话，也不是今天说提高，明天就能做得到的。记者必须具备扎

---

* 这是2005年1月6日在解放军报第38次全体记者会上的发言，刊《记者情况》。

实的基本功，有丰富的知识储备，特别是对我这样一个在高科技学府从事报道工作的记者来说，善于学习是新闻采写的第一需要。试想，如果不了解高等教育学科发展前沿、不熟悉各学科领域的科学研究动态，没有相关的知识储备和科技素养，如何与学富五车、才高八斗的专家教授对话？思维层次如何与那些知名专家学者接轨？写出的稿子又如何为读者所喜爱？不要说提高稿件质量，就是采访都不能深入开展。在这方面，必须有很强的紧迫感，要加强读书学习，制定一个行之有效的读书学习计划，以学习促进稿件质量的提高。最近读到《计算机和人脑》这本书，书上说，人的大脑一生（按 60 年计算）可储存 5 亿册书的全部信息，相当于 50 个美国国会图书馆的藏书量；如果人类能够发挥大脑功能的一半，将会轻而易举地学会 40 种语言，拿 12 个博士学位。这虽然是一种理论计算，但说明一个人的学习潜力是十分惊人的，通过勤奋学习，新闻记者不仅可以成为一个杂家，还可以成为专家。

增强精品意识，树立“语不惊人死不休”的写作追求。提高稿件质量，离不开深入细致的采访。一些老记者常说：脚板底下出新闻。这是对深入采访的一种形象描绘，就是要不惜脚力，作风扎实，这样才能掌握丰富的素材，才能写出好新闻来。虽然我的报道范围只是一所大学，采访并不需要跑很多路，待的时间长了，对情况很熟悉，平时看些材料，打个电话，也能了解不少情况，似乎也能写出稿子，但很难出高质量的稿子。须知，深入采访是产生精品力作的前提，“汗水永远是写作的墨汁”。应该从采访的那一刻起，就有精品意识，通过深入采访挖掘丰富第一手素材，写作时精心提炼，精雕细刻，树立“语不惊人死不休”的追求。否则，新闻采写总在“一般水平”上徘徊，遇到好的新闻线索也写不出好的新闻作品，把好题材都给浪费了，留下遗憾无法弥补。2001 年底，我与曹瑞林采写了硕士研究生文学锋在“三个代表”重要思想感召下重新加入党组织的新闻，应该说，采访是非常深入的，稿子见报后，产生了较大影响。次年，报社推荐该稿参加第十二届中国新闻奖一等奖评选。有评委指出，稿件题材重大，新闻事实也好，可惜思想转变过程说得不是很清晰，结果只评了三等奖。如果写的时候有精品意识或者瞄着拿一等奖去写，可能就不是这个结果了。

掌握过硬本领，努力练就扎实的绝活。要写出富有吸引力和感染力的作品，就必须在平时注重观察与积累，勤于思考，特别是要刻苦钻研，努力练就过硬本领。只有钻进去了，才能提高自己的思维层次，动笔写稿才会不落俗套。院校的新闻相对难写，因为面比较窄，也相对比较专，要写实又写得比较活，内行认可，外行能懂，还愿意看，就必须对院校的学科建设、人才培养、科学研究等有一定了解和研究，要把它放在时代大背景下看，既能“钻进去”，又能“跳出来”，不断探索新的写作技法，努力在自己的报道领域练就扎实的本领和过硬的绝活。机遇偏爱有准备的头脑，绝活来自刻苦钻研后形成的独到见解以及看问题的独特视角，练就了绝活，写出的稿件才会有高度。高度决定影响力，也是衡量一篇稿件质量的标准。

做记者队伍中的“安德鲁·罗文”*

最近读了一本《把信送给加西亚》的小册子，书中的送信人安德鲁·罗文给我留下深刻印象，他的故事令人感动不已。

安德鲁·罗文是一位年轻的美国陆军中尉，美西战争期间，美国总统麦金莱急需一名合适的特使，将一封重要信件送给古巴抵抗力量领袖加西亚将军，军事情报局向总统推荐了他。安德鲁·罗文欣然受命。但是，加西亚在哪里？与谁联络？怎么走？……这些一概不知。安德鲁·罗文只知道收信人，把信送给加西亚是他必须完成的任务。

受领任务后，安德鲁·罗文孤身一人立刻出发，历经千辛万苦，最终设法把信送给了加西亚。整个过程中有许多意想不到的偶然因素，但是，在这位迫切希望完成任务的年轻中尉心中，有着绝对的忠诚和不屈不挠的精神。可以说，他取得成功最重要的因素并不是因为杰出的军事才能，而在于一名军人的责任担当。

作为一名记者，我不仅深深地被安德鲁·罗文的精神所感动，更是在他的身上看到了许多优秀的品质。

忠诚。安德鲁·罗文是一个忠诚的战士，忠诚是他的优秀品质。受命于危难之际，他不讲价钱，不畏艰苦，一心只想着如何完成任务。这一点对我们从事新闻采写工作具有重要启示，就是必须具有对组织的忠诚，对

---

* 解放军报记者部要求记者每年列出读书计划，加强读书学习，此读书体会刊《记者情况》。

事业的忠诚，同时把忠诚转化为出色地完成组织交给的任务，搞新闻正需要这种精神，要有“衣带渐宽终不悔”的坚定信念和“语不惊人死不休”的执着追求，即使头发熬白了，职务上吃亏了，也无怨无悔。

勤奋。安德鲁·罗文无疑是勤奋的，一个懒惰的人是不可能完成如此艰巨的任务的。同样，一个懒惰的记者也是不可能写出深入人心的好稿的。回想起来，长期在院校工作，新闻采写似乎不要跑很多路，对学校情况熟悉，老面孔多，收集素材容易，但却没有真正深入下去。俗话说“深入人心必先打动人心”，不深入、不贴近，连自己都感动不了，就无法感动别人。新闻工作是一种既支出脑力又支出体力的高强度劳动，“汗水永远是写作的墨汁”，新闻工作者要有所作为，离不开为新闻事业寝食不安的勤奋精神。

创新。安德鲁·罗文精神的可贵之处，在于他遇事尽量自己想办法，自己创造条件完成了甚至是“不可能完成的任务”。新闻事业是常干常新的事业，记者不能仅仅满足于完成领导布置的“规定动作”，还要善于利用熟悉下情的优势，积极主动想办法、出点子、找线索，靠记者自身的主观能动性完成“自选动作”，主动深入基层深挖“富矿”、多抓“活鱼”，真正见人所未见，道人所未道，在创新上下功夫，逐步形成特色和风格。

不计名利。安德鲁·罗文无疑是一名英雄，但在接受任务之时，他并没有考虑任何个人名利。人生在世，最不能免俗的恐怕要数“名利”二字，对军事新闻记者来说也要面临这两关。新闻工作是最容易出名的职业，也是最容易为名所累的职业。没有正确的名利观，过多地考虑个人前途得失，就无法保持一颗平常心，也就不可能恪守新闻职业道德。只有淡泊名利，方可真正做到心高志洁，智深虑广，轻荣重义，薄利厚德，真正成为一名合格的军事新闻工作者。

做记者队伍中的“安德鲁·罗文”，这是《把信送给加西亚》给我的启示和鞭策，发扬忠诚、勤奋、创新、不计名利的精神，创造性地努力完成新闻采写任务，努力做一名优秀的军报记者！

增强新闻阅读时效*

《解放军报》改版和实行彩印后，给人焕然一新之感，版面更好看了，内容更新了，信息量更大，更受官兵喜爱了。

国防科大作为直属军委领导的大单位，校领导和政治机关对做好军报通联和订阅工作历来高度重视。去年 9 月，新学期开学后，学校开展党的创新理论“三进入”调研和推进工作时，专门召开学员座谈会，了解学员落实每天半小时读报情况，机关对全校军报订阅情况进行了检查，要求严格落实《解放军报》订到班的要求。10 月，为迎接党的十七大召开，利用军报学习贯彻党的十七大精神，学校领导要求没有订阅到位的单位及时增订，召集各学院领导开会专门进行部署，一个单位一个单位抓落实，从当月起，全校共增订《解放军报》1571 份，全部按订阅标准落实到位。学校增订情况在军报发行数量中已显现出来，是实打实的，出版发行部张主任、社领导对此给予充分肯定。根据会议通知要求，提两点建议和意见：

一是建议在长沙增设印点，提高军报阅读时效。新闻传播要提高时效性，我理解，提高时效性有两方面：一是稿件采写和刊发的时效性，二是报纸送到读者手中的时效性。长沙是湖南的省会城市，驻军虽然不是很

---

* 这是 2008 年 1 月在解放军报通联工作会议上的发言。3 年后的 2011 年 9 月 1 日，解放军报在长沙增设印点，此后学校和驻湘部队可以看到当天的《解放军报》，我为此采写了一条消息刊在《解放军报》一版。

多，现在却是一个军队大单位的所在地，解放军报目前在长沙没有印点，我们看的《解放军报》是从武汉印点通过邮局投递来的，由于距离、交通、天气等原因，送到读者手中是第二天了，而中央纸质媒体都在长沙设有印点，当天都送到读者手中。因此，国防科大官兵迫切期盼能看到当天的《解放军报》，建议尽快在长沙增设印点，解决不能当天看到《解放军报》的问题，这样，可以巩固这次大幅度增加订阅数的成果，满足官兵及时阅读之需。

二是建议进一步加强对军队院校的新闻宣传。国防科大新组建为中央军委直属的大单位后，军报对学校的新闻宣传十分重视，专门设立了记者站，在社、部领导和编辑大力支持指导下，这些年的新闻报道有声有色，取得良好的传播效果，有力提高了学校的办学声誉和影响力。国防科大是一座新闻“富矿”，人才济济，成果多多，在军队院校一直处于龙头地位，学科建设、人才培养、科技创新名列全国高校前茅，新闻报道在院校中也位居前列。但与部队相比，在解放军报的报道仍然相对较少，一个重要原因是院校的宣传力量比部队弱，另外一个感觉是解放军报对部队的关注多，对院校关注相对较少，在重点宣传策划、试点经验推广等方面，院校很难纳入其中。举一个简单的例子，每年新兵入伍时，解放军报有很多报道，持续时间也长，而院校每年新学员入伍，报道却很少。近年，我们加强了新学员入学入伍的报道，采写了《国防科大推进人才战略工程从源头上抓起》《孪生兄弟携手进军校》等报道，反响都比较好。现在，全军院校每年有大批立志献身国防事业的青年学生加入绿色方阵，解放军报也可以像报道新兵入伍那样，搞一点重点选题策划，增加报道分量，吸引更多的青年学生报考军队院校，让更多人关注院校人才培养，关心军队人才建设。

拓展思想空间　提升思维层次*

有道是“年年岁岁花相似，岁岁年年人不同”，记者会一年一次，议程看似花相似，实则景不同。新变化、新成就，还有许多新面孔，让人耳目一新。

在院校从事新闻工作，与大家天南地北跑新闻不同，寓居一校，地盘很小，但小也有小的好处，不需要转换阵地，体力上没有大家那么辛苦。今天我想说的是，虽然有形的地域空间小，但无形的疆域却很大，院校的学科建设、人才培养、科学研究等，可以说是连通世界、贴近前沿，世界有多大，这个疆域就有多大。因此，作为科教领域的记者，不能局限于一所大学，要放眼世界，拓展思想空间，提升思维层次。

怎样做？我以为，应该把一所院校的新闻放在世界高等教育发展和我国高校发展的大背景下看，用前瞻性的眼光审视、提炼，把新闻写得有大势、很大气。比如，院校很重视学科建设，这个院校的人都知道，但局外人、普通读者却不见得能理解。如果我把学科建设上升到是院校建设的龙头、是人才培养和科学研究的重要基础和支撑，有一流学科才能培养出一流人才，这样既有高度，大家也能理解，那么人才培养，它又关系军队的现代建设，军队能不能打赢，读者非常关心。再比如，科技新闻、创新成果，它在世界高科技领域处于什么水平，对推动国家经济社会发展、推进中国特色军事变革意味着什么，与普通老百姓有什么关系，能带来怎样的

---

* 这是2011年12月26日在解放军报第45次全体记者会上的发言，刊《记者情况》。

变化，需要把它写得既“高大上”，又很接地气。写院校这样的新闻，记者要对这个领域十分熟悉，有一定的知识积累，要有宽阔的视野和较高的思维层次，既钻得进去，又要跳得出来。

部领导经常强调，要做学者型记者，作为解放军报国防科大记者站的记者，享有最好的学习环境和条件，经常可以去听高水平的讲座和报告，随时可以向身边的专家教授请教，交流探讨问题，采访的对象大多是专家教授和高学历官兵，新闻采写过程本身也是一个学习请教的机会。正因为在院校工作，对自己的新闻采写也提出更高的要求，因为没有知识积淀，就不能顺利与专家教授对话，胜任不了本职工作，因此必须拓展知识面，提升思维层次，努力成为一个学者型的记者。这些年，我在新闻实践中，不断探索高等教育、科技创新领域的新闻写作特点规律，努力形成自己的风格，学科建设、科学研究、专家访谈、师生风采、校园文化等，经过多年积累，都形成了系列，这是长期在一所院校搞新闻的收获。在一个地盘不大的院校，只要努力学习，把思维视角放宽，同样是新闻采写的广阔天地，是可以大有作为的。

新闻是当下进行时，新闻永远是新的。在新一年里，要依托院校的独特优势，重整行装再出发，不断拓展思想空间，提升思维层次，在出精品力作上下功夫。

坚守阵地　保持特色*

这次参加记者会，我接收了许多新信息，看到了很多新变化，也有许多感慨。在报网融合、各军区和兵种记者站改建为分社的形势下，我所在的国防科大记者站就显得势单力薄。如何跟上形势的快速发展？怎样在新闻竞争中有所作为？这是今年面临的一个紧迫问题，由此有3点思考：

一是在变与不变中坚守阵地。想起同行曾说过的一句话：事物的变化中常常有没被发现的新闻。变是常态，不变是相对的，在形势、任务、环境不断发展变化的情况下，如何以不变应万变，守住阵地，种好自己的“一亩三分地”，这是我面临的问题。国防科大是我军高科技最高学府，也是军队唯一的“985”院校。这里，每天都在不断地发生变化，办学实力水平连年攀升，人才济济，成果迭出，这是变化，不变的是我的采写环境、对象。因此，必须守住这块“自留地”，深耕细作，推陈出新，让这块“沃土”长出茂盛的新闻禾苗，结出丰硕的果实。

二是在大与小中保持特色。国防科大是全军大单位中的小单位，不像军兵种和军区，人数多，地盘大，学校就是几个院区，但地盘虽小，却是一所学科门类齐全的综合性大学，办学实力位居全国高校前列、全军院校之首。人才培养与科学研究是学校优势特色，也是新闻报道的重点和特色，这一点其他单位很难相比，新闻报道只要善于抓住特点，做出特色，形成风格，同样可以大有作为，形成核心竞争力。

---

* 这是2013年1月23日在解放军报第46次全体记者会上的发言，刊《记者情况》。

三是在多与少中出精品。相对而言，院校不如部队那样有较强的新闻骨干队伍，发稿量也相对较少。从记者部每年的发稿统计中，也可以看出发稿多的都是跑“两会”、参与重大选题多的记者。在院校搞新闻，虽然这样的机会相对要少，但如果能把每篇新闻做精细，写出特色，少中求精，同样可以出彩。因此，要树立精品意识，努力写出精品力作，这是我应该追求的目标。

在新的一年，我愿我们这支奋勇前行的队伍，凭借雁阵高飞的前行气流，一路同行。

与军报同呼吸共奋进*

在《解放军报》创刊60周年之际，习主席视察报社并发表重要讲话。消息传来，我深受鼓舞，倍感荣耀，不禁思绪万千。作为一名新闻人，20多年的工作是紧紧地与军报联系在一起的，她给了我传播军队人才培养和科技创新的阵地、展示新闻人追求的舞台、不断提升自我的人文环境，更有作为一名军报记者的荣耀。

习主席视察报社时的重要讲话，充分肯定了军报为党和军队事业作出的成绩和贡献，深刻阐明了新形势下宣传思想工作的形势和任务，提出了一系列新思想、新观点、新论断、新要求，开辟了马克思主义新闻观的新境界，是凝聚力量、战胜困难的精神旗帜和思想武器，为做好新形势下新闻宣传工作提供了根本遵循和行动指南。特殊关爱，谆谆教诲，殷切勉励，如春风化雨，沁人心脾，催人奋进。

又是一年春风拂，重整行装再出发。如何深入贯彻落实习主席视察军报的重要讲话精神，怎样把最高统帅的嘱托和鼓励，转化为新闻采写的强劲动力和不懈追求，做到政治上更强、传播上更强、影响力上更强，是我们必须回答的考卷，更是神圣的使命和责任。

“文生于情，情生于身之所历。”当前，我军正处于强军兴军的加速推进期、履行使命的严峻考验期、深化改革的攻坚克难期，任务繁重艰巨，

---

* 2015年12月25日，习主席视察解放军报并发表重要讲话，记者部要求每名记者写一篇300字的学习体会，此文刊《记者情况》。

官兵思想活跃，强军激情迸发，新事物、新人物不断涌现，自主创新成果层出不穷。新闻人必须紧跟时代步伐，紧贴中心工作，投身强军兴军的火热军营，深入基层深挖“富矿”，多抓“活鱼”，讲好强军故事，传播好中国声音，创作出更多的精品力作来。

“脚板底下出新闻”“脚下粘有多少泥土，笔下就会带有多少真情”是一代代新闻人的经验和感悟，新闻工作者应该将其奉为圭臬。只有亲身经历，倾心沟通，才会言之有物，情如泉涌，影响力更强，无愧于新闻人的时代担当和铁肩道义。

六十年一甲子，承上启下几代人。站在新的起点上，习主席视察报社时的重要讲话，如灯塔指引，似战鼓催征，给了我们前行的不竭动力。作为军报记者队伍中的一员，定与军报同呼吸、共奋进。

解经以理　校字如仇*

“解经以理，校字如仇”，这是清代学者廖纶的一幅名联。联想到自己写稿不时“冒”出差错，真有振聋发聩之感。

长期从事新闻采写工作，几乎天天与文字打交道，常以“文字匠”自嘲。对于写作，以为平常之事，似乎驾轻就熟，一旦出现差错，认为在所难免，又以“无错不成书”自我安慰。长期以来，养成一个不良习性：稿件落笔，长舒一口气，任务完成，履行审稿程序后，迅速发出，很多时候没有认真仔细校对，稿件有无差错，则有赖于编辑和校对把关了。

去年底以来，记者部建立稿件差错登记通报制度，社领导作出批示强调，要努力培养严谨细致的职业操守，犹如敲响了警钟，促使自己反思和警觉。新闻写作无小事，必须以“校字如仇”来杜绝差错，培养严谨细致作风，努力达到部领导提出的“我的稿件无差错，他人差错我不犯”的要求。

一是加强学习，不断提高业务能力。学习是新闻工作者永恒的课题，是提高素质能力的有效途径，更是减少和杜绝稿件差错的重要防线。要加强政治学习，提高政治理论水平；加强军事、科技、装备等多方面知识学习，提高综合素质；加强新闻业务学习，提高职业素养。始终坚持正确舆论导向，努力采写有思想、有温度、有品质的新闻稿件。

---

* 从2015年第四季度开始，解放军报记者部建立稿件差错登记通报制度，2016年2月，要求记者针对消灭差错制定措施，此文刊《记者情况》专刊。

二是深入采访，吃透弄通报道内容。深入采访是写出好新闻的基础，也是减少或避免差错的重要环节，如果采访蜻蜓点水，对报道内容没有吃透弄通，就难免在新闻表述中出现差错。因此，要深入贯彻转作风、改文风要求，俯下身，沉下心，深入采访，弄清新闻事件的来龙去脉、前因后果，做到去伪存真、去粗取精，准确表述和传播新闻事实，讲好强军故事。同时把每次采访当成一次学习的机会，虚心向采访对象学习，稿件写成之后请采访对象审阅把关，从源头上杜绝差错。

三是精益求精，对稿件反复校对。中国文字优美而博大精深，是中华文化的精髓。稿件中的错别字就像是肌体中的坏细胞，不消灭就会毁坏整个健康的肌体。古人说“校字如仇”，对待稿件中的错别字要像对待仇敌一样，通过仔细校对来消灭它。要保持对文字的敬畏之心，对自己写作的每一篇稿件，做到精雕细刻、字斟句酌、反复推敲，确保字、词乃至标点符号使用都准确无误，切实把好防止稿件差错的出口关。

新闻杂谈

高度决定影响力*

我们采写新闻，主要是围绕中心工作报道本单位的做法、经验与成果，以及身边的典型人和事，但要“跳出来”写，看看对全局工作有什么普遍启发性和指导意义，既要紧跟时代节拍，又要具有全局、大局观念，有思想的高度和前瞻性眼光。新闻界常说的一句话，叫“高度决定影响力”。通过对本单位一项工作或个人的报道，引导和推动全局性的工作，通过一个鲜明的主题和生动事例，树立正确的舆论导向。报纸编辑选稿、编稿、安排版面也是根据这个来的，即所谓“政治家办报”。

有的同志不知道如何写新闻，写出来像是一堆材料，没有具体的人和事，提炼不出思想，自然没有思想高度，没有鲜明的主题，文字也经不起推敲。所有这些问题，除采访不够深入，不掌握情况之外，一个重要原因，就是学习不够、思考不深，出不了思想。一篇稿子别看文字不长，却很考验你的思想和思维层次。你缺乏思想的高度，就提炼不出主题。任何一篇报道，思想性不可或缺，没有思想的传播，记者与抄表员无异。

另一种情况是，为了让人知道自己写这篇稿子的目的，就在稿子中“贴标签”“喊口号”，写了一项工作，就说这是通过什么学习或教育取得的成果，生拉硬拽，这是新闻写作之大忌。美国《华尔街日报》曾指出：“那些真正精彩的故事，完全可以开门见山，直入主题，让故事本身来抓住读者，而根本不需要在导语中做广告。”他们的报道，导语往往用一个

---

* 此文是2010年5月6日在学校新闻通气会上的发言提纲。

故事开头，吸引读者看下去，值得我们借鉴。他们对记者的要求是“给我讲一个故事，看在老天爷的份上，让它有趣一点”。我们写新闻，关键是要学会讲故事，把道理寓于故事中，“传播有思想的新闻”。

如何解决这个问题？一是紧跟党的理论创新步伐，加强政治理论学习，要学深悟透，提高思想高度和思维层次。二是要把写新闻与写材料区分开来。大家可能写本单位的材料比较多，但新闻与材料是大为不同的，这就必须学习掌握新闻写作的基本常识和要求，知道新闻应该怎么写。三是多找故事，要善于挖掘那些有思想性、有说服力、有代表性的典型故事。越是宏大的道理，越需要事实来支撑，也就是说，讲故事比讲道理要容易被接受，也能吸引读者看下去，让人从故事中感悟其中的思想，这样，就有了思想的高度，也就有了传播影响力。

最后一点，就是平时要进入本单位的中心工作，多留意身边的人和事，积累掌握新闻素材。写新闻不怕素材多，素材多了就好提炼。古人说“气倍辞前，暨乎篇成，半折心始”，就是说虽然有好多要说的话，真正写到纸上，也就一半。你写新闻的素材多了，你就能够精选故事，集中表达思想。久而久之，思想站位就高了，眼睛就看得远了，写出的新闻就有思想的高度，影响力就大了。

如何提供新闻线索*

大家刚才说的新闻线索，总体上都过于“高大上”、材料化，缺少具体的事，不够“接地气”，有点像简单的工作汇报，缺乏让人眼睛一亮的真正好的新闻线索。

汇报新闻线索千万不能像汇报工作，面面俱到。要抓住两个关键要素：一是“新闻”，是值得挖掘和可以报道的新闻；二是“线索”，是给我们采写提供指引、已经发生的或正在发生的新闻，需要关注和跟踪，核心是具体的事实或故事。

汇报新闻线索谈不到点子上，这是一个普遍现象。对于搞新闻的人来说，汇报新闻线索也是一项基本功。

那么，应该如何发现新闻线索、怎样提供新闻线索呢？这里，给大家讲点基本思路，供大家参考：

一是要直奔主题、简明扼要。与我们写新闻一样，必须要有一个主题，围绕主题简明扼要说清楚，如本单位贯彻创新驱动发展，某重大项目攻关取得重大突破，主题教育坚持用工作成果衡量教育效果，在落实军委决策部署中涌现出了什么新鲜事、带来了什么新变化，等等。突出主题，紧贴中心，不要绕弯子。

二是见人见事，具体实在。这也和写新闻一样，介绍具体的人和事，实实在在讲几个具体的事例，不要泛泛而谈，就可以了。

---

* 此文是2014年5月25日在学校新闻线索汇报会上的发言提纲。

三是要能讲清楚、道明白。汇报新闻线索自己一定要事先有深入细致的了解，能把事情说清楚，不能知其一不知其二，知其然而不知其所以然。有的人讲了一个线索，一问具体情况，就说不上来了。有的人提供的文字线索，职务、职称等基本信息都不全，甚至前后不一致，或是把多年前的材料照搬过来，早已时过境迁了，当了个不合格的“二传手”。

一条好的新闻线索，其实就是一条新闻的核心要素，一篇消息稿的雏形。汇报新闻线索一定要认真准备，甚至要进行前期的采访，也可以按新闻的要求把基本要素列出来。所有这些，大家要在实践中多探索总结，进一步提高新闻业务能力。

新闻报道的选题从哪里来*

一些人不知道新闻报道写什么。新闻报道的选题从哪里来？这个问题的根源在于缺乏新闻敏感性，不能很好地紧跟中心、贴近实际。我谈几点体会，供大家参考。

首先，新闻报道要紧跟中心。那么，中心在哪里？

中心在习主席的一系列重要讲话里。党的十八大以来，习主席关于党和军队建设有一系列论述，各单位如何贯彻落实，有哪些做法、经验，取得了哪些成果，这就是新闻报道的重点。比如，今年3月13日，习主席在出席十二届全国人大四次会议解放军代表团全体会议时，强调要下大气力抓理论创新、科技创新、科学管理、人才聚集、实践创新，指出，“全面实施创新驱动发展战略”“创新是引领发展的第一动力”“科学的军事理论就是战斗力”“我军必须高度重视战略前沿技术发展”“把创新成果转化为实实在在的战斗力”。这些论述，每一条都与我们国防科大紧密相关，都是我们报道的选题，大家就可以根据习主席讲话强调的问题去找新闻线索，去挖掘本单位的具体事例，在上下结合中找到可以报道的新闻。最近，围绕创新驱动发展，我采访了四院新体制雷达研制课题组和课题组负责人周智敏教授，写了一篇《22年，干成了一件事》，在《解放军报》的《创新驱动发展新闻观察》专栏首篇推出。类似的新闻故事有很多，大家可以去采访、挖掘，一定会有收获。

---

* 此文是2016年3月31日在学校新闻通气会上的发言提纲。

中心在中央军委的决策部署里。实现党在新形势下的强军目标，深化国防和军队改革，实施创新驱动发展战略等，军委有一系列的决策部署，这些都是我们可以报道的内容。比如，今年3月25日，《解放军报》1版头条刊登了今年要开展改革强军主题教育，开展“学党章党规，学系列讲话，做合格党员”活动，简称“两学一做”，这就是我们需要重点关注和充分报道的，因为每个单位都要开展这项工作。

中心在强军兴军的生动实践中。实现强军目标，关系每个单位每个人，如何贯彻落实习主席和中央军委的要求，如何落实到具体工作中，涌现出了哪些新鲜事物和典型人物，等等。你关注到了，新闻报道就有写作的素材了。再比如，大力培育新时代“四有”革命军人，有灵魂、有本事、有血性、有品德每一个方面，都可以去找我们身边的感人故事，有了“四有”这个主题，找到了能体现和反映“四有”的具体故事，就可以写出新闻了。

其次，新闻报道要紧贴实际。一个学院的工作，政治教育、党的建设、人才培养、科学研究、管理和后勤保障等，所有这些大家一定要十分了解熟悉，从中发现可以报道的新闻线索，找具体的、生动的、有代表性的人和事。新闻是用事实说话，用讲故事的方法写作，不能像写材料一样，四平八稳，面面俱到。新闻要生动感人，有说服力，必须要依托故事来说理，把新闻写生动，有可读性，给人以启迪，对其他单位的工作有指导和借鉴意义。

再次，新闻报道要有的放矢。要针对军报要求和一段时间内的报道重点、栏目设置来开展新闻报道。大家翻开《解放军报》，可以看到有不同版面设置，版面上有不同的专栏，如《深化国防和军队改革进行时》《拥护改革、支持改革、投身改革》《学习践行强军目标》《做新时代“四有”革命军人》《创新驱动发展新闻观察》等等。大家写稿的时候，要想一想，我写的这条新闻适合哪个栏目，怎样写符合这个栏目的要求。有的放矢才能提高稿件的命中率，不做无用功，并且能事半功倍。

新闻写作是一项政治性、导向性很强的工作，同时也是一项实践性工作，提高新闻写作能力要勤思考，多实践。不去实践，不动笔写，不可能领悟新闻写作的真谛，也不可能提高新闻写作能力，甚至发现不了新闻，汇报新闻线索也讲不到点子上。个别人干了这项工作很长时间，平时不愿动笔，记者去其单位采访也不愿利用这个机会在实践中学习，虽然反映其单位工作的稿子刊登出来了，但这篇稿子是如何采访到的素材、如何提炼出的主题、怎样写出来的，因为没有参与也就无从知晓。我们应该明白，唯有实践出真知，只要你愿意实践，经常动笔写，经过一段时间的磨砺，新闻写作能力就能提高了。

多用心领悟　勤动手实践*

关于如何写好新闻，我的一条体会是：用心领悟，动手实践。两句话八个字，关键词是：用心、动手。

用心领悟，关键是要用心。搞好新闻报道，要有高度的政治敏锐和新闻敏感，二者缺一不可，一个重要途径是要用心去领悟。

首先，要用心领悟习主席系列重要讲话精神和军委的决策部署。搞新闻报道，政治学习不能满足于一般地学，不能“雨过地皮湿”地走过场。要学深悟透，学用结合，理论联系实际，善于从习主席系列重要讲话精神和军委的决策部署相关文件中，找到新闻报道的方向、选题，然后联系本单位实际工作，发现新闻线索，见人所未见，言人所未言，采写出别具一格的新闻。不用心领悟达不到这一要求。

其次，要用心领悟《解放军报》等中央媒体上刊发的社论、评论、编者按，以及新栏目开设的“开栏的话”等，这些都代表了一个时期办报的指导思想、方向和重点，也是新闻报道的指南。用心领悟，就知道新闻报道该如何找素材，如何有的放矢写新闻。

再次，要用心领悟所在单位贯彻落实习主席和中央军委决策部署的具体举措，特别是结合本单位实际推出的行之有效的做法，善于从中找到“亮点”，提炼新闻主题，写出新闻稿件。

最后，要用心领悟媒体上的重要稿件和其他单位的报道，从中学习借

---

* 此文是2016年5月20日在学校新闻工作座谈会的发言提纲。

鉴，举一反三，悟出其中的“道道”，慢慢提升自己的采写能力。“他山之石，可以攻玉”就是这个道理。

用心领悟是前提，动手实践是关键。提高新闻写作能力，要在用心领悟的基础上，勤于实践，勇于实践，不能光说不练，须知“唯有实践出真知”。有的宣传干事，几个月不动手写一篇稿，一年半载也不见报，新闻写作能力很难提高。

做新闻工作，有三件事是永恒的，读书、思考、表达。读书就是加强学习，建立自己的知识体系，打牢基础；思考就是要用心领悟，理论联系实际思考问题；表达就是进行新闻采写，写出稿件刊登在媒体上。三件事层层递进，前因后果，一目了然。

写新闻要学会讲故事*

会讲故事，是记者和通讯员必须具备的一项基本功。因为新闻舆论传播的本质是用事实说话，故事就是事实中最重要、最有说服力、最能吸引人的关键所在。有一本名为《全新思维：决胜未来的六种能力》的书，认为会讲故事，是 21 世纪最应具备的基础技能之一。

现在一些人不会写新闻，或是写不好新闻，一个重要的问题就是不善于在采访中找故事，不会用讲故事的方法写新闻。写出的稿子缺少有思想性、有说服力的故事，要么材料味太浓，要么罗列一堆数字。我们常说，新闻要见人、见事、见思想，这几个方面都可以在一个故事中体现，这是故事的最核心的元素。因此，写新闻要学会讲故事。那么，怎样讲故事呢?

首先，要树立讲故事的写作导向。讲好故事，事半功倍。习主席指出："讲好中国故事，传播好中国声音。"这给我们新闻写作指明了方向，我们必须把习主席的重要讲话精神贯彻到新闻采写中去。要明白，写新闻就是讲故事，用好的故事影响人、激励人，弘扬主旋律，传播正能量。好故事胜过千言万语，有春风化雨之效、鞭策励志之功。在生活中，人们喜欢听故事，而不喜欢说教，即便是政治教育，如果把故事融入其中，大家爱听，效果也好；新闻更是这样，好的故事远比那些材料的罗列、空洞的说教更有说服力，更能打动人。

其次，在采访时要善于找故事。德国电影导演弗里德里希说："故事

---

* 此文是 2017 年 4 月 12 日在学校新闻骨干座谈会上的发言提纲。

只存在于故事中，存在于时间的流逝、生命的继续中，无须制造故事。”这就说明，要善于找故事，并不需要制造故事或去编故事。一条新闻线索的背后，一定会有故事，需要我们顺藤摸瓜去找，让采访对象讲出他的故事。采访中，我们把新闻的五个“W”（何时、何地、何人、何事、何故）挖掘出来，连贯起来，这样就有了一个完整的故事链，这样新闻素材就丰富了起来。故事越详细、越生动、越曲折，就越有吸引力、说服力。如果在采访中，能获得几个贴近主题、有代表性的故事，那么就是一次成功的采访，也为后面的写作奠定了基础。从一定意义上讲，“没有故事就没有新闻”。

再次，用讲故事的方法写新闻。好故事往往蕴含着大道理。写作时，要对故事去粗取精，选择最有代表性、最贴近主题的故事，用生动的语言娓娓道来。故事是一篇稿子的核心，要掌握讲故事的写作方法，有一本《华尔街日报是如何讲故事的》，认为“那些真正精彩的故事，完全可以开门见山，直入主题，让故事本身来抓住读者，而根本不需要在导语中做广告”。现在有许多好新闻，一开头就讲故事，首先就用一个故事来吸引人、抓住读者，值得学习借鉴。特别是我们写政治工作新闻、科技新闻和各类人物典型，稿子中必须要用几个好故事来支撑，要善于用故事表达主题，反映做法、经验、成果和人物风采。如一项科研成果问世，你就要讲科研人员的创新故事，展示他们的创新追求和创新智慧，给人以启示。

最后，新闻中的故事一定要合情合理，顺“理”而成“章”。我们在采访中挖掘到了故事，最后写出有故事的新闻，必须是真实的，合情合理的；不能牵强附会，不能随意拔高，更不能人为杜撰。否则，会适得其反。现在有的新闻特别是写人物的稿子，太“高大上”了，有“不食人间烟火”的味道，可敬而不可学，这就没有达到新闻传播的目的，效果也大打折扣。所以，我们讲的故事要接地气，要朴实，要有人情味。只有合情合理，才能可信、可敬、可学，给人留下深刻印象，也能给人以鼓励和启迪。

研究生如何结合专业写科普文章*

与在座的研究生们谈新闻写作，虽然“隔行如隔山”，但还有一句话，叫“隔行不隔理”。新闻写作，特别是科技新闻与科普文章的写作，与大家经常要写的论文、课题报告也有相通之处，都离不开“写作”二字。所以今天讲课的主题就谈：研究生如何结合专业给媒体写科普文章。这是大家的优势，大有作为。

现在，许多平面媒体都开辟了科技方面的专版、专栏，报道最新科技动态、普及前沿科学知识、解读当前科技热点、传播科学精神。如《解放军报》有每周一期的《科技前沿》专版，《科技日报》《中国科学报》等报纸都有类似的专版，还有科技类期刊，也刊登科普类的文章。许多院士、知名专家、研究生成为这些报刊的作者。在我的新闻写作中，科技报道、专家访谈、科技人物就占了很大一部分，其中不少属于科普类。我在《解放军报》科技版开过《本报记者对话国防科技专家》专栏，在《国防科技大讲堂》栏目刊登过一系列文章。2016 年，我将这一系列文章汇编成《智者不惑——一位军事记者与国防科技专家的对话》出版，中国科学院院士、时任学校校长杨学军还为其作序，给予支持肯定。

最近，我写了《一束光的梦想与传奇》《芯片研发究竟有多难?》等科普文章。前不久，国产科幻电影《流浪地球》热播，我又邀请专家围绕

---

* 2019 年 5 月 10 日，应邀与研究生院学员六大队部分研究生谈科普文章写作，此为交流发言提纲。

地球发动机喷出的等离子体谈其中的科学问题，写了《等离子体：神秘的第四种物质存在形态》，反响非常好，编辑部给了好稿的评价。今天来讲课之前，我写了一篇《声学镊子：用声音“搬动”微小物体》的文章，就是与你们大队的博士生张亮永合作完成的。去年 10 月，光学镊子的发明及应用获得诺贝尔物理学奖，声学镊子比光学镊子更前沿，它突破了光学镊子的原理局限，有更好的性能和更加广阔的应用前景。因此，它是一个非常前沿的技术，有必要介绍给读者。张亮永的专业属于声学领域，他通过与我的合作，在写作能力上得到了锻炼，有了很大提高。前面提到的《一束光的梦想与传奇》这篇文章，是写激光的。激光专业方向的博士生娄兆凯，为我提供了很好的素材，他也成为本文作者之一。这些文章都通过采访专家、专家讲述的形式刊出，并附有专家小传，增加了权威性，产生了很好的传播效果。你们写这类文章，既有专业优势，又可请教导师，具有天然的优势。

那么，研究生如何结合专业写好科普文章呢？我谈点个人的体会和感悟，与大家商榷。

第一，会写科普文章应该成为科技人员的必备素质和能力。在全面建成世界一流军队的时代背景下，无论是推进科技兴军战略、提升官兵科技素养，还是传播科学知识、弘扬科学精神，科技人员都责无旁贷。在座的都是各专业研究生，是科技兴军的中坚力量，在学好专业的同时，结合本领域的专业知识，学会写科普文章，对于提高科技素养和论文写作水平有极大促进作用，一举多得。作为科技人才，完全可以胜任这项工作，你们写出来更有权威性，只要在这方面下点功夫，就能立竿见影，产生好的传播效果，可能比发表一篇论文的影响要大得多。所以，我认为，这应该成为科技人员的一项必备素质，在科技发展史上，许多科学大家都善于做科普工作、写科普文章，这样的例子很多。

第二，写科普文章必须抓住科普化、人文化这个关键。与平时写论文不同，科普文章从标题到内容要通俗易懂，把深奥的科学问题科普化，要善于做一些“翻译”工作，进行类比和比喻。比如，把稀土比喻为“工业的维生素”，这就比较生动形象、好理解，让人一下就能理解它的重要性。又比如，我们写量子的发展历程，就用了“量子的星光大道”做标题，同时，用拟人的自述来行文，十分通俗易懂。写《一束光的梦想与传奇》，讲到激光原本在自然界并不存在，它来源于爱因斯坦的“假设”，然后再讲到，它一经发现，又如何照亮了整个人类。这些科学中的故事，既有知识性又有可读性，引人入胜。同时，写这类文章要贯彻一种人文精神，怀着人文情怀来写，可以结合一些偶然的科学发现、奇妙的科学现象、发明创造中的思想火花、给人类带来的福祉，以及科学家的创新追求和创新智慧，用以启迪读者的创新思维，弘扬科学精神。

第三，结合科技前沿和科技热点进行解读。报刊是新闻纸，是紧贴时代、紧贴中心的，给报刊写科普文章，也要紧跟时代步伐，跟踪热点问题，选择并抓住写作时机。这里要考虑两个因素：一是要贴近科技前沿，科技前沿是新的科技动态和发展新趋势，新的事物出现了，大家不甚了解，也比较关注，你写出来了，就能满足读者的求知欲，起到普及科学知识的作用；二是要结合当前的科技热点，这是人们关注的问题，也许是众说纷纭、莫衷一是的问题，需要本领域的专家学者进行权威解读，拨开“迷雾”，澄清谬误，厘清事实，道出真相。这样的文章有传播价值，能获得编辑青睐，也容易刊出。

第四，展示应用前景，特别是对军事变革产生的影响。科学技术、科研成果到底有什么用？给人们的生产生活能带来什么影响和变化？这是普通读者所关心的，对于军队读者和军事爱好者，则更关心它在军事领域的应用。写这方面的文章，可专门写一部分在军事领域的应用前景，以及其对军事变革的影响，让读者可以从中看到科技对战斗力的巨大作用，对科技强军是多么重要，引起人们的关注甚至去研究和应用，推动科技兴军，这样，一篇文章就能产生巨大的社会效益和军事效益。

第五，要注意保密。写文章对外发表传播，头脑中必须有保密这根弦。要遵守宣传纪律和保密规定，严防失实和泄密。科普文章虽是科普，一般只说科学知识、科学原理，不涉及当前我们正进行的科技创新工作，也不介绍我们的武器装备，即便这样，仍要高度重视保密工作，避免外界产生联想。在介绍军事应用或应用前景时，只讲国外的情况、国外的应用，不要涉及我国最新的情况，这样就避开了“雷区”，因为科普文章完全没必要涉及我国最新的相关研究情况。此外，科普文章一定要科学严谨，不能故弄玄虚，随意解读，要增强权威性和可信度，同时避免外界猜测和网上的负面炒作。唯有如此，才能真正达到普及科学知识、弘扬科学精神的传播效果。

紧跟中心　紧贴实际*

新闻报道是一项既要务实也要务虚的工作，很多时候“功夫在诗外”。有任务的时候要务实，通过下功夫采访和精心写作，把任务完成好。不太忙的时候就要务虚，多学习充电，思考问题，积蓄能量。正如新闻人常说的一句话：当你看到我的时候，我和新闻在报上，当你看不到我的时候，我和新闻在路上。

如何做好学校新闻工作，在我长期工作实践中，有以下几点体会：

第一，把紧跟中心、紧贴实际作为新闻报道的指导思想。新闻报道工作是一项政治性很强的工作，讲政治是最起码的要求和最重要的新闻规律。坚持正确的舆论导向，唱响主旋律、打好主动仗，落实到工作中就必须与时俱进，紧跟党的理论创新步伐，结合学校实际开展新闻报道，思想站位要高，工作落点要实，就像著名军事记者、解放军报原副总编辑江永红所说：“记者和通讯员要像军委领导一样思考、像普通士兵一样生活。”前几年，新闻界开展“走、转、改”活动，提出“站在天安门上看世界，蹲在田间地头找感觉”，也是这个道理。要不断增强政治敏锐性和新闻敏感性，充分反映党的创新理论在学校贯彻落实、生根开花的情况，在人才培养、思想政治建设、科技创新等工作中取得的新成果、新经验，官兵中出现的新风貌。每逢党中央、中央军委做出重大部署，开展重大主题教育和有重大纪念活动等重要时间节点，应通过

---

* 此文是 2021 年 8 月 20 日在学校新闻文化工作座谈会上的发言提纲。

深入采访和挖掘，进行及时而充分的报道。

第二，把反映各级党委和官兵践行习近平强军思想作为新闻报道的主题主线。新闻是时代的先声，必须聚焦时代主题，反映时代风采。学校是军队高素质新型军事人才培养和国防科技自主创新的高地，新闻报道必须从各级党委和官兵践行习近平强军思想的生动实践中，从围绕实战搞教学、着眼打赢育人才，立德树人，为战育人，为战而研的实践中，挖掘具有代表性、思想性和说服力的人和事，用鲜明的主题、生动的事例进行报道，通过媒体传播出去。如学校组织主办的全军军事建模竞赛，虽然是一个普通的学科竞赛，但竞赛坚持“以战领赛、以赛谋战、为战育人”办赛理念，这是落实习主席关于“备战打仗”的重要论述的工作实践，通过深入采访，我们以《3 个备战打仗问题的 777 种求解》《全军军事建模竞赛成为新时代科技练兵大舞台》等为标题，对连续三届竞赛进行报道，两次上了《解放军报》头版头条，一次一个整版，军委训管部领导两次作出批示。还比如，《为战育人优化学科布局》《激光陀螺为战斗力旋转》，以及科技人物的报道，都反映学校践行习近平强军思想的生动实践和取得的成果。

第三，把反映学校突破掌握核心关键技术，服务科技强军作为新闻报道的重点内容。创新能力是一支军队的核心竞争力，也是生成和提高战斗力的加速器。学校承担着从事核心关键技术攻关和先进武器装备研制的任务，长期以来，广大科技人员瞄准国家和军队重大战略需求，自主创新，勇攀高峰，敢啃“硬骨头”，这是学校科研人员的创新品质，也是新闻报道的“富矿”，必须对其进行充分的“开采”，展现学校的科技创新成果、科研人员的创新风采，以及为服务国家和军队重大战略需求和促进战斗力提升作出的贡献。这些年，我们对“天河”系列超级计算机、“北斗”系列关键设备、“天拓”系列微纳卫星等一大批自主创新成果进行了充分报道，推出了“为国争光、勇攀高峰”的自主创新团队和“创新为战的科技专家”高伯龙等一批全国、全军典型，在《解放军报》科技前沿版开设了《本报记者对话国防科技专家》《国防科技大讲堂》等栏目，撰写了系列采访报道，取得了很好的传播效果。

第四，把讲好强军故事、传播科大声音作为改进新闻报道形式、增强传播效果的重要课题。习主席指出，“讲好故事，事半功倍”，要求“讲好中国故事，传播好中国声音”。会讲故事，是新闻工作者的一项基本功，好的故事有春风化雨、润物无声的功效。在新闻报道中，要通过深入采访挖掘故事，在写作中讲好故事，把学校官兵矢志强军、追求卓越的时代风采寓于故事中，增强传播效果。如“一个公式改变一支部队执勤模式”“一个方程提高卫星图像质量30%”等一批强军故事，就取得了很好的传播效果，中国科学院院士、北京大学数学科学学院教授张恭庆在讲学中，都引用以上两个故事，可见其传播影响力。

第五，把挖掘传播学校办学优良传统、大学文化特色作为增强新闻报道厚重感的有效途径。从“哈军工”到国防科大近70年的办学历程中，学校形成了独具特色的办学优良传统和大学文化，成为一代代科大人的精神风向标和根植于心的价值追求，是学校人才辈出、成果迭出的文化密码。长期以来，我们注重对学校文化的关注和挖掘，采写了关于学校的创新文化、科技文化、红烛文化等系列报道，报道了学校一系列的科技文化节、各类文化活动和文化现象，汇编出版了《一所军事名校的文化密码》一书，总体上反映了学校的文化特色和精神品质，体现了科大人的文化自觉、自信，一定程度上揭示了学校人才与成果为何“于斯为盛”的文化密码，也使报道有了历史厚重感和感染力，今后还需要进一步加强这方面的报道。

第六，把新闻报道培训、开展群众性新闻报道作为加强骨干队伍建设和提高官兵媒介素养的有效措施。学校的新闻骨干队伍虽然不像部队那样强和稳定，但机关坚持不懈抓队伍建设，制定了一些激励机制，通过培训对新闻骨干进行传、帮、带，从举办新闻写作业务讲座，拓展到讲授科普写作，受到研究生和年轻科技干部的欢迎，许多人在《解放军报》《科技日报》等媒体刊登了科普文章。我们为基层支部书记培训班专门安排“掌握新闻传播规律，提升军人媒介素养”讲座，这些培训活动，还有效提高了他们的媒介素养，我们撰写的《着力提升全媒体时代官兵媒介素养》论文在《军事记者》杂志刊出。这方面工作虽然取得一些成绩，但仍存在许多不足，需要进一步加强。

新闻讲座

关于提高新闻舆论引导能力的思考与实践*

今天主要讲三个问题：一是当前国际舆论环境的基本格局；二是充分认识舆论引导的极端重要性；三是关于提高舆论引导能力的几点体会。

我们先来看几个与新闻舆论引导有关的事例：

事例 1　外交官的着装向外界传递着怎样的信息

这是一个发生在 2008 年的故事。这年春天，外交部新闻发言人孔泉出任驻法大使，孔泉大使向法国总统萨科齐递交国书。孔泉大使没有穿西装，而是身着中山装。外交官的着装向外界传递着怎样的信息呢?

我们回顾一下当时的情况。这一年，中国要举办北京奥运会，时任法国总统萨科齐对中国人权状况说三道四，迟迟不表态是否出席奥运会开幕式，此前还高调会见达赖喇嘛。紧接着，奥运火炬在巴黎传递时，又发生了不明身份人员抢夺奥运火炬的事。这一系列事件，使中法关系受到极大损害。这个时候，外交部新闻发言人孔泉接替吴建民出任驻法大使，孔泉一反常态，穿着有“毛式服装”之称的灰色中山装。他为什么要着中山装，我们不得而知，但照片经网络等媒体广泛传播，让人产生联想，引发了各种各样的解读。

---

* 此文源自 2012 年 6 月 8 日在学校政治部举办的第 15 期机关业务培训上的讲课提纲，此后稍做补充，又先后在全军政工网管理员培训班、全军网络骨干培训班讲课时使用。

事例 2　中美军方领导人交锋如何赢得媒体广泛关注

2011 年，美国调整战略部署，高调“重返亚太”，中美关系特别是中美军事关系从此进入新的“战略磨合期”。同年 7 月，美军参谋长联席会议主席迈克尔·马伦海军上将访华，时任总参谋长陈炳德与马伦会谈后，共同举行媒体见面会。在这次记者招待会上，陈总长与马伦进行交锋。中央人民广播电台军事中心记者梁永春获得提问机会，进行了有力的配合。

陈炳德指出：“发展健康稳定的两军关系，关键是要互相信任，前提是要互相尊重。”“我衷心希望美国朋友，待人要谦虚，行事要谨慎!”

这些话有理有据，掷地有声，给人留下了深刻印象。

该报道播出后，被国内外 120 多家新闻网站转载，特别是记者提出“美军将以何种方式在南海长期存在”的问题，被境外媒体广泛关注，同时受到了有关部门领导肯定和表扬。

又比如，2014 年，我国国防部长常万全与美国国防部长哈格尔在共同会见记者时的交锋，同样引起国内外广泛关注。

事例 3　记者的愚蠢提问与将军的睿智回答

2005 年，日本外相访华，当时中日关系因日本首相参拜靖国神社和历史问题受到严重影响。日本外相访华结束时，随日本外相访华的新闻官高岛举行了记者招待会，在场的中国媒体，只有一名女记者获得了唯一一次提问机会。她请高岛对小泉参拜靖国神社作出解释，说：“如果布什祭拜那些向广岛投下原子弹的美军，日本人会是什么心情?”高岛避重就轻地回答：“我不是首相本人，我不清楚首相的考虑。但小泉首相表示，将重新考虑通过适当形式参拜靖国神社。”

这名记者的提问，立即受到国内一些学者的批评，因为她的提问犯了两个十分低级的错误：

其一，布什即使去祭拜那些向广岛投下原子弹的美军，其含义也与小泉参拜靖国神社完全不同。因为，日本首相参拜靖国神社实际上是对甲级战犯和日本军国主义的参拜。美军向广岛投下原子弹，动机尽管十分复杂，但它毕竟是一个遭受日本侵略的国家为了迫使日本尽快投降而采取的措施。

其二，这个提问，将日本塑造成二战的受害者，而不是侵略者。日本现在也一直举办原子弹爆炸的纪念活动，企图洗白自己的侵略历史。

所以说，记者的提问十分愚蠢，缺乏起码的国际知识和历史知识。

在舆论战场，如何提问，如何回答，不仅大有学问，而且关系重大。这里再讲一个相反的例子：美国记者与我军一名将军的问答。

在 2008 年“5·12”大地震发生后，美国《时代周刊》记者奥斯丁·拉姆齐到震区采访被困在一段山路上。正当他一筹莫展的时候，一辆越野车开到他的身边，一位将军把他拉上车，将他送到要去的地方。于是，有了下面一段对话：

奥斯丁·拉姆齐问：“将军的任务是什么?”

将军回答：“救人!”

奥斯丁·拉姆齐问：“将军对我有什么要求?”

将军说：“客观!”

美国记者与中国将军的问与答，取得了什么样的效果呢？不久，这位记者在美国《时代周刊》及其网站上，发表了多篇正面报道，他在报道中认为，“中国军队的救援工作很出色，很有效”。

一次问答，就争取了一名外国记者对中国军队救援行动的理解支持，获得了极大的外宣效果，因而成为如何应对外国媒体、借助外国媒体开展对外宣传的一个佳话。

事例 4　从一词一句的翻译看掌握舆论主动权的重要性

近 10 多年来，西方媒体总是不厌其烦地炒作“中国威胁论”“中国军事不透明”，它最初是如何产生的呢？据凤凰卫视前驻美国记者隗静介绍，问题在于西方对邓小平当年提出的“韬光养晦”一词的不当解读。

“韬光养晦”的中文意思是“收敛锋芒，不使外露”。而美国的翻译是："掩藏实力，等待时机"（hide our capabilities and bide our time）。

正是这个翻译，给五角大楼的情报分析家们拉响了警笛：中国掩藏什么样的实力？中国等待时机要做什么？美军由此炮制出"中国威胁论""中国军事不透明"。

有了这个教训后，我们充分认识到做好有关敏感问题的名词翻译的重要性，开始主动作为。

2005 年 3 月，十届全国人大第三次会议在审议通过《反分裂国家法》时，了解到境内外一些敌对势力将借此大肆炒作，恶意攻击。有关部门对如何翻译《反分裂国家法》，进行了深入的研究论证。最终将"反分裂国家法"译为"Anti-Secession Law"。其中 secession 意为"退出""分离"，且有叛国之意。

19 世纪 60 年代，美国南方 11 个州要脱离联邦，美国发动维护国家统一的南北战争。此后，美国法律和历史教科书提到南方的分离运动，使用的就是 secession 一词。我们在翻译《反分裂国家法》时，使用这个词，就使国际社会能够根据其自身的历史文化，理解和接受中国的《反分裂国家法》，从而有效引导了国际舆论，掌握了舆论引导的主导权。

下面，言归正传，先讲第一个问题：

一、当前国际舆论环境的基本格局

在目前的国际传播格局中，我国在报纸、广播、电视以及网络等传播领域，与西方相比，无论是硬件还是软件，都存在很大的差距。其基本格局可以归纳为以下四个方面：

（一）西强我弱，目前无法与之抗衡

一看传统媒体。发行量大、有影响的报纸都在西方发达国家。例如，美国的《纽约时报》《华盛顿邮报》《洛杉矶时报》《华尔街日报》，英国的《泰晤士报》《每日电讯报》，法国的《世界报》，德国的《法兰克福

报》，日本的《朝日新闻》。

这些都是在世界范围内具有重要影响的老牌大报。相比之下，我国的报刊业在国际市场的传播领域要小得多，加之政治、语言等方面的因素，中国报纸的影响力更是无法与西方抗衡。《人民日报》（海外版）的订户主要是中国驻外机构和华人，英文《中国日报》海外发行量并不大。

二看通讯社。美联社通过卫星线路、海底电缆和无线电传输等，向全世界的报社、电台和电视台提供新闻，每天向国外传送上百万字的文字新闻稿和大量的新闻图片。提供的声像材料在全球 6 000 多家电台和电视台广为使用。美联社、法新社各有 15 000 余家用户。据美联社统计，全球每天有 15 亿人接触到美联社的新闻。

我国新华社是世界上八大通讯社之一，近年来，虽然影响力不断扩大，但相对于美联社、路透社和法新社，仍有很大差距。中国新闻社主要向国外媒体供稿，但提供的新闻有限，影响不大。

三看广播、电视。美国的传播站几乎遍布全球，在世界任何一个地方都能听到美国的广播。美国有线电视新闻网（CNN），拥有全天 24 小时播出的新闻频道，140 多个国家可以收看。英国的路透社电视规模也很大，向全球 80 多个国家 400 多家客户提供服务。中国中央电视台的对外节目虽然已在各大洲落地，但节目以华语为主，观众大多数是海外的华侨和留学生，目前还难进入各国的主流社会。

四看网络。现在，全球 80% 以上的网上信息和 95% 以上的服务信息由美国提供。全球具有较大影响的网络媒体，大多集中在美国。如 CNN、纽约时报、华盛顿邮报、华尔街日报、今日美国等许多新闻网站，都是世界上很有影响的网站。中国的网络传播起步较晚，在整个互联网的信息输入、输出的流量中，中国目前所占的比重仍然很小。所以这几年，我国投入许多财力、物力和人力，大力加强新闻网站建设。

（二）信息传播不对等，基本处于弱势状态

据有关资料统计，美国、欧盟和日本控制着全球 90% 的信息资源，西

方五大通讯社在全世界发布的新闻量占到了96%。占全球人口20%的发达国家拥有80%的全球信息传播总量，而占全球人口80%的发展中国家只占有20%的信息处理量。信息基本上是发达国家流向发展中国家。

还有一个数据，全世界每5个人中就有一位是华人，但全球的信息量却只有4%来自华文媒体。

（三）负面报道多，正面报道少

2006年，新华社解放军分社做了一个"中国军队海外媒体形象调查与研究"的课题。对美国的美联社、英国的路透社、法国的法新社、俄罗斯的俄塔社、日本的共同社等6家通讯社一年（2005年）播发的涉华军事报道进行了统计，发现正面报道仅占7%，中性和基本中性的占46%，负面报道占47%。负面报道最多的是美联社，最少的是俄塔社。

此外，我校专家教授也曾对《纽约时报》《华尔街日报》《华盛顿邮报》《洛杉矶时报》《今日美国》等10家美国主要报纸有关中国军队的164篇报道进行分析解读，发现正面报道仅占4%，负面报道占54%。

2009年，中国军队海外媒体形象开始好转。据一项研究数据显示，当年国外媒体对中国军队的正面报道由2005年的7%上升为25%，虽然只占四分之一，但在4年中上升了18个百分点，说明这几年加强和改进对外宣传工作取得明显的效果。

一个典型的例子是，2010年，我校研制的"天河一号"超级计算机在国际TOP500排名世界榜首时，国外媒体特别是西方大国媒体的报道基本都是正面的，我在报告文学《跃上世界超算之巅》一文中，收集了外媒对"天河一号"的报道和评价，绝大多数是正面和中性的，如：

《华尔街日报》引用美国计算机专家的话说："这台机器毫无疑问是高性能计算领域的游戏规则改变者，这是一个转折，标志着经济竞争力从西方转向东方。"

德国《明镜》周刊评论说：中国在技术研发方面常被西方扣上"拷贝"的帽子，但中国目前已经是一个创新国家了。

此后，“天河二号”问世并再次登上国际TOP500榜首，海外媒体报道情况也是一样，可以看出，中国和中国军队的海外媒体形象逐步好转。

（四）国际传播秩序不合理，话语权基本被西方掌控

据2009年的一份统计，全球互联网的网址中，78%为英文网站，70%的网站出自美国，网上信息英语占80%，法语占5%，西班牙语占2%。中国的网站数量虽然居世界第一，但主要是中文网站，在国际上影响力很小。2011年年初，美国之音关闭了对华广播，把财力、物力、人力转移到渗透力更强也更为隐藏的网络上。当香港地区发生非法集会暴力事件时，美国之音网站又十分活跃，进行了大量煽动性的报道。

近来，美国对华开展文化冷战，制造专门针对中国的舆论战，组织职业写手编撰文章，用灭偶像、污政府等手段炮制故事，通过他们掌握的网络平台抹黑中国。其目的是让中国失去自尊、自信，损害党和政府形象。

从以上情况可以看出，以美国为首的西方国家凭借其先进的技术和强大的综合国力，基本垄断了世界大部分地区的新闻信息传播，掌握了全球的话语权。特别是在新兴的网络传播领域，美国以其经济、文化、技术和语言优势，取得了全球的“霸主”地位，对中国开展全方位的舆论战，对此，我们必须保持高度警惕。

二、充分认识舆论引导的极端重要性

古今中外的政治家、军事家都十分重视发挥新闻传播、新闻舆论引导的重要作用，并有许多精辟的论述。拿破仑曾说：“报纸一张，犹联军一队。”他还说：“三份不友善的报纸，比一千把刺刀更可怕。”艾森豪威尔说：“在宣传上花1美元等于在国防上花5美元。”在冷战时期，基辛格曾不加掩饰地说：“一个自由电台可以抵20个师。”

我们党、国家和军队领导人都高度重视做好舆论引导工作。

早在1928年10月，毛泽东同志就旗帜鲜明地提出，“共产党是要在

左手拿宣传单，右手拿枪弹，才可以打倒敌人的”。这就是我们常讲的“笔杆子”和“枪杆子”。

毛泽东同志始终高度重视新闻工作，《毛泽东新闻工作文选》就收录论著、讲话、谈话、新闻作品等共计 71 篇。毛泽东同志深谙加强对外宣传的极端重要性，一直抓住不放。新中国成立不久，1955 年 12 月，毛泽东同志针对当时新华社在开展国外工作方面思想保守、行动迟缓的情况，写下了《让全世界都能听到我们的声音》的指示：

“新华社这几年做了一些工作。但是，驻外记者派得太少，没有自己的消息，有，也太少。为什么不派？没有干部？中国这么大，抽不出人？是不是中宣部过去没有管？”“应该大发展，尽快做到在世界各地都能派有自己的记者，发出自己的消息。把地球管起来，让全世界都能听到我们的声音。”

毛泽东同志在 1962 年 9 月指出：“凡是要推翻一个政权，总要先造成舆论，总要先做意识形态方面的工作。革命的阶级是这样，反革命的阶级也是这样。”联想这几年国际上一些政权的相继倒台，可以看出毛泽东同志的这一论述，是多么英明和富有远见。

不仅如此，毛泽东同志还亲自动笔写了许多新闻和评论，如《爷台山战事扩大》（1945 年 7 月 25 日）、《我三十万大军胜利南渡长江》（1949 年 4 月 22 日）。毛泽东同志写的新闻作品，准确简洁，篇幅都很短，大部分为百十来字，最多也不过 800 来字，成为中国新闻作品的经典、院校新闻专业的学习范文。

邓小平同志是我军新闻事业创始人之一，从 1933 年 7 月至 1934 年 12 月，曾任中华苏维埃中央革命军事委员会机关报《红星》的主编。

抗日战争时期，邓小平同志强调：“大大地加强对外宣传工作。要通过文艺作品、报告文学、新闻通讯、摄影、绘画等，把我们真实的战斗生活反映到国际上去，流传到华侨中去，传播到大后方去。”

邓小平同志还说：“拿笔杆是实行领导的主要方法”，“凡不会写的要学会写，能写而不精的要慢慢地精”，“不懂得用笔杆子，这个领导本身就是很有缺陷的”。

江泽民同志对新闻传播也有过许多精辟的论述。他认为党的新闻事业与党休戚与共，是党的生命的一部分，指出：“舆论导向正确，是党和人民之福；舆论导向错误，是党和人民之祸。”他强调军事新闻事业的性质：《解放军报》是我国武装力量的喉舌，是我军舆论宣传工作的一个十分重要的阵地。

胡锦涛同志对新闻宣传高度重视，先后视察解放军报社、人民日报社，并在人民网与网民交流。他强调，“新闻舆论处在意识形态领域的前沿，对社会精神生活和人们思想意识有着重大影响”。

2006 年 5 月 20 日，新华社解放军分社根据“中国军队海外媒体形象调查与研究”课题，上报了一份材料，胡主席作出重要批示：“如何塑造我军形象？如何用好舆论武器？如何增强我军的软实力？是需要认真研究并切实加以改进的重要问题。”

随着国际形态变化，我军大力加强和改进外宣工作，国防部设立了新闻事务局，原总政宣传部设立了对外宣传局，军队大单位设立了新闻发言人制度。2009 年 8 月，开通了“中华人民共和国国防部网站”，创办了《中国军队》杂志。“中华人民共和国国防部网站”由解放军报主办，《中国军队》杂志由新华社解放军分社主办，以 5 种文字向中国驻外机构和外国驻华使馆免费赠送。在 2010 年颁布的《中国人民解放军政治工作条例》中，明确把开展“舆论战、心理战、法律战”列入战时政治工作的主要内容。

党的十八大召开后，习主席高度重视新闻舆论工作。2016 年 2 月 19 日，习主席到人民日报社、新华社、中央电视台调研，召开党的新闻舆论工作座谈会并发表重要讲话。他强调：“党的新闻舆论工作是党的一项重要工作，是治国理政、定国安邦的大事，要适应国内外形势发展，从党的工作全局出发把握定位，坚持党的领导，坚持正确政治方向，坚持以人民为中心的工作导向，尊重新闻传播规律，创新方法手段，切实提高党的新闻舆论传播力、引导力、影响力、公信力。”同时明确了在新的时代条件下，党的新闻舆论工作的职责和使命：“高举旗帜、引领导向，围绕中心、服务大局，团结人民、鼓舞士气，成风化人、凝心聚力，澄清谬误、明辨是非，联接中外、沟通世界。”

习主席这次调研并召开党的新闻舆论工作座谈会，距2015年12月25日视察解放军报不到两个月。他在视察解放军报时发表重要讲话，强调：“坚持军报姓党，坚持强军为本，坚持创新为要，为实现中国梦强军梦提供思想舆论支持。”

习主席对新闻舆论工作作出一系列重要论述，为新形势下开展新闻传播工作指明了方向。

从以上可以看出，中外政治家、军事家对新闻舆论工作是何等重视。有学者指出：现代战争是“宣传与炮火并重，有宣传而无炮火尚可制胜；有炮火而无宣传，未有不败绩者”。因此，加强和改进新闻宣传工作，加强舆论战研究，提高舆论引导能力，成为摆在我们面前的一个重要课题。

三、关于提高舆论引导能力的几点体会

1999年6月18日，根据中央军委命令组建新的国防科学技术大学，学校成为直属军委领导的大单位。我从那时开始专门从事新闻报道工作，担任解放军报国防科大记者站站长，多年的新闻实践，有以下几点体会。

（一）紧跟党的理论创新步伐，努力提高政治敏锐性和新闻敏感性

新闻工作是一项政治性、导向性很强的工作，做好这项工作首先必须深入学习领会党的创新理论、党中央和中央军委颁发的文件精神，立足先学一步、学深一些。只有学懂弄通，深刻领会，才能培养自己的政治敏锐性和新闻敏感性。练就一双发现新闻的慧眼，善于提炼新闻主题，离不开对文件精神的学习和领会，这是一项基本功。这些年我养成了一个习惯，每当党中央、中央军委召开重要会议、作出重大部署、出台重要文件，都

要及时深入学习领会，再结合本单位实际，找新闻报道选题，反映本单位学习贯彻的做法、经验与成果，比如“从国防科大三个发展故事看科学发展观的魅力”“国防科大探索建立新时代革命军人培养体系”等。学习党的创新理论，还有利于提炼鲜明的报道主题。比如，2013 年 5 月 4 日，习主席在同各界优秀青年代表座谈时提出：“现在，青春是用来奋斗的；将来，青春是用来回忆的。”此后，习主席又多次在讲话中强调“奋斗”。我在采访青年博士汤俊时，就以“青春的最好打开方式是奋斗”为标题，主题就非常鲜明。这些例子说明，只有紧跟党的理论创新步伐，才能提高政治敏锐性和新闻敏感性。在写作中，要注意一些提法与文件精神对表，做到规范准确。比如，在党的十九大报告中提出了“培养有灵魂、有本事、有血性、有品德的新时代革命军人”，就不能再写成“新一代革命军人”了，要与时俱进，与最新提法对表，不能出现常识性差错。

（二）坚持正确舆论导向，围绕中心工作开展新闻报道

坚持正确舆论导向，必须紧紧围绕中心工作开展报道，弘扬主旋律。从一篇新闻报道选题，到重大宣传典型确定，再到每篇稿子的主题提炼，都必须坚持贯彻习近平新时代中国特色社会主义思想和习近平强军思想。我们常讲新闻报道要紧贴中心，中心在哪里？我认为，中心就在习主席的重要讲话里，就在党中央和中央军委的决策部署中，就在学校党委和官兵贯彻落实的实践中。这样新闻报道就能有的放矢，提高稿件命中率，产生良好传播效果。近年来，在学习贯彻落实党的创新理论、古田全军政治工作会议精神、习主席系列重要讲话精神和开展各项主题教育等重大宣传活动中，我注意聚焦主题，紧跟中心，采写出一系列有思想、有温度、有品质的稿件，许多在版面突出位置刊出，如《国防科大扎实推动习主席系列重要讲话精神“三进入”》《“理论轻骑兵”高擎信仰火炬》《在强军新征程放飞青春梦想》等稿件。此外，我还大力宣传学校关于人才培养、教学改革、党的建设、政治工作、人才队伍、校园文化等方面的决策部署和取得的成绩等，做到了紧跟中心、突出重点。

（三）深入采访，精心组织，做好重大典型宣传和重大纪念活动宣传

近年来，我按照上级要求，先后担纲完成了5个全国、全军重大典型的采写报道任务，如“为国争光、勇攀高峰的自主创新团队”“党的创新理论博士硕士宣讲团”“激光陀螺技术创新团队”“慕课教学团队”“北斗‘少帅’王飞雪”“教书育人楷模邹逢兴”等单位和个人典型。所谓典型，就是在一个时期内具有代表性的典范和楷模，宣传好典型关键是要提炼出鲜明的主题，这个主题必须具有方向性的引领、示范和激励作用，才能在读者中产生反响，给人以启迪。主题确定后，就要挖掘出体现主题的生动故事，让故事说服人、启发人、影响人，使典型成为榜样。上述典型宣传都达到了这样的效果。

重要节点的纪念活动报道，也是新闻采写中十分重要的，如“逢十”的建党、建国、建军的成就性报道，纪念改革开放30周年、40周年报道，学校建校50周年、60周年的报道等，这些报道关键是要提前谋划，精心选题，突出重点，反映成就。如在建校60周年时，我就采写了《眼光，在创新中超越》《基因，在塑造中传承》《我们都是“哈军工”》《探秘我军博士硕士培养“重镇”》等多篇高质量稿件，在《解放军报》显著位置整版刊出，获得广泛好评。这些报道反映了学校人才培养和科技创新成果，展示了中国军校风采，有效提高了学校的办学实力和声誉。

（四）突出报道自主创新成果

科学研究和科技创新是推动人类社会进步的重要手段，能突出反映国家的综合国力和科技水平，展示一个单位的创新风采和对国家、军队作出的贡献。创新成果宣传要注意的问题：一是要突出它的重要意义，一项成果的诞生对国家、军队有什么用，推广应用将带来怎样的变革，对民众生活有什么好处；二是要注重科普化，科技领域充满了奥秘，涉及的问题也比较深奥，一般人不容易理解，在写作时要做好科普工作，把深奥的技术

问题转化为通俗易懂的文字；三是要人文化，这一点与科普化是密切相关的，写科技专家和团队时，要注重突出他们的家国情怀、科学精神和创新智慧，要接地气，让人感到既可敬又可亲。近年来，我在报道“天河”系列超级计算机、“北斗”关键装备、“天拓”系列微纳卫星、无人驾驶汽车、无人机、中低速磁浮交通等自主创新成果时，做了许多有益探索，也有许多成功的例子，并形成了科技人物、创新团队、专家访谈、科技文化等系列新闻作品。

（五）严守新闻宣传纪律，处理好宣传与保密的关系

新闻宣传必须遵守宣传纪律和有关规定，采写一篇稿子，宣传什么、突出什么、如何宣传、怎样避免失实和泄密，一开始就必须要有清醒的认识，要心中有数。一是始终坚持正确舆论导向，弘扬主旋律，打好主动仗；二是始终坚持新闻的真实性原则，确保所报道的事都真实准确；三是坚持稿件送审制度，层层把关；四是要用点反向思维，避免给网络炒作提供口实，写作中有时用正反两方面的事例作对比衬托，这个时候在行文时就要十分注意，避免反面事例造成消极影响；五是要有自我保护意识。举个例子，学校在留学人员中设立海外党支部，这是加强党员教育管理的好办法，但在写作时，就不要涉及具体的国家和个人，只提及在留学人员相对集中的地方，这就是一种自我保护。后来，一所地方高校报道了，结果引起某西方大国的注意，对该校选派的留学人员进行限制，这就是没有自我保护意识造成的。

（六）不断加强业务学习，努力提高新闻舆论引导水平

做好对外宣传报道工作，不但要能吃苦，更重要的是善于学习、勤于思考、勇于实践，只有不断地学习和思考，才能提高自己的理论水平和新闻业务能力。一是向采访对象学习，把每一次采访看成是一次难得的学习机会；二是接待编辑记者来校，在陪同采访和与他们合作时，要利用这个机会向同行学习；三是自觉加强政治理论和新闻业务学习；四是在工作实

践中学习，在实践中总结提高。这些年，我还写了一些新闻业务研究方面的文章，并在《军事记者》杂志上发表，如《关于科技新闻写作的几点思考》《舆论战：信息化战争的“第二战场”》《舆论谋略与记者的战略思维》《等待最权威的发布》。同时，将新闻素材用于文学创作，先后发表了《跃上世界科技之巅》《年轻老教授》《父亲的目光》等报告文学和纪实散文，发表在《中国报告文学》《解放军文艺》及《解放军报·长征副刊》上，产生较大反响，有的还获了奖。

“写什么?”与“怎么写?”*

“写什么?”和“怎么写?”是许多新闻报道员和写作爱好者面临的两大问题，这很正常，就是我们长期从事新闻采写的人，有时也会遇到这两个问题。怎样解决好“写什么”和“怎么写”的问题呢?

下面，我结合工作实践，从三个方面与大家交流。

一、新闻报道写什么（写作的题材从哪里来）

新闻写作的题材从哪里来呢?在实践中，我们可从以下几个方面入手，解决“写什么”问题。这是发现新闻线索、提炼新闻主题的过程，概括起来就是十条基本路径。

（一）在吃透“两头”、抓结合上发现新闻

这里讲的“两头”，通俗地讲，就是“上头”和“下头”。“上头”是指党的创新理论、党中央和中央军委的重大决策部署，“下头”就是我们基层的实际工作。对于“上头”的创新理论、决策部署，这个信息不难获得，关键是要与时俱进加强学习，融会贯通，紧跟中心。对于“下头”即本单位的情况，我们身在其中，情况大致能了解，关键是要善于发现，找

---

* 这是给各单位新闻骨干培训时的讲课提纲，每次讲课时，均对课件进行修改补充，但基本结构保持不变。

到具体的、有代表性的和有说服力的新闻事实。然后，通过“上下结合”，发现新闻线索，提炼新闻主题，这就能大体知道要写什么了。

比如，前些年军委强调要加强思想作风建设，我们学校的一个主要做法就是紧贴教学科研工作实践锤炼思想作风。于是，就有了下面这篇新闻：《以良好的作风带教风促学风　国防科大教学科研水平再上新台阶》（2011 年 5 月 6 日《解放军报》1 版）。这就是一篇上下结合的新闻。

又比如，2011 年 11 月 28 日《解放军报》1 版刊登的《国防科大积极推动军事文化走向世界》，当时，党的十七届六中全会作出了促进社会主义文化大发展大繁荣的决定，我们学校在这方面有哪些工作能体现出贯彻落实中央精神呢？这篇稿子主要讲了三个事实：构建对外交流合作机制，积极传播中华军事文化，广泛参与世界文明对话。这些都与中央文件精神相呼应。

又比如，党的十九大报告强调“加快军事智能化发展”，我就去新组建的智能科学学院采访，写出了《做新时代军事智能化发展的开拓者》的通讯，很快在《解放军报》1 版刊出，被评为当日好新闻。

这样的例子很多，如《探索建立新一代革命军人培养体系》《牵住作风“牛鼻子”管好了“车轮子”》《用工作成果衡量教育效果》，都是“上下结合”的新闻。

（二）从例行工作中发现新闻

作为新闻报道骨干，结合工作写新闻，主要还是要反映本单位的工作。但本单位的工作大多都是例行性的，不是所有的工作都具有新闻性，或者说不具有明显的新闻价值。如何从例行工作中找新闻？这需要练就一双善于发现新闻的慧眼，需要深入采访，长期历练，这是记者和通讯员的一项基本功，也是一门学问。

2011 年 3 月 12 日《解放军报》2 版头条刊出《跨越，从找准自己的差距开始》，这是一条从例行工作中发现的新闻。计算机学院每年春季开学时都会开一次会，部署一年的工作，提出目标要求，年年如此。但这年开会的那天，讨论很热烈，时间也延长了。什么事讨论很热烈呢？原来会上提出了一个很尖锐的问题：“天河一号”等科研成果世界一流，为什么缺少世界一流的论文？大家对此发表了很多好的意见和建议，学院对此提出了对策。对新闻的敏感性让我感到这是一篇好新闻，第二天，看了会议纪要，采访了有关领导和专家，就写成了这篇稿子。新闻稿用了一个这样的引题：“天河一号”等科研成果世界一流，为何缺少世界一流的论文？很能激发大家的阅读兴趣。

举办领导干部培训班，这是每年都会进行的例行工作，这样的例行工作很难写出报道，特别是有深度的稿子。2009 年，学校举办科学发展观培训班，我在听大会发言时，发现大家都谈到“问题”：“思想观念的束缚是制约发展的最大问题”“发展战略谋划不够是亟待解决的突出问题”“解决问题必须既考虑当前又兼顾长远”……于是，我写出一篇《问题的支点作用有多大》的通讯。开头写道：岁末年初，记者在国防科大采访，各级领导谈得最多的是“问题”。“问题”成为该校深入学习实践科学发展观活动中的一个高频词。乍一听，“问题”不少；细探寻，该校做足“问题”这篇文章却大有学问。

文中三个小标题，也都是讲“问题”，层层递进：抓“问题”促深入——查找问题激发了紧迫感；以“问题”为抓手——研究问题理清发展思路；用“问题”做牵引——解决问题推进科学发展。这也是把例行工作写成新闻的很好的例证。

还比如，《23 只“小鸭”游进“天河”》《每间实验室都摆着行军床》等，都是这样，关键看你是否能做个有心人，能提炼好的新闻主题。

（三）从事物的变化中找新闻

事物总是不断变化的，一个事物、一个单位、一个人的情况，总是不断地发生变化。这个变化中往往隐藏着没有被发现的新闻。

2008 年 12 月 20 日《解放军报》3 版头条的通讯《科学发展的推力有多大》，其中的三个故事全是从事物变化中找出来的新闻：从三项课题被迫下马，到三大领域异军突起；从淘汰一个学科，到崛起一个学科群；从两年招收一名研究生，到入选国家重点学科。

这篇稿子还有“一石二鸟”的特点：既反映了国防科大落实科学发展观，又从实践中说明科学发展观具有真理的魅力和极大推动作用。

又如，2013 年 8 月 29 日《解放军报》4 版刊登的《探秘我军博士硕士培养“重镇”》，是从研究生培养规模不断扩大、类型增多、质量提高的变化中发现的新闻。

（四）从一种现象或一件事情的结果中找新闻

很多时候，我们在采访中或是领导的讲话中，会发现这个单位出现了一些新的现象，一项工作经过经年累月的持续发展，发生了新的或质的变化。这就要引起我们的注意，这里边往往存在着有价值的新闻。

2009 年 10 月 26 日《解放军报》2 版整版刊登《一所学院的航天“人才森林”现象》。

这个整版刊出的新闻，最初是从一位领导的一句话中得到的启发。这位领导在该院调研时说：一所学院能为一个领域培养这么多科技帅才，这在高校中绝无仅有。他讲的“这么多科技帅才”，是指学校为载人航天工程输送了 19 名正副总指挥和总设计师，其中 13 人来自该院。我就此深入采访，想寻找“为什么出这么多人才”的答案，于是写出了这篇调查报告，也打出了学校“航天人才森林”这一人才品牌。

2013 年 6 月 18 日《解放军报》刊登的《“王者归来”告诉我们什么》，也是从事情的结果中找新闻。这类新闻是从结果出发，回答“为什么”的问题，用结果带做法、带经验，但要注意把做法和经验尽可能写得形象生动，避免枯燥乏味。

再比如，《“健康工程”全方位呵护科学家身心》（2014 年 9 月 3 日《解放军报》4 版头条）。此稿的线索是学校党委关心专家教授健康，安排他们利用暑假夏休疗养。如果单从此事本身来讲并无多大新闻价值，但顺着这个线索深入了解，发现学校在这方面还办了许多实事、好事，如建立专家健康档案，开辟就诊“绿色通道”等，还有一个数据很能说明问题，即专家教授重大疾病发病率下降25.7%。把这些事实综合起来，联系近年来专家教授群体取得的成果，就有了事件的因果联系，健康指数托举教学科研“水涨船高”。这篇稿子发到报社后，被安排在版面头条并配发评论。

（五）从事物的集成中找新闻

生活中，单项事物往往不能成为新闻，但把几个具有同样特点，反映普遍规律的事放到一起，来做一番审视观察，进行“集成创新”，可以发现其中蕴含的新闻价值。

比如《军中“小荷”不简单　国际讲坛露“尖角”》，把几个有代表性的人的故事集合到一起，一个小标题下写一个人，各有特点，组合后就是一篇好通讯。

又如《数学的威力有多大》，讲了四个生动、具体、有说服力的故事：一个公式改变了一支部队的执勤模式；一个方程将卫星图像质量提高30%；一个算法挽救一台武器装备；一个软件将定轨精度提高一个量级。

再如《三对孪生兄弟的军校梦》，讲的是2014年新学员中，有三对双胞胎，都立志从军报国，同时报考国防科大。我写这篇通讯时，用三个小标题巧妙地将三对孪生兄弟的名字嵌入其中：李非、李凡——志向非凡在航天；周凯、周旋——期望凯旋在未来；梁国超、梁国旭——为国争光待来日。这类稿子都是“集成创新”，使新闻因此有了厚重感和说服力。

（六）从寻找答案中发现新闻

一个单位、一项工作取得了突出成绩，发生了很大的变化，领导希望你宣传报道。但是，这项工作在本单位是突出的，若要从全局来看、从全军来看，又不具有可以报道的新闻价值。这种情况怎么处理？一个常用的办法，就是从结果产生的背后发现新闻，即为什么这个单位能取得这样的好成绩？我们可以通过新闻稿件回答这个问题。

比如，2008年的时候，学校入选全国优秀博士论文11篇，名列全国高校前茅。如果单独写一篇消息，没有什么新闻价值，最多一条简讯。如果从这个结果去寻找答案，给人以启发，就有新闻价值了。于是我写出了《11篇全国优秀博士学位论文的背后》，其中导语写道：

"当又一个金色秋天到来之时，国防科大高层次人才培养再次收获一串丰硕成果：在日前揭晓的2008年度全国优秀博士学位论文评选中，该校3篇博士学位论文同时上榜，1篇获提名。至此，该校以入选11篇、获提名9篇的成绩，位居军队院校之首，名列全国'985工程'建设高校前茅。

"湘江之畔传出的这一喜人数字，其背后蕴藏着怎样的人才培养秘诀呢？"

然后，从三个方面回答这个问题，用了以下这样三个小标题：11篇优秀论文全部出自国家重点学科的启示——培养一流人才必须构建一流的学科专业；6年淘汰137名博士生的启示——科学严格的培养体系是确保人才质量的关键；96.4%的获奖成果都有研究生参与的启示——创新人才成长离不开科研实践锻炼。

还比如《导师：传学问又抓思想》《基因，在塑造中传承》，同样是从学校人才辈出的背后，挖掘出有价值的新闻。

（七）从多角度观察同一事物中找新闻

同一事物，观察的角度不同，针对性就不同，文章的指向不一样，新闻界常常称为"找角度"。即，通过选择事物的一个具有新闻价值的角度，选择某一个侧面的事例进行报道。

如2013年1月18日《解放军报》2版头条《创新，置于全球视野下》。宣传自主创新，可以从很多角度写，但主体只有一个，从不同角度观察，找一个最符合时代潮流的角度，就具有新闻性。当时的背景是党的十八大报告提出"以全球视野谋划和推动创新"，所以就有了这样一个标题。

（八）从解决问题的过程和办法发现新闻

一些编辑记者常讲“新闻报道要抓问题”。“抓问题”也是《解放军报》的一个特点。抓什么问题呢？就是那些牵一发而动全身、对全局有影响的问题，大家都关心的问题。

抓问题，首先要发现问题，发现问题是发现新闻的前提，特别是非事件性新闻，不发现问题就没法发现新闻；其次要分析问题，把问题的来龙去脉、前因后果搞清楚，解决的办法也就有了。纯新闻一般说来不需要针对什么问题，只有写作技巧问题。非事件性新闻是针对问题，从问题中找到有价值的新闻。

如《传统学科何以生机勃发》，开篇就写：

“近年来，国防科大物理学科建设硕果满枝：建成全军唯一的博士学位授权一级学科，原子与分子物理入选国家重点学科，获准设立物理学博士后流动站，‘大学物理’被评为全军优质课程并入选国家精品课程……

“一个传统学科何以焕发出如此盎然的生机活力？这一现象引来了军内外学者的关注。”

文中也讲了三个方面：培育新的学科增长点，提升学科整体实力；不断深化教学改革，着力打造精品课程；加强基础研究，促进学科可持续发展。这就回答了“传统学科何以生机勃发”的问题。

（九）从季节性和带规律性的工作中找新闻

季节循环往复，全国、全军和每个单位的工作都有一定的季节性，同时也带有一定的规律性，对这些季节性和带规律性的工作，媒体都有大量报道。比如，每年新学员入学、毕业分配，每年的各种重大节日，等等。这些方面，媒体要反映。我们要早做准备，从中发现新闻线索，特别要注意发现那些与往年不一样的地方。写这方面的稿子，不能“年年岁岁花相似”，而应该“年年岁岁人不同”。

如《一批优秀毕业学员赴艰苦地区工作》《博士唐力铁主动申请赴边

创业》。每年同样的事情，报道要选择不同的侧面进行报道，紧扣时代主题。

（十）针对报纸的版面、栏目及要求找新闻

分析研究报纸特点和版面、栏目设置，按其特点要求，到生活中找新闻，这也是记者、通讯员经常采用的一种方法，做到有“的”放“矢”。

如《解放军报》开辟了《学习贯彻习主席系列重要讲话精神》专栏，我及时写了《用课题牵引学习　向实践拓展延伸》的稿件；《解放军报》国防科技版，有一个《国防科技大课堂》，我们采写了《量子的星光大道》《纳米的奇幻漂流》《爆炸式扩张的“大数据王国”》等一系列文章，有的放矢，稿子的命中率高。

二、有了新闻素材怎么写（怎样把“生米”做成“熟饭”）

“怎么写?”是新闻报道中的一个最核心、最关键问题，关系一篇稿子的成败得失。下面是解决这个问题最基本的方法。

（一）了解掌握新闻特有的文体特征

怎么写？对于一个初学者来说，首先还是要对新闻特有的文体特征和基本写作要求有所了解，这是一个基础。

1. 什么是新闻

比较权威的定义是：新闻是对新近发生的事实的报道。

理解这一定义要注意以下三点：新闻必须是新近发生和发现的事实，新闻所报道的事实必须有传播的价值，新闻必须是对事实的报道。

2. 新闻的基本要素

新闻要素一般简要地概括为五个“W”，即何时、何地、何人、何事、

何因。五个“W”源于国际新闻界的习惯说法，分别是五个英语单词的第一个字母。有时候视报道内容的需要，还要加一个“H”，即为什么会?会怎样?

新闻要素与新闻价值的内在联系是这样的：何时——及时性；何地——接近性；何人——显著性；何事——重要性；何因——指导性。

在新闻写作中，有些新闻必须把六个要素交代清楚，不能省略，有些新闻则不必全部交代。一般情况下，至少要有三个，即何时、何地、何事，这在任何情况下都是需要的，不能省略。

如果事件发生的原因是众所周知的，可省略“何因”，报道自然现象可不涉及“何人”，在连续追踪报道中只最后一篇才出现“何因”，连续报道或发出一组报道时，不必在每篇中都出现所有要素。

3. 新闻报道的几种基本形式

新闻报道主要有五种基本形式，即消息、通讯、评论、新闻照片、调查报告。

消息是报纸上唱主角的新闻文体，也是记者、通讯员写新闻的一种“常规武器”。一般由导语、主体、结尾和背景材料组成。

消息的一个显著标志，就是在正文的前面有一个用黑体字标明消息来源的“消息头”。如“本报讯”“本报某地某月某日电”“新华社某地某月某日电”。凡是带有这类“消息头”的新闻，都是消息。

消息以简洁的文字和语言及时报道新近发生或变动的事实。消息又分很多类型。主要有：

动态消息，如《天河二号落户国家超算广州中心》《一批优秀毕业学员赴艰苦地区工作》。

综合消息，如《从理论源头铸牢青年学员强军之魂》《着眼强军需求培育“人才森林”》。

经验消息，如《国防科大在留学人员中设立海外党支部》《管理创新促进人才健康成长》。

人物消息，如《军营计算机专家当选“中国十大杰出母亲”》《“海归士兵”熊中晞考入国防科大》。

通讯是运用叙述、描写、抒情等多种手法，具体、生动、形象地反映新闻事件或典型人物的一种新闻报道形式。通讯也有很多类型，主要有：

工作通讯，如《问题的支点作用有多大》《传统学科何以生机勃发》《一所学院的航天“人才森林”现象》《强军兴国的科技劲旅》《创新之花何以盛开》《湘江之畔奏出创新强音》《视野有多宽，创新就能走多远》《百舸争流“红军渡”》。

人物通讯，如《胸中总怀一团火》《“北斗”少帅王飞雪》《青春的最好打开方式是奋斗》《追梦的人生最精彩》《强军路上，他们逐梦如初》。

事件通讯，如《超越之路——“天河一号”是怎样跃居世界第一的》《“天拓一号”纳星遨游太空》《“天河”为何如此美丽》《“王者归来”告诉我们什么》。

概貌通讯，如《一个时代的开启与一所军校的崛起》《我们都是“哈军工”》《眼光，在创新中超越》《基因，在塑造中传承》。

（二）确定一个鲜明的主题

一篇新闻稿件，篇幅不能太长，主题却不能不鲜明。怎么写？首先要想一想，我为什么要写这篇稿子，针对什么问题，表达什么思想，反映什么问题，想达到什么目的。这就是酝酿和确定主题的过程。解决“怎么写”，首先要确定一个鲜明的主题。

如《硕士文学锋重新加入党组织》，主题是“三个代表”使他坚定了理想信念。又如《把学习融入使命》，主题也很鲜明，即对于一名军校学员余晓波来说，要履行使命，就必须加强学习，学习就是一种使命。再如《军旅诗词催生学子正能量》，也是这样。这方面例子不少，可以参考借鉴。

（三）构思一个明快的导语

新闻一般由导语、主体、结尾和背景材料组成。导语是消息区别于其他文体的一个显著特征。

通俗地讲，导语就是消息的开头，是文章的第一自然段。它要求作者用最精炼的文字，简明扼要地把最重要、最新鲜的事实及意义表达出来，其作用只有两个：一是要抓住事情的核心；二是要能吸引读者看下去。

有专家指出，“导语是记者展示其杰作的橱窗”，“如果记者未能在导语中表现出水平，那么，他就没有水平”。

万事开头难，写文章也是如此。高尔基说：“最难的是开始，就是第一句话，如同在音乐上一样，全曲的音调都是它给予的，平时得好好地寻求它。”

我写《虚拟空间会议系统在国防科大研制成功》的消息，导语是：开会了，但你无须去千里之外的某个会议室，只需像往常一样坐在办公室，就能与其他与会者握手、交谈和讨论问题。这就是国防科大研制的“虚拟空间会议系统”的特殊功能。这样写既突出了虚拟会议系统的特点，也能吸引读者往下看。

许多人都读过《共产党宣言》，它的开头是这样的：“一个幽灵，共产主义的幽灵，在欧洲游荡……”把共产主义比作“幽灵”，大胆、新鲜，引人入胜，也反映了作者的个性，非常富有创造性。创造性，是语出惊人的关键所在。

导语有许多种写法，新闻教科书上归纳了60多种写法，这里不一一讲解。每天打开报纸，都可以学习，从中领悟。

（四）学会用事实说话

真实是新闻的生命。用事实说话，这是新闻报道的一个基本原则和基本的表现方法。其原因有二：一是事实是新闻的本源，是新闻最基本的内容；二是事实具有不容置疑、无可辩驳的说服力，因为事实胜于雄辩。

西方新闻界提出所谓的客观报道，也强调用事实说话，但其真正客观的新闻报道是不存在的。它是通过有选择的所谓的事实来影响读者，引导舆论，达到自己的宣传目的。“美国之音”说：“用每一个真实的故事为你的目的服务。”它虽然也提到“真实的故事”，只是它所讲的故事是有选择性和倾向性的，就是为自己的目的服务的，其新闻虽可告人，却包藏不可告人的目的。

我们的新闻报道，坚持恪守用事实说话的原则，坚持正确的舆论导向，以正面宣传为主，弘扬主旋律、传播正能量。

新闻报道中怎样“用事实说话”，有一定的方法与技巧。下面五句话可供参考：精选事实，以小见大；正反并举，对比衬托；集点成面，点面结合；目击实录，再现场景；适时引语，借口说话。

如：写教师的稿子比较难，他们无非是上课、批改作业，写出特点比较难。《把物理课讲成了艺术》一稿，开始就用一个场景、讲了一个例子，说明这个教师教学艺术不一般：

“‘风翻白浪花千片，雁点青天字一行。’当投影仪打出白居易《江楼晚眺》中的这两行诗句时，你不要以为这是一堂古典文学课。正在讲授‘大学物理’的国防科大理学院教授陆彦文，只是借用大雁南归自发组成“一”字队形的情景，来形容物理学中的‘自组织现象’。”

（五）采取讲故事的方法写作

新闻一定要有故事，在故事中表达你的思想与道理，从一定意义上讲，“没有故事就没有新闻”。

采访中第一要找故事，第二要找体裁。现在有一句话，叫作“说出你的故事”。在新闻报道中，就是要学会用讲故事的方法写新闻。

一种常见的方法是，写新闻特别是写消息时，用一个与新闻有密切关系的人物故事开头；再由人物故事过渡到新闻；展开新闻，深化新闻主题。以故事带做法，从故事中出思想。切忌罗列做法，只见经验不见人。

把新闻写好，关键是要通过深入采访挖掘能够体现思想的故事，用讲故事的方法写新闻。美国《华尔街日报》是最善于讲故事的，“给我讲一个故事，看在老天爷的份上，让它有趣一点”。他们的报道，导语往往用一个故事开头，认为“那些真正精彩的故事，完全可以开门见山，直入主题，让故事本身来抓住读者，而根本不需要在导语中做广告”。这对于我们写好新闻特别是写好工作报道具有十分重要的借鉴和启示意义。

如2014年2月16日《解放军报》10版《引来源头活水　注入强军之魂》，开头讲一个故事：寒假来临，国防科大硕士研究生陈长风并不急于回家，而是忙着准备到部队调研。像陈长风一样，这所学校的许多学员都有赴部队调研或开展社会实践的寒假计划。通过这一件事，带出新闻主题。

在写新闻通讯时，直接讲故事，也就是通常讲的新闻故事，这是通讯的一种体裁。《永恒的记忆感恩的心》就是典型的新闻故事，一开始这样写道：

“这是一个普通电脑显示屏大小的精致相框，相框内的画面是四川汉旺镇广场上的钟楼，时间还停留在下午2时28分（因地震停摆），左边排列整齐的3张照片分别是党和国家领导人看望受灾群众和解放军抗震救灾的感人画面。9月2日，来自四川灾区绵竹中学的学员韩兵、何磊将它赠送给所在的信息系统与管理学院，以此铭记党和政府及解放军官兵对灾区群众的关怀与救助，表达灾区学子的感恩之情。”

（六）抓其一点，不计其余

新闻报道不是工作总结，切忌四平八稳、面面俱到。我们在新闻报道中，往往容易出现的一个毛病就是眉毛胡子一起抓，主题不突出，把好的素材都淹没在一串“正确”的废话里，让人不知所云。要知道，一般情况下，一篇稿子只突出一个主题，把一件事说清楚，这就足够了。

如：《为新学员建立心理档案》（2010年10月20日《解放军报》5版）。国防科大新学员的军政训练，有很多东西可写，但决不可在一篇稿子中面面俱到，要坚持一事一报，一篇稿子只写一件事，只突出一个主题。

编辑部内部也有分工，版面、栏目各有侧重，一篇稿子把所有工作都说了，稿子送给谁编，就成了一个问题。

（七）运用语言技巧

新闻报道中一定要讲究运用语言技巧，要尽量以普通人作为主体，多用群众语言，善于用官兵的话来讲中央要讲的话。不要用“一致认为”“认识到”，要用有代表性的群众的话来表达。“话须通俗方传远，语必关风始动人。”这是对文章通俗性的精辟概括。特别是写科技方面的报道，专业术语深奥抽象，稿子更要科普化、通俗化。学会做专业术语的翻译，学会打比方。

2001 年 3 月，我校研制成功首台核心路由器，它的信息吞吐量达到每秒 400 亿比特以上。“比特”是计算机储存基本单位，“400 亿比特”是一个什么概念呢？普通读者是很难理解的。写作时我就把它“翻译”为：“相当于每秒传输 25 亿个汉字信息，也就是说，一万册每册 25 万字的图书，在核心路由器上一秒钟就能完成交换传输任务。”读者看了这段文字，不仅对“400 亿比特”概念有深刻理解，也许还发出“哇，太神了！”的感慨。一家报纸最后做的标题就是“神了，每秒传输 25 亿个汉字”。

比如《我国首次在国际上实现光纤激光千瓦级相干合成输出》一稿，第二段写道：“光纤激光相干合成是利用光纤激光器光束质量好、转换效率高、结构紧凑等优点，通过相位控制等方法将多根光纤激光器‘捆绑’起来，从而实现‘步调一致’的高功率、高质量激光输出，它是获得高能激光的一种重要手段。有关专家介绍，光纤激光相干合成是当前世界激光领域的一个研究热点，但由于系统复杂，研制难度很大，此前国际上此类系统的最大输出功率仅为 725 瓦。”

又比如，一篇报道把“稀土”比喻为“工业的维生素”，就十分生动形象。

（八）给稿件做一个好标题

《现代汉语词典》中说，标题是标明文章、作品等内容的简短语句。新闻界有句行话：记者的水平看导语，编辑的水平看标题。编辑编稿，要负责为稿件制作标题，稿子到了版面，版面编辑还要根据版面总体安排，再重新制作符合版面特点的标题。但记者、通讯员写稿，自己首先要写一个标题，一是为让编辑一看就知道写的是什么事情，二是为编辑制作更好的标题做好前期工作。作者的标题好，编辑一看就能产生共鸣，更加青睐你的稿子。有时，还直接采用你的标题。所以，作者要为自己的稿子做一个好的标题。

一般说来，标题要达到准确、简约、传神的要求。

准确是标题最基本的要求，关键词是完整、清晰、恰当、贴切。

简约是新闻标题的特殊要求，即简单明了。关键词是凝练（用语精当）、扎实（不虚不浮）、大略（点到即止）。

传神是标题制作的最高要求，第二层次的要求是新颖别致、文采飞扬、富有张力。

比如：《礼赞生命的“湿地”》《一个数学教授的生命不等式》《知识让我如此美丽》《23 只“小鸭”游进“天河”》《如磐信念成就精彩人生》《天空有属于他们的星星》等。

（九）提高思维层次

从事新闻报道，一定要善于学习和思考，提高思维层次。多读书，常看报，是必修课。常言道：“书读百遍，其义自见。”只有多读多看，才能提高综合素质。苏东坡少年时，才思过人，于是写了一副对联：“识遍天下字；读尽人间书。”后来，一名老翁看其年少狂兴，特意拿出一本书，向他请教，结果里面有许多字他不认识。于是，苏东坡就在原对联前加了两个字：“发愤识遍天下字；立志读尽人间书。”1929 年，钱锺书以英文满分的成绩考入清华大学。他立下“横扫清华图书馆”的读书志向，后来成为大师级的著名学者。

古人说："胸中历历著千年，笔下源源赴百川。"所谓要"著千年"就得学历史，"赴百川"就得学哲学。搞新闻的人是"杂家"，什么都要懂得一点。要懂，就要多读书，加强知识积累。

多读书，勤思考，思维层次就会在日积月累中提升，看问题就站得高了。著名军事记者江永红说："记者要像军委领导一样思考，像普通士兵一样生活。"值得参考。

军报领导曾指出军事记者要具备四个方面的素质：政治家的头脑，军事家的眼光，文学艺术家的素养，社会活动家的风采。这应该成为新闻工作者的追求。

三、写稿如何有的放矢（为稿子找到好"婆家"）

解决了"写什么"和"怎么写"的问题，接下来就是如何让自己的稿子在版面上占有一席之地。

其实，解决了"写什么"和"怎么写"的问题，这个问题就基本解决了，上稿也就八九不离十了。但是，仍有一些问题值得写作者注意，以便使自己的稿子迅速见报，提高稿件的命中率，少做或不做无用功。

（一）关注报道动态

新闻是时代的声音，宣传党的主张，反映人民呼声。一个时期有一个时期的工作重点、工作部署和工作要求，并据此发表社论、评论，开设专栏。同时，在稿件的选择和安排上体现舆论导向，表明态度。这就是所谓的报道动态。我们写稿、发稿，不能不关注媒体的报道动态，要紧跟中心，报道中心，紧贴时政，紧贴需求，了解报道动态。这样稿子才能刊用，才能上好的位置。

（二）寻求直接命中

稿子写好后，投到哪里？其实在写作前或写作中，就要瞄准靶子，清楚稿子写好后投给谁。这里要注意几个问题：

一是注意不同媒体的特点和风格。不同媒体有不同的选稿标准和栏目要求，投稿子，一定要考虑不同媒体的特点和风格，给《解放军报》的稿子，对《中国青年报》就不见得适用，这在平时阅读时要了解掌握。

二是注意报纸、广播、网络及电视文字稿的语言表达特点。不同类型有不同的语言风格和要求。

三是针对不同版面、栏目写稿。媒体都有不同版面、版块，设有各种各样的栏目，寻求直接命中，写稿就必须有针对性。

总之，稿子一定要发到它应该到的地方。

（三）选准发稿时机

重大新闻、时政新闻、时效性很强的新闻，不存在发稿时机问题。发稿不仅不能等，还要快，快采、快写、快审、快发，甚至抢。但是，非事件性新闻、经常性工作新闻、时效性不强的新闻、可以等一等的新闻，可以像发射火箭一样，找到一个最佳发射“窗口”时再发稿。这方面大有讲究，甚至决定稿子的命运与成败。

（四）加强沟通联络

党报党刊是党和人民的喉舌，是党和政府联系人民群众的纽带和桥梁。各媒体也都重视加强与通讯员和读者的联系。所以，给媒体写稿应多加强沟通联络，与编辑建立良好的关系，以便得到更及时、更具体的指导。现在报纸版面一般都有责任编辑姓名、电子邮箱或电话号码，联系十分方便。稿子写得多了，自然也会在编辑那里留下印象，与编辑就熟悉了，人脉关系就建立起来了，写稿就更有针对性和积极性，写作水平随之“水涨船高”。

增强军人媒介素养，提升新闻舆论引导能力*

今天主要讲三个方面的内容：一是增强媒介素养，是做好党的新闻舆论工作的必然要求；二是媒介素养是新时代军人不可或缺的必备素质；三是增强军人媒介素质，必须绷紧宣传纪律这根弦。

媒介素养特别是军人媒介素养，是近年来随着新闻媒体的迅速发展，中国军队以更加开放的姿态走向世界、执行多样化军事化和非军事化任务的增多，而出现的一个高频词，或者说是对新时代中国军人提出的一个新要求。但从新闻传播对军队、军事的重要性和影响力来说，媒介素养早就被古今中外政治家、军事家所重视，并充分运用和发挥其作用。

一、增强媒介素养，是做好党的新闻舆论工作的必然要求

（一）重视新闻舆论工作，善于发挥新闻传播作用，是我党优良传统和我军政治优势

打开《毛泽东新闻工作文选》，毛泽东关于新闻工作的论述，包括论著、讲话、谈话、批语、按语、电报、书信，有 71 篇之多。他撰写的新闻作品或改稿，包括消息、述评、社论、评论、发言人谈话、广播讲话、

---

* 2018 年 10 月 17 日，应邀为军事基础教育学院举办的党委、支部书记集训授课，此为讲课提纲。

访问记、编者按等，共计有52篇。两项相加，总计123篇，内容丰富、体裁多样。

如此多的新闻作品，可见毛泽东对新闻舆论工作是何等重视。

1925年12月5日，《政治周报》创刊，担任该报主编的毛泽东在《政治周报》发刊理由一文中，开头一句就是："为什么出版《政治周报》？为了革命。"一问一答，讲出办刊的目的，同时指出："向反革命宣传反攻，以打破反革命宣传，便是《政治周报》的责任。"

在国共第一次合作期间，毛泽东曾担任国民党中央宣传部代理部长。1926年1月8日，他在中国国民党第二次全国代表大会上所作《宣传报告》中读到"两年来宣传工作的回顾"，列举了14项重要工作的宣传，敌人的宣传，指出了两年来宣传工作的7项缺点，言简意赅，切中要害，对当时的新闻舆论工作具有极大指导性。

1928年10月，毛泽东旗帜鲜明地提出："共产党是要在左手拿宣传单，右手拿枪弹，才可以打倒敌人的。"这就是我们常讲的"笔杆子"和"枪杆子"。

1929年12月，毛泽东为红军第四军第九次党的代表大会写决议（即著名的古田会议决议），在第四部分"红军宣传工作问题"中，他对红军宣传工作的意义、现状、纠正的路线进行了深刻阐述。在红军宣传工作的现状中，他指出了宣传内容的缺点、宣传技术的缺点。据我手头能查到的资料，这是我党我军历史上，第一次提出"宣传技术"这一问题。

1948年4月2日，毛泽东在《对晋绥日报编辑人员的谈话》中指出，"报纸的作用和力量，就在它能使党的纲领路线，方针政策，工作任务和工作方法，最迅速最广泛地同群众见面"。

毛泽东不仅高度重视新闻舆论工作，而且亲自动笔写。在硝烟弥漫的战争年代，他在筹划指挥作战的同时，根据战局的需要撰写了大量的军事新闻，涵盖了新闻的主要体裁，其中军事新闻占大多数，有力支持和配合了当时的军事斗争和军事行动。列举两例：

抗战胜利前夕，受蒋介石指使，国民党第一战区司令长官胡宗南所属的暂编第59师和骑兵第2师，突然向我陕甘宁边区关中分区淳化县爷台山发起进攻，妄图挑起内战。1945年7月25日，毛泽东立刻抓住这一事实，写出一条230多字的新闻《爷台山战事扩大》，还加了一个副标题“蒋军使用美国的火箭炮”。这条新闻揭露了蒋介石企图打内战、消灭共产党的阴谋，让全国人民了解到战争的真相，同时介绍了我军士气高涨，军民团结，有充分信心战胜反动派，鼓舞了全国人民斗志。

1948年10月下旬，北平的国民党军华北“剿总”总司令傅作义，欲乘我中央机关驻地西柏坡兵力薄弱之际偷袭石家庄，中央机关安全形势十分严峻。得到情报后，10月27日，毛泽东为新华社撰写消息《华北各首长号召保石沿线人民准备迎击蒋傅军进扰》，用数百字把傅作义部队偷袭石家庄的作战企图、具体行动和后顾之忧以及我军的应对准备，说得一清二楚。4天后的10月31日，他写了新闻述评《评蒋傅军梦想偷袭石家庄》，指出：“这里发生一个问题：究竟他们要不要北平?”这两篇新闻由新华社播发后，傅作义大吃一惊，意识到偷袭意图败露，共军已做好充分的迎战准备，不仅偷袭不成，反而可能丢掉北平。于是，傅作义将正在奔袭途中的大军撤了回来，却不知是中了毛泽东的圈套。这是毛泽东导演了一出现代版的“空城计”。

毛泽东十分重视运用新闻舆论配合军事斗争。在解放战争中后期，他亲自写作了《中原我军占领南阳》《我三十万大军胜利南渡长江》《人民解放军百万大军横渡长江》《南京国民党反动政府宣告灭亡》等一系列新闻，展现了我军摧枯拉朽、势如破竹的进攻态势，极大地鼓舞了我军广大官兵乘胜追击的坚定信念，加速了国民党在整个全国战场的崩溃和瓦解。因此，毛泽东的新闻作品被称为“战斗的檄文、进攻的号角”。

毛泽东写的新闻作品，准确简洁，气势磅礴，篇幅都很短，有的只有100多字，却成为新闻名篇和范文，载入我党新闻史册，成为现在高等院校新闻专业的学习教材。

毛泽东在亲自撰写新闻作品的同时，还为报纸、通讯社、广播电台审阅和修改了大量稿件，有修改手迹可查的就有24篇，对新华社播发的重要稿件修改最多，如 1947 年 8 月 23 日，他对《新华社记者评陕北之捷》文章做了 8 处重要修改，被称为“新华社的编外编辑”。

邓小平同样是我军新闻事业创始人之一。1933 年 7 月至 1934 年 12 月，他任中华苏维埃中央革命军事委员会机关报《红星》报的主编。

抗日战争时期，邓小平多次强调：“大大地加强对外宣传工作。要通过文艺作品、报告文学、新闻通讯、摄影、绘画等，把我们真实的战斗生活反映到国际上去，流传到华侨中去，传播到大后方去。”

小平同志还说，“拿笔杆是实行领导的主要方法”，“凡不会写的要学会写，能写而不精的要慢慢地精”，“不懂得用笔杆子，这个领导本身就是很有缺陷的”。

江泽民、胡锦涛对党的新闻舆论工作同样高度重视，做过许多精辟的论述。

党的十八大召开后，习主席对新闻舆论工作高度重视，2015 年 12 月 25 日，习主席视察解放军报社，他在讲话中强调：坚持军报姓党，坚持强军为本，坚持创新为要，为实现中国梦强军梦提供思想舆论支持。他还通过网络向全军和武警部队官兵视贺新年，当天点击量上亿次。

2016 年 2 月 19 日，距视察解放军报社不到两个月，习主席到人民日报社、新华社、中央电视台调研，并召开党的新闻舆论工作座谈会，发表重要讲话。他强调：党的新闻舆论工作是党的一项重要工作，是治国理政、定国安邦的大事，要适应国内外形势发展，从党的工作全局出发把握定位，坚持党的领导，坚持正确政治方向，坚持以人民为中心的工作导向，尊重新闻传播规律，创新方法手段，切实提高党的新闻舆论传播力、引导力、影响力、公信力。同时明确了在新的时代条件下，党的新闻舆论工作的职责和使命：高举旗帜、引领导向，围绕中心、服务大局，团结人民、鼓舞士气，成风化人、凝心聚力，澄清谬误、明辨是非，联接中外、沟通世界。

习近平在主持召开的网络安全和信息化工作座谈会上指出，“要建设网络良好生态，发挥网络引导舆论、反映民意的作用”，“网民来自老百姓，老百姓上了网，民意也就上了网。群众在哪儿，我们的领导干部就要到哪儿去”，“各级党政机关和领导干部要学会通过网络走群众路线，经常上网看看，了解群众所思所愿，收集好想法好建议，积极回应网民关切、解疑释惑”。

从我们党和军队诞生的那一天起，无论是在哪个时期，党和军队领导人都高度重视，亲自谋划部署，亲自推动落实，甚至亲自动笔撰写，形成了我们党和军队的优良传统和政治优势，为新形势下开展新闻传播工作指明了方向。我们必须深刻领会、继承和大力发扬。

（二）新闻舆论是一种特殊的作战武器，是信息化战争的“第二战场”

在人类战争史上，“不战而屈人之兵”历来是军事家追求的最高境界。要达到“不战而屈人之兵”之目的，其中最关键的就是要善于运用谋略。“一策而转危局，一语而退千军，一计而平骚乱，数言而定国基。”这就是谋略的巨大作用。

随着人类社会的发展进步，特别是现代科学技术的迅猛发展，新闻舆论传播已成为战争的重要组成部分，其作战功能也为中外兵家所认同，成为一个斗智伐谋的广阔舞台。

从过去的宣传战、心理战，到现在的舆论战，其“软杀伤”已超过了武器装备的“硬摧毁”效果。新闻舆论阵地成了文化渗透、精神杀戮、意志摧毁的无形战场。在 2003 年伊拉克战争打响前，美国国防部官员就曾明确表示：“在这场战争中，真刀真枪的战斗仅占 25%，其余 75% 的任务是争取伊拉克人民的友好和合作。”如何争取伊拉克人民的友好和合作？其中一个重要方面就是靠新闻传播，打舆论战。为达到更迭伊拉克政权的目的，战前，美国充分利用现代化的信息传播手段，进行舆论造势和策反活动。结果，几十万伊军“集体蒸发”，伊拉克政权迅速瓦解。

长期以来，以美国为首的西方反华势力，不断对我国进行文化渗透，企图实施和平演变，一个重要手段也是通过新闻舆论进行“抹黑”和“污名化”，甚至培养和策反一些所谓精英、大V，进行里外配合，混淆视听，攻击党和政府，值得我们高度警惕。从中也可以看出，舆论战场的争夺绝不限于战时，和平时期也时刻处于“温水煮青蛙”的状态。可以说，刀光剑影的战争可能一时不会发生，但没有硝烟的舆论战每天都在上演。无论是战时还是平时，新闻舆论的争夺始终处于最前沿，时刻都在进行。

从世界上发生的多场局部战争可以看出，新闻舆论传播服务并服从于战争、直接介入军事行动的作用十分突出，舆论战既是战争的重要手段，又是战争的重要组成部分。在信息化战争中，新闻媒体已成为一种特殊的作战武器，并呈现出独立的战略性作战样式。因此，有人曾断言：“有宣传而无炮火尚可制胜；有炮火而无宣传，未有不败绩者。”打赢信息化战争，必须“宣传与炮火并重”。

正因为如此，我军十分重视做好新闻舆论工作，《中国人民解放军政治工作条例》就明确把“开展舆论战、心理战、法律战”列入战时政治工作的主要内容。现在，我国国防部、各军种甚至各层次都设立了新闻发言人制度，所有这些，都体现了我军对新闻舆论工作的高度重视，增强媒介素养，也是提高我军建设水平和战斗力的必然要求。

（三）全面建成世界一流军队的宏伟事业，要求新时代军人特别是领导干部必须增强媒介素养

党的十九大报告提出：“到本世纪中叶把人民军队全面建成世界一流军队。”世界一流军队的军人，不仅要有一流军政素质、科技素养和过硬作风，还要有一流的媒介素养。随着我军现代化建设水平的不断提高，我们军队更多地进入国际视野，登上国际舞台。现在，我们军队经常与一些国家开展联合军事演习，参加国际军事交流，执行多样化军事化任务，参与抗洪抢险、抗震救灾等急、难、险、重任务。我们学校师生经常参与国际学术会议、国际学科竞赛，接待外国专家和军事代表团来访，举办国际学员周、国际研究生暑期学校等活动，“走出去”“请进来”的机会很多，很多时候要与外国人打交道，接受媒体的采访。这个时候，就是我们运用

媒体引导社会舆论、展示良好形象、表达军队观点、宣传本单位成绩的时候。平时，我们要善于运用新闻舆论凝聚人心、鼓舞士气、推动工作；战时，要发挥好新闻舆论的作战功能。

在现实中，可以发现一些同志不善于运用媒体、依靠媒体、借助媒体，见到记者就躲，面对采访提问就紧张、脸红、不知所措，甚至语无伦次、说错话，给工作带来被动，甚至造成损失，这是缺乏媒介素养的体现。有领导同志就指出："谁不重视媒体、善待媒体、善用媒体，谁就是不称职的干部。"

美国是世界军事强国，他们非常重视新闻舆论传播，十分注重培养各级军官应对媒体的能力素质，美国国防大学专门开设"军人与媒体"课程，美军认为，"每个人都是潜在的军事发言人"。他们的做法值得借鉴，要知道，打好舆论战，不只是军队高层或领导机关的事，而与每个人都密切相关。

二、媒介素养是新时代军人不可或缺的必备素质

随着科学技术特别是信息技术的迅猛发展及其在军事领域的广泛运用，官兵科技素养已上升为战斗力的主导要素。在舆论战已成为信息化战争"第二战场"的今天，军人的媒介素养与科技素养一样不可或缺，是新时代军人面临的一项紧迫课题，甚至是必须补上的一课。那么，如何提高军人媒介素养呢？

（一）必须与时俱进学习党的创新理论，提高政治敏锐性和新闻敏感性

新闻舆论工作事关重大。如何用好舆论工具？怎样发挥媒体作用？事该如何做，话该如何说？不仅关乎传播效果，更关乎军队形象，影响极大。我们常讲，弘扬主旋律，打好主动仗，必须保持正确的政治方向，有很强的政治敏锐性和新闻敏感性。这就要求我们必须紧跟党的理论创新步

伐，深刻领会党的路线、方针、政策，了解掌握党中央和中央军委的决策部署，提高政治理论水平和讲政治的能力。中央领导经常强调，政治家办报、政治家办网，讲政治是最大的新闻规律，就体现了这个要求。我们虽然不直接办报、办网，但我们天天读报、上网，要运用报纸和网络，就必须有很强的政治敏锐性和新闻敏感性，这是增强媒介素养的关键。

（二）培养应对媒体的良好素质和能力

如何应对媒体、善用媒体，是增强军人媒介素质的一项重要课题。前面提到，有的人见了记者就躲，面对采访不知如何说。解决这个问题，一是要心中有数。接受采访无非两种情况，一种是被动接受采访，一般在参加重大活动、执行重大任务时较常见。对于这种情况，最好事前做点功课，像新闻发言人回答记者提问那样，事先有预案，预计记者关心什么、会提出怎样的问题、自己如何回答，都有准备，对不了解或不好回答的问题，要巧妙应对。另一种是主动接受采访，根据媒体采访需要，主动介绍情况，这种情况一般自己都有准备好的线索，无须特别准备。二是要善于表达。接受采访介绍情况，与向领导汇报工作和总结工作不同，不要客套，不要面面俱到，更不要那些“正确”的废话，要掌握方向，紧贴主题，突出重点，陈述事实，简明扼要。同时，要善于用事实说话，讲好故事。三是要避免常识性错误。介绍情况要实事求是，叙述严谨，防止出现差错；否则，可能闹出笑话，甚至误入圈套，授人以柄，甚至引起负面炒作，造成不良影响。

三、增强军人媒介素养，必须绷紧宣传纪律这根弦

新闻舆论工作政治性、政策性、敏感性强，新闻传播速度快、范围广、影响大，特别是随着以互联网和智能手机为平台的新媒体的快速发展，新闻传播的时效性、互动性和受众的广泛性、参与性，使一条新闻迅速达到“家喻户晓、人人皆知”的效果。因此，用好媒体特别是善用新媒

体，有利于掌握新闻舆论传播的主动权，达到我们想要的传播效果；相反，稍有不慎则极容易造成负面后果，这方面的例子很多，必须引起高度重视。军队、军人不是生活在“真空”里，不论你愿不愿意、想不想与媒体打交道，都不可避免地成为媒体关注的对象，与其被动接受媒体的关注和采访，不如主动发声、善待媒体，将其为我所用。因此，必须从讲政治的高度，严格遵守有关宣传纪律和保密规定，充分发挥新闻舆论传播的正面作用。

（一）坚持正确舆论导向，唱响主旋律，弘扬正能量

新闻传播无小事，必须有大局观念、立场鲜明、导向正确，表达的观点、立场与党的路线、方针、政策，与党和军队的决策、部署、要求高度一致，一些重要的提法要与“红头文件”对表，不能偏题、跑题、不着调，要紧跟中心，贴近实践，唱响主旋律，弘扬正能量。要通过加强政治理论学习，增强政治敏锐性和新闻敏感性，让新闻传播成为展示军队和军人形象、反映本单位工作的有效途径。

（二）严守宣传纪律保密规定，该说的说准、说透，不该说的守口如瓶

对党和军队有关宣传纪律和保密规定，要深入学习和掌握，做到心中有数，严格遵守，决不越雷池半步。接受采访或给媒体提供稿件，要坚持实事求是，用事实说话、讲好故事，把该说的说准、说透，但不说过头话，要留有余地，切记不要随意拔高、移花接木、似是而非，更不能弄虚作假，或为了突出某个方面而贬低另一个方面。对于不该说的坚决不说，守口如瓶。接受媒体采访应该事先做好功课，同时要求所写稿件经本人和有关部门审阅，自己所写稿件同样要按规定送审，确保主题正确，事实准确，不涉及保密内容。

（三）了解媒体特点和需求，顺势而为，做好舆论引导工作

无论传统媒体还是各种新媒体，都有自己的定位和传播对象，报道的

关注点和稿件风格与要求各有侧重，我们要有所了解，知己知彼，根据不同媒体特点和要求，有针对性地与媒体沟通，建立良好的互动关系，顺势而为，做好舆论引导工作，“运用之妙，存乎一心”。这也是媒介素养的一个重要方面。

关于增强军人媒介素养，提高新闻舆论引导能力的话题，今天只是算点个题，抛砖引玉，需要在实际工作中不断探索和总结提高。

传播有思想的新闻*

学校调整组建后，新闻宣传迎来了新的发展机遇，校报、校电视台、政工网和公众号等校内媒体从地方招收了许多新闻专业人才，在各个岗位独当一面，担当重任，成为学校新闻宣传的一支生力军、主力军。同时，一大批爱好新闻写作的骨干已崭露头角。大家专业基础扎实，写作能力较强，工作热情高，写出了很多好报道。

在准备讲课提纲时，我想到了“传播有思想的新闻”这个题目。讲这个题目，主要考虑到大家军事新闻采写实践较少，有的同志来学校时间不长，对部队和院校不太熟悉，看过大家写的一些文章，感觉思想上还不够到位，还少了点“军味”，欠那么一点“火候”，似乎还有层“窗户纸”没有被“捅破”，需要在实践中不断探索和总结提高。下面，我就结合自己长期的新闻采写实践谈点体会，以期抛砖引玉。

传播有思想的新闻，首先要弄清楚什么样的新闻是有思想的新闻。

什么是有思想的新闻？关于这个问题，新闻辞典里没有这样的词条，新闻界目前没有权威的定义。但它确实客观存在，新闻领域的人也有自己的评判标准，并在实践中努力给新闻赋予思想。实际上，我们党报党刊等主流媒体，始终坚持“政治家办报”，把讲政治作为最大的新闻规律，坚持传播有思想的新闻，用优秀的作品鼓舞人、影响人、温暖人、引导人。

---

* 2019 年 4 月 3 日，我应邀为学校教研保障中心举办的“新闻大讲堂”授课，此为讲课提纲。

那么，什么是有思想的新闻呢？我认为有思想的新闻，应该是政治立场坚定，舆论导向正确，稿件主题鲜明，事情典型生动，体现核心价值观，有家国情怀，充满正能量，能给人以启迪、示范和引导的新闻。有了以上几个核心要素，则称得上是有思想的新闻。

传播有思想的新闻，必须坚持马克思主义新闻观和“三贴近”原则，弘扬主旋律、传播正能量，始终坚持正确的舆论导向，坚持新闻真实性原则，讲好中国故事，传播好中国声音；不能有闻照录，当“抄表员”，甚至偏离正确舆论导向，图出名挂号，哗众取宠，以讹传讹，误导读者。

传播有思想的新闻，我们可以从以下几个方面进行实践和探索。

一、传播有思想的新闻，应该把握和突出“三个度”

所谓“三个度”，即政治的高度、思想的深度、表达的力度。政治的高度就是在采写报道一项工作的做法、经验、成果，宣传一个典型单位和个人，或是报道一项创新成果时，站位一定要高，要胸有全局、着眼全局，从全局来看所报道事件的意义，即它反映了一个什么样的时代主题、有什么启示意义。从所采写的军事新闻中，应该让人了解广大官兵学习贯彻习近平强军思想、中央军委决策部署的独特做法在实践中如何开花结果，涌现出的具有代表性的人和事的有益经验。主题应该十分鲜明而突出。从思想性来看，新闻用事实说话，又不能完全就事说事，而要就事说理，析事明理，有思辨性，引人思考，给人启迪。再有就是表达要有力度，把事说清楚、道明白，顺理而成章，让人信服，不容置疑，达到传播正能量的目的。

二、传播有思想的新闻，要紧跟时代节拍，紧贴中心工作，有的放矢

2016年2月19日，习主席在党的新闻舆论工作座谈会上明确了在新

的时代条件下，党的新闻舆论工作的职责和使命：高举旗帜、引领导向，围绕中心、服务大局，团结人民、鼓舞士气，成风化人、凝心聚力，澄清谬误、明辨是非，联接中外、沟通世界。这 48 个字，为我们指明了方向。新闻是一项政治性和导向性很强的工作，讲政治是第一位的要求，讲政治必须紧跟党的理论创新步伐，紧跟中心工作去采访和报道。从事新闻工作，加强政治学习是一刻也不可以放松的，并应始终走在前列，学深悟透，学用结合，这样才能提高理论水平和思维层次，找到采写报道的方向，达到弘扬主旋律之目的。我们采写每一篇稿件，都要想一想，当前宣传的重点是什么，写这篇稿子目的是什么，“靶子”在哪里，如何紧贴中心、服务大局，要达到什么样的传播效果，在谋篇布局时一定要心里有数，做到有的放矢，不能泛泛而谈、言之无物、文不对题，要逻辑严谨，经得起推敲，重要的提法要与文件或与上级主管部门“对表”，不能出现低级错误。同时，要善于抓问题，回答问题。如《学府高才如何对接未来战场》《融合的列车如何开》等，都是紧扣当前中心工作，针对问题来展开，反映取得的成果和经验，有一定借鉴启示意义。

三、传播有思想的新闻，要善于见人所未见，在看似平常的工作及人和事中发现新闻，提炼出鲜明的主题

新闻总是新的，也是鲜活的，是一个时代精神风貌的体现。我们每写一篇稿子，要善于挖掘和发现新闻背后所体现的时代特征和特色，从新闻素材中提炼出体现时代精神的鲜明主题，让素材为主题服务。主题要鲜明，但又不能过于直白，要让事件本身来突出主题，作者不要发议论、做结论、贴标签，说一堆言之无物的空话、套话，而要坚持用事实说话。在新中国新闻史上留下的许多名篇佳作，如《桌子上的表》《等一等炊事员》等，都值得借鉴。

四、传播有思想的新闻，要善于挖掘有代表性、有说服力的故事

采写的方向和主题确定好后，一项重要工作就是挖掘新闻素材，找有代表性、有说服力的故事。首先，要在挖掘新闻素材上下功夫。采访就是听故事，启发被采访者说出故事，帮助其完善故事，把故事的前因后果、来龙去脉搞清楚，从故事中提炼出思想、精神所在。其次，要精选事例，去伪存真，达以一当十之效。大家都读过《谁是最可爱的人》这篇文章，它的核心事例其实只有三个不同侧面的故事：一是松骨峰战斗，反映志愿军战士顽强战斗作风；二是战士马玉祥浓烟烈火中救小孩，体现志愿军战士对人民的爱；三是“一把炒面一把雪”的战场艰苦生活，体现志愿军战士的乐观精神与高尚情操。据作者魏巍讲，他当时采访了大量生动事例，从大量故事中最后只选了这三个事例。我们采写新闻时，一篇稿子中一定要有几个故事，语言要活，语料要新，用具体的人和事来支撑整篇文章，用故事体现思想，达到传播的目的。最近读到一本书——《全新思维：决胜未来的六种能力》，该书作者认为，会讲故事是21世纪最应具备的基础技能之一。用讲故事的方法写作，可以避免军事工作报道“太专”、政治工作报道“太空”的问题。

五、传播有思想的新闻，不仅要告诉读者是什么、发生了什么，还应该告诉读者为什么、意味着什么、会怎么样

新闻传播的是事实，要将新近发生或发现的事实告诉读者，但是我们又不能仅满足于此，有时读者对新闻事件的理解、判断可能会出现偏差，会产生“为什么会这样?”“到底是怎么回事?”的困惑。所以，传播有思想的新闻，要善于挖掘新闻背后的新闻，告诉读者为什么会有新发现，它将给生产生活带来怎样的改变，这些发现意味着什么，未来会怎么样。这

样既可以满足读者了解更多信息的需求，又可以让读者对未来充满期待，增强信心，甚至为读者的工作或生活导航。如我采写的《传统学科何以生机勃发》《“王者归来”告诉我们什么》《创新为何“于斯为盛”》都属于这类稿件，可为大家写稿提供参考。

六、传播有思想的新闻，要始终坚持真实性原则，严守宣传纪律和保密规定，防止失实和泄密

真实性是新闻的生命，新闻所报道的人和事必须是真实可信的、客观存在的，不能虚构、随意拔高、张冠李戴、移花接木。新近发生或发现的新闻，涉及的时间、地点、人物、数据都必须准确，一些提法必须言之有据，不能出现错误。同时，必须严格遵守宣传纪律，否则，造成失实和泄密将产生严重的不良后果，更谈不上思想性、导向性了。一篇稿件，如果出现一处失实，读者就会对整篇报道不信任，对作者写的其他报道也会打问号，甚至怀疑作者的职业操守和人品，这必须引起我们的高度重视，以免适得其反。

以上六个方面是个人的一点体会和感悟，供大家在新闻实践中参考。

博士生会科普更能体现“博”*

在我的新闻实践中，博士生始终是我关注的一个群体。我采写过许多博士生，如在21世纪之初写的《挑战经典》《工学博士喜获文学奖》，当年报道的博士生王雪松、陈小前，如今已成为本领域的知名专家，走上了军职领导岗位；还有《博士唐力铁主动申请赴边创业》《博士芦玉峰的两次选择》，两名报道对象都成长为部队的创新拔尖人才和领导干部。我还与一些博士生合作写了多篇科普文章，在《解放军报》《科技日报》刊出。今天有机会与在座的博士生交流探讨科普写作，我认为这个题目非常好，是博士生发挥专业优势、提高综合素质与写作能力的一个领域。关于科普，一是写科技新闻时进行相关科技知识的普及，二是围绕某个科技前沿或科技热点进行科普。下面我结合两个问题谈自己的认识和感悟。讲课之前先提三个问题：

“电子”和“原子”，哪个更小？

提到何祚庥院士，大家印象最深的是什么？

青少年想探索科学奥秘，立志当科学家，是什么激发了他们对科学的兴趣？

这三个问题，对于在座的博士生来说，应该都不是难题。但对于普通人，就不一定能回答清楚。对于第一个问题，有资料显示：只有48%的美国人和41%的欧洲人知道“电子比原子小”。虽然我国没有做过类似调

---

* 2019年7月6日，应邀为研究生院部分博士生讲授科普写作，此为讲座提纲。

查，但估计也不会好到哪里去，这说明人们的科技素养还有待于提高。

何祚庥院士可谓大名鼎鼎，很多人知道他在反伪科学方面做了许多科普工作，却不清楚他是粒子物理及其应用性研究方面的专家。何院士主要研究粒子物理，同时在科技史、自然辩证法、哲学等研究方面也有许多成果，他在科普和反伪科学方面具有权威性和说服力，这也说明科学家做科普工作同样可以产生广泛影响和显著社会效益。

对于第三个问题，大家应该有亲身体会，我采访过许多人，他们在小学、中学阶段，是从学校许多重大科技成果的报道中，或是阅读的科普书籍中，了解了国防科大，决定报考国防科大，立志献身国防科技事业。这说明科技新闻、科普书籍的传播，对一个人特别是青少年树立投身科学的志向、献身科学的追求有重大影响，所以说，科技新闻传播和科普是一项很有意义的工作。

学校突出宣传了已故著名激光陀螺技术专家高伯龙院士。许多人并不知道，高院士率领课题组开始搞激光陀螺是从科普开始的，他在 20 世纪 80 年代编写的《环形激光器讲义》，既是一部科技专著，也是一部堪称经典的科普著作。在环形激光器（激光陀螺雏形）问世后，激光陀螺被用于导航与精确制导的应用前景，使得世界上许多研究机构纷纷开始研究。然而，受限于当时的科研条件与工艺水平，要攻克这个世界性难题，简直是一项“不可能完成的任务”，所以，许多研究机构搞了一段时间后，又先后下马了。最后，国内只有国防科大还在坚持研究。高院士说，别人不搞了，我们却不能放弃，否则，我国激光陀螺将面临夭折。要坚持搞下去，而当时许多人包括科技人员都对激光陀螺不太了解，于是，高伯龙编写了《环形激光器讲义》，给大家开讲座，从而培养了最早一批懂激光陀螺的人，这本讲义也成为我国激光陀螺理论与技术的奠基之作。

在未知领域探索，开展全新的科学研究，在人们不甚了解、前景不明的情况下，要引起人们的关注并从事研究，前期的科普工作就十分重要。我国要建设创新型国家，实施科教兴国、科技强军战略，必须着力提高全民科技素养。今天，官兵的科技素养已成为战斗力的主导要素，因此，传播好科技新闻、推出更多科普文章就显得十分重要。在这方面，在座的博士生有责任去做，也有能力去做，而且可以做好。因为你们有这方面的专业优势，稍加训练，就能做出成绩。这方面的例子有很多，比如学校石海明、朱启超等知名专家，他们在读博士时就写了许多科普文章，经过长期研究和积累，写出了科普专著，产生了很大的影响力。

我认为，科普与科研是相辅相成、相互促进、相得益彰的。科普可以拓展科学视野、提高思维层次和综合素质，对科研起到促进作用。同时，重视科技宣传、会做科普工作，也是科研人员必备的科技素养和能力。前段时间，研究生院六大队专门邀请我与部分研究生谈科普写作，他们大多数人之前没有写过科普文章，通过引导和训练，他们在这方面的能力有了很大提高。我与他们中的几名研究生合作写了《一束光的梦想与传奇》《声学镊子：用声波“搬动”微小物体》等科普文章，都在《解放军报》上刊登了，产生了良好的传播效果。还有一名叫欧阳骞的本科生，他写的《未来战场，“蜂群”嗡嗡向何方》，我修改后推荐到《解放军报》，前不久也刊登出来了。一名本科生写的科普文章能上《解放军报》，博士生就更不在话下。科普文章写作的关键是掌握基本的写作方法。下面，我就写作谈谈自己的体会，抛砖引玉。

首先，谈科技新闻。这不是今天的重点，稍作介绍。对于博士生来说，写科技新闻也许是高射炮打蚊子——大材小用了。但是，你们如果对科技新闻有所了解，以后如有创新成果需要报道，就能有的放矢地介绍给记者或通讯员，把科技成果的创新点、意义和应用讲得既重点突出，又很透彻、很通俗。

所谓科技新闻，是对新近发生或发现的科技事实、科技现象进行的科学性、知识性的报道。科技新闻除了介绍前沿研究动态、报道科技创新成果，还要承担传播科学知识、弘扬科学精神、激励创新文化、启迪创新思维的功能。科技新闻传播的作用是非常大的，而且很重要，它是新闻学科里一个重要分支，但仅有新闻学的知识做不好科技新闻，还要具有一定的自然科学基础、科技素养和写作技巧，这里不展开讲了。

下面讲科普文章写作。它与科技新闻有相似之处，但重点在于科普，这方面，你们可以结合自己的专业和从事的科学研究，介绍前沿科技最新研究动态，解读当前科技热点，通过科普化的语言对某一方面的科学知识进行系统性介绍，如前面提到的《环形激光器讲义》这样的科普专著，也可以作像《一束光的梦想与传奇》这样的科普文章，大家都可以去尝试。这类文章要把握好以下几点：

一是科学性。科学性历来是构成科技新闻、科普文章价值和引起读者阅读兴趣的一个重要因素，是写作这类文章最起码的要求。科技的基本原理、特点、应用前景对人们生产生活可能带来变革性影响，写作时要尊重科学规律，坚持实事求是，经得起推敲和科技发展的检验。传播科学首先必须讲科学，弘扬科学精神，不能道听途说、主观想象、随意拔高，更不能传播歪理邪说。2019 年 5 月，河南南阳报道所谓新能源汽车加水就可以行驶的新闻，引起了专家的质疑和批评。有人指出，推出这个成果的人很可能就是一个科技骗子，因为其论断违背了科学原理，已经证明是不可能的。

二是准确性。真实是科技新闻和科普文章的生命，必须准确无误，所讲述的内容要有科学根据，与事实相符。科学概念、科学原理、科学实验、专家评说、数字和数据等都必须准确、言之有据，不能故弄玄虚、牵强附会，切忌哗众取宠、人云亦云。表述要严谨，经得起推敲，也不能说“过头话”“外行话”，否则将适得其反。

三是贴近性。向大众传播科学知识，进行科学普及，首先，要贴近科技前沿的新事物，即新的科技动态和发展新趋势。新科技、新知识大家不甚了解，又比较关注，写这类文章能满足读者的求知欲，起到普及科学知识的作用。其次，要贴近当前科技热点。热点问题是大家比较关心和感兴趣的问题，你写出来大家就比较喜欢看。比如，国产科幻电影《流浪地球》热映，票房纪录不断刷新，该电影涉及许多科学问题，老百姓并不都懂。我就联系专家讲其中的科学原理，写出了《等离子体：神秘的第四种物质存在形态》的科普文章，在《解放军报》刊登后，产生了较好传播效果。最后，要贴近生活。一项新的科技成果与大家有什么联系，对人们生产生活将带来什么影响，这是读者比较关心的。比如，“天河”超级计算机速度快，与普通民众有什么关系呢？你就告诉他，计算速度快可以使天气预报更准确，预报时间更提前，能加快新药的筛选，为提高医疗与健康水平做贡献，等等。

四是通俗性。科学技术特别是前沿、新兴的科学研究，新概念、新理论、新术语、新名词多，都属于“高大上”之类，普通人或者非本专业领域的人员一般会感到陌生，甚至觉得深奥难懂。我们在写科普文章时，就要将其科普化，用通俗易懂的语言进行表达，用人们最熟悉的事物和常识进行类比和解释，把那些深奥的科学原理、专业术语等转化为生动的、大众化的语言，避免让人雾里看花。“话须通俗方传远，语必关风始动人。”前一句讲的就是要通俗易懂，后一句就是前面讲的“贴近性”。比如，讲“天河二号”运算速度之快，可以讲它运算 1 小时，相当于 13 亿中国人计算 1 000 年。其存储总容量为 12.4 拍字节（PB），相当于可存储 600 亿册每册 10 万字的图书。介绍“光纤激光相干合成输出”时，将其解释为“通过相位控制将多根光纤激光器‘捆绑’起来，实现‘步调一致’的高功率、高质量激光输出”。介绍我国首台核心路由器信息吞吐量达到每秒 400 亿比特以上时，可以将其“翻译”为：“相当于每秒传输 25 亿个汉字信息，一万册每册 25 万字的图书，在核心路由器上一秒钟就能完成交换传输任务。”这样就让人比较好理解。

五是人文性。写科技类文章，既要就事论事，又要能从事中“跳出来”，把与事相关的人、故事、典故、精神等引入文章中来，通过引经据典、析事明理，融入人文精神和家国情怀，多用文学性语言来叙述。比如，讲激光，可以介绍它在自然界原本并不存在，而来源于 1917 年爱因斯坦的“假设”，直到 1960 年，科学家才发现了第一束激光。“激光一经发现，便照亮了整个人类”。写“天河”超级计算机，可以联想到中国是“算盘王国”，如果千年前算盘的发明者穿过“时空隧道”，看到“天河一号”会有怎样的感慨？写数理战术学，可以引用马克思名言：“一门科学只有当它充分利用了数学之后，才能成为一门精确的科学。”这样，文章就丰富起来了，知识性、可读性更强。苏联科普作家伊林曾说：“没有枯燥的科学，只有枯燥的叙述。”

六是保密性。写科技方面的文章，头脑中必须有保密这根弦。科技新闻要遵守宣传纪律和保密规定，严格执行稿件送审程序。介绍创新成果要清楚哪些可以讲，哪些不能讲，不该说的坚决不说。写科普文章，多说科学知识、科学原理和其在生产生活方面的应用，涉及军事方面的研究与应用，多讲国外的例子，如果讲我国的研究与应用，一定要是公开报道过的，没有公开报道过的坚决不讲，避开雷区。从事关键技术研究的同志发表科普文章，要注意保护好自己的身份，不要涉及本人和单位从事的研究工作，甚至不能在文章透露自己的单位。

让科普与科研相得益彰*

与科技专家谈科普文章写作，既有“班门弄斧”之惶恐，也有“登高望远”之辽阔。我很喜欢清代诗人袁枚的一首名为《苔》的诗：“白日不到处，青春恰自来。苔花如米小，也学牡丹开。”常常用来鼓励和鞭策自己。

我不是学理工科的，搞新闻也非科班出身，可我却在国防科大这所高科技殿堂里从事新闻工作，一干就是20多年，采写了大量科技新闻和科普文章，这正是“白日不到处，青春恰自来”。在高科技面前，特别是在科技专家面前，我感觉自己渺小如“苔花”，尽管“先天不足”，却履职尽责，乐此不疲，想把这方面的文章写好，所以有“苔花如米小，也学牡丹开”的追求。

长期从事新闻工作，写过各种类别和体裁的稿件，科技新闻、科普文章和科技题材的报告文学，占有很大的比重，也逐步形成了自己的写作特色和风格。早在2006年，《解放军报》国防科技版开辟过《本报记者对话国防科技专家》专栏，这个专栏后更名为《军事科技》《科技前沿》，我一直是版面上的“常客”。2012年，我将采写的科技新闻汇编出版《强军兴国的科技劲旅》，2016年，又汇编出版《智者不惑——一位军事记者与国防科技专家的对话》，时任学校政委王建伟、校长杨学军先后为两本书

---

* 2020年6月5日，我应邀为前沿交叉学科学院年轻科研人员做科普写作辅导，此后又在电子科学学院、研究生院等单位进行了同题授课，此文为授课提纲。

作序，出版后获得较好的反响，算是“也学牡丹开”的成果。

今年寒假期间，曾新吾教授要求加我微信。原因是他做声学相关研究时，查询到我去年在《解放军报》上刊发的《声学镊子：用声波“搬动”微小物体》的科普文章。曾教授说，关于声学镊子，在网上检索到的文章非常少，看到我这篇文章后感到很意外：这个前沿科技问题你怎么想到写它的呢？一个外行居然还写得这么好。

我告诉曾教授，我们写科技方面的文章，如果“内行人看了认为你不是外行，外行人看了说你还挺在行”，就达到目的了。至于这篇文章，是因为2018年诺贝尔物理学奖揭晓后，光学镊子的发明及应用入选。后来，军报编辑约我写稿时，两人谈到这个问题，发现声学镊子比光学镊子更前沿、更先进，它突破了光学镊子的原理局限，具有更好的性能和更加广阔的应用前景。于是，我就决定写一篇声学镊子的科普文章，并找了一个声学领域相关专业的研究生给我提供专业上的帮助，最后合作完成了这篇文章。

说起来，我和曾教授算是老朋友了。2000年，我曾采访曾新吾教授，写过一篇《一位青年博导的赤子之心》的人物通讯，刊在《中国青年报》等媒体上。这次，与他成为微信好友后，我趁热打铁请他介绍一个前沿科技问题，想再完成一篇物理学方面的科普文章。

曾教授告诉我，太赫兹技术与应用是一个前沿热点，但不是他的研究领域。我再一问，他儿子曾旸是学这个专业的，于是，我马上与曾旸取得联系，多次交流探讨，写出了《“优美”太赫兹，空白远未“填充”》的文章，今年4月10日在《解放军报》科技前沿版刊出。

为什么用这样一个题目呢？因为在0.1～10太赫兹波段两侧的红外线和微米波，早在20世纪80年代就已发展成熟并获得广泛应用，唯有太赫兹是迄今为止人类了解最少、开发最少的一个波段，留下了“太赫兹空白”这道远未完成的“填空题”，让物理学家发出“想说爱你不容易”的感慨。

近几年我写了很多这样的科普文章在《解放军报》刊出，如《“脑机接口”技术让“脑控”成为现实》《从物理战拓展至心理战》《空间机器人：太空领域“多面手”》《结构色：无需色素的神奇呈现》《拓扑光子学：打造光子专用“高速公路”》《瞬态电池：让电子设备“化身于无形”》，都产生了很好的科技传播效果，让我感到这是一项很有意义的工作。

这次，当你们学院邀请我来讲一课时，我欣然受命，很高兴有机会与大家就科普写作进行交流。主要讲两个问题：一是科技专家为什么要做科普工作？二是如何写好科普文章？主要结合事例来讲，讲得不对的地方，请大家批评指正，我们一起探讨。

一、科技专家为什么要做科普工作

这些年，我发现一个现象，在科技领域，凡是善于做科普或是科普工作做得好的专家，不仅科研做得好，成果突出，而且人文素养高，权威性强，影响力大。反过来说，科研工作做得好的专家，大多数重视做科普工作。我讲几个例子：

大名鼎鼎的何祚庥院士，是因为在粒子物理及其应用方面的成果而当选院士的，现在一提起他，很多人也许不知道他是研究粒子物理的，却知道他在反伪科学方面的影响和他写的许多文章。他不仅在粒子物理领域的研究有目共睹，在科技史、自然辩证法、哲学等研究方面也有许多成果。

前些年，许多人包括一些专家，质疑和反对发展国产磁浮交通，这引起了何祚庥院士注意。作为一位物理学家，他赴欧洲考察时，专门抽出时间到德国实地考察并乘坐磁浮列车。他分析得出的结论是，中国现阶段不适合发展高速磁浮交通，但城市轨道交通采用中低速磁浮列车十分适合，赞成大力发展以直线电机技术为核心的中低速城市轨道交通。

2013 年，何祚庥院士在“科学与中国”院士与专家巡讲团活动中谈道：“现在轮轨技术已被广泛应用于高速铁路，如果再搞高速磁浮需要大批资金，中国目前没有力量同时搞两套技术，技术与管理上不好操作。”

他还是之前那个观点：不赞成在高速铁路建设中使用磁浮交通技术，但在城市轨道交通建设中使用磁浮技术是不错的选择，有很大的优势与应用前景，希望有关单位尽快将其做成示范体系，加强这方面的应用研究与技术转化。何院士的分析，有力推动了国产磁浮交通的发展。

再讲一个我们身边的例子。20 世纪 60 年代，美国研制出了世界上第一台激光陀螺仪的实验装置。将激光陀螺用于导航与精确制导的设想，让国际上许多科研机构纷纷开始了研制工作。1971 年，我国著名科学家钱学森将激光陀螺的大致技术原理写在两张小纸片上，交给国防科大领导，建议开展激光陀螺技术研究。当时，受限于科研条件与难以实现的工艺水平，要攻克这个世界性难题，简直是一项“不可能完成的任务”，国内一些单位因为难度太大先后下马该科研项目，最后只剩下国防科大一家，但也是进退维谷。

这个时候，从事理论物理研究的高伯龙加入进来，他的第一项工作就是编写《环形激光器讲义》，给课题组做科普，组织大家学习研究，先搞清楚基本原理，再慢慢研究。这个油印的讲义既是一部科技专著，更是一部堪称经典的科普著作，成为我国激光陀螺理论与技术的奠基之作。这本《环形激光器讲义》，开辟了我国的激光陀螺事业，最终让我国在这方面的研究跻身世界领先行列，在提高我军战斗力上发挥极其重要的作用。

2019 年 11 月，《雷锋》杂志让我去采访袁隆平，我写了《做任何事情都需要雷锋精神》的长篇通讯。袁隆平是享誉世界的杂交水稻专家、中国工程院院士。他的研究及成果应用不仅解决我国的粮食供应问题，而且造福全人类。我在采访中了解到，杂交水稻研究成果的推广应用和普及，得益于袁老 1985 年写的一本《杂交水稻简明教程》。这本教程的阅读对象是农技员和农民，不能写得太抽象和深奥，否则他们看不懂。袁老就把它写得很通俗，就是做杂交水稻的科普，取得了很好的效果，推动了杂交水稻迅速在我国推广普及。后来，这本书经联合国粮农组织出版，发行到全球 40 多个国家，成为世界杂交水稻种植的科普读物。目前，全球包括美国在内有 40 多个国家和地区推广应用杂交水稻，国外种植面积已达 700 万公顷。

近10年来，袁老率领团队研究耐盐碱水稻（俗称海水稻），采用水稻杂种优势利用的技术路线，提高耐盐碱水稻产量，把盐碱地利用起来。他算了一笔账：我国有十几亿亩盐碱地，其中能种水稻的盐碱地大概有一亿多亩，如果通过10年左右时间的努力，能实现亩产量最低300公斤，每年就能增加300亿公斤粮食，相当于现在湖南省的粮食总产量，那么可以多养活1亿人口。

这方面的例子还有很多，如钱学森、华罗庚等科学家，都善于做科普，写了许多科普著作和科普文章。科技专家做科普工作，至少有这么几个好处：一是普及科学知识，提高全民科学素养；二是扩大本领域科研影响力，促进成果推广应用；三是提高科普写作水平，培养人文情怀。

在座的都是年轻科技专家，在做教学科研工作的同时，应该多做本领域的科普工作，因为你们有这方面的专业优势，稍加训练，就能做出成绩。我们学校许多科技专家也很重视做科普工作，写了许多科普文章，出版了科普专著，产生了很好的影响力。

二、如何写好科普文章

这个问题是今天要讲的重点，也是写作中的一个难点。下面结合我个人的实践，谈点自己的体会。

（一）紧跟前沿“追热点”

从人的认知来讲，人们总是对新鲜事物最感兴趣、最有求知欲望，想知道“是什么”“发生或发现了什么”，更想知道“为什么”“会怎样”。这正是新闻尤其是科技新闻、科普文章所要做的工作。

传播科技新闻、普及科学知识，就要紧贴科技前沿，讲最新科技动态、科技知识和发展趋势，满足读者的求知欲。从传播效果上看，新的科技知识、当前科技热点，人们关注、想了解、喜欢看，点击率高，传播效果好。2019 年，国产科幻电影《流浪地球》热映，不断刷新票房纪录。该电影涉及许多科学问题，成为观众谈论的话题，特别是那 1.2 万台高达 1.1 万米的地球发动机，是怎样通过“烧石头”的方式喷射产生强大反作用力，进而推动地球寻找新的家园？许多人是看热闹，并不都弄得清楚。尽管这是一部科幻片，但科幻不是玄幻，更不是梦幻，同样蕴含着科学。这个时候，我通过采访学校相关专家，写出了《等离子体：神秘的第四种物质存在形态》的科普文章，在《解放军报》刊登后产生了较好的传播效果。

2018 年诺贝尔物理学奖揭晓，美国科学家阿瑟·阿什金、法国科学家杰拉德·莫雷、加拿大科学家唐娜·斯特里克兰共同获得该奖，以表彰他们在“激光物理领域的突破性发明”。我们发现，在诺奖历史上，激光的研究与发明成果，先后 10 次获得诺贝尔物理学奖，占比最高。激光虽然不是新科技，但为什么如此受到关注？在新一年度的诺奖揭晓之时，再来谈一谈激光，更能引起读者关注。于是，我写了《一束光的梦想与传奇》，从谈“激光原本在自然界并不存在，它最早来自爱因斯坦在解释黑体辐射定律时提出的假说，即‘受激辐射的光放大’”，再谈到“激光一经发现，便照亮了整个人类”。利用诺奖公布的机会，把激光的前世今生和未来的发展应用讲清楚了，效果就很好。

（二）帮助受众“解疑惑”

科普文章与科技新闻一样，重在普及科学知识，让民众了解其科学原理和蕴含其中的科技奥秘，拉直读者心中的问号。如《3D 打印，演绎制造新传奇》《合成生物学：再造生命的奇迹》等，对于本专业人员或是高知人群，都不难理解，但对于大多数普通百姓来讲，却并不了解，想知道是怎么一回事。我们写科普文章就要帮助受众“解疑惑”，把这些新科技、新知识讲清楚、道明白。

同理，对老百姓关心的、困惑的又与科技相关的问题，更需要及时解疑释惑。比如，在中美贸易摩擦中，美国对我国中兴、华为等相关企业实施芯片禁售，给这些企业造成重大损失。许多人就弄不明白，我们怎么就被一颗小小芯片“卡住了脖子”？这么多年了，国内怎么就研发不出来呢？

针对这个问题，我采访学校相关专家，写了《芯片研发究竟有多难?》一文，将芯片的原理，设计、制造的难度，芯片技术进步的速度和盘托出，娓娓道来，让读者理解芯片研发之难，难在哪里。同时介绍我国如何重视芯片研发以及取得的进展，让读者既看到我们目前存在的差距，又从我国近年来的发展中增强了信心。后来，我又写了《极紫外光刻机制造究竟有多难》一文，进一步把这个问题讲清楚了。

帮助受众“解疑惑”，还应该在科普文章中讲清楚一项科学研究或创新成果与受众有什么关系，与读者“套近乎”最能引起关注或共鸣。如“天河”系列超级计算机诞生了，每秒运算速度达到千万亿次、亿亿次。那么，速度这么快，有什么用？能用它做什么？与老百姓有什么关系？可以告诉他们速度快可以使天气预报更准、药物筛选周期更短等，为此，我写了《天河一号：“算天算地算人”》一文，把“高大上”的科技成果与老百姓的日常生活联系起来了，让老百姓感到超级计算离自己并不遥远，与日常生活息息相关。

（三）文字表达“通俗化”

科技特别是前沿科技，新概念、新理论、新术语、新名词多，普通人或者非本专业领域的人员一般会感到陌生，甚至觉得深奥难懂。我们在写科普文章时，就要将其科普化、人文化，用通俗易懂的语言表达，把那些深奥的科学原理、专业术语等转化为生动的、大众化的语言，避免让人雾里看花。

如在《“优美”太赫兹，空白远未“填充”》中这样写道：“太赫兹，别看它名字‘高大上’，其实就是一个波动频率单位，泛指频率在0.1～10太赫兹波段内的电磁波。然而，看似平常一段‘波’，太赫兹却与众不同。”然后，把它拥有的不凡“波段”、卓尔不群的特性用通俗的语言一一介绍出来，读者就比较好理解了。

又如，在《数字超材料：超乎你的想象》中，我是这样介绍数字超材料的："生活中，那些具有超强本领和功夫的人，被人们称之为'超人'；具有超强计算与处理能力的计算机称为'超算'；超过音速被称'高超声速'。在五花八门的材料世界里，也有一种物理性质'超常'的特殊材料，叫作'超材料'，它是21世纪才出现的一种具有特殊性质的人造材料。"

再比如，介绍光纤激光相干合成输出时，将其解释为"通过相位控制将多根光纤激光器'捆绑'起来，实现'步调一致'的高功率、高质量激光输出"。为介绍激光能量瞬间高度集中的特点，写道："你相信吗？一束总能量不足以煮熟一个鸡蛋的激光，能穿透3毫米厚的钢板。它的这一特点，使得它在军事领域有了用武之地。"这样就让人比较好理解。

通俗化要求多用比喻和换算，做类比。"路由器通常被称为是互联网络的'交通'枢纽，其作用是为在网络上传输的数据寻找最佳路径并进行传送……"这样就使受众对路由器的作用一目了然。还比如，把稀土比喻为"工业的维生素"，把"超算"比喻为"创新的发动机"，把磁悬浮列车誉为"零高度飞行器"，等等。

科普文章关键在于科普化，就是必须采用通俗的语言来表达。正如苏联科普作家伊林所说："没有枯燥的科学，只有枯燥的叙述。"

（四）引经据典"讲故事"

写科普文章要避免就事论事，既要能"钻进去"，还要能"跳出来"。在座的都是本领域的科技专家，专业造诣很深，早已解决了"钻进去"的问题，关键是要能"跳出来"。我们写科普文章，都是给专业之外的读者看，如何让外行看得懂、愿意看，除了前面讲的三个方面外，还有一点就是引经据典"讲故事"，增强文章的可读性、知识性和权威性。

一是从科技发展史上找故事。我写《密码学：无形战场上的智慧较量》，就从密码发展史上找到了很多"加密"与"破译"的故事。如在第二次世界大战初期，美国驻开罗大使馆的无线电密码被德国人破译，英军在北非战场上的一举一动都被德军提前掌握，使得英军在战场上节节败退，直至美国人更换了密码，才使德军不再“耳聪目明”。波兰沦陷后，英国经过艰苦卓绝的努力，破解了德军九成以上的“恩尼格玛”密电文，为最终打败法西斯立下了汗马功劳。英国首相丘吉尔称密码破译者是“下金蛋最多的鹅”。

同样，我写《量子的星光大道》时，也讲了好多量子发展史上的故事。“你能想到吗？以相对论闻名于世的爱因斯坦，获得诺贝尔奖却不是因为相对论，而是因为他在1905年提出光量子概念，并解释了光电效应。然而，爱因斯坦此后一生都在对量子论提出种种疑问。”

写量子的不确定性时，又讲一个故事：处于所谓“叠加态”的微观粒子的状态是不确定的。这成了量子论的一个基础，也撼动了经典物理学大厦下的坚固基石，对此深深质疑的爱因斯坦抛出了一句世人皆知的话：“上帝是不掷骰子的！”玻尔反击的话同样有名：“你没法告诉上帝该做什么！”量子就这样在它自身创建者的斗争中成长起来。

二是引用名人名言。我采访沙基昌教授，写了《数理战术学：用数学演绎战术原则》，引用了马克思名言：“一门科学只有当它充分利用了数学之后，才能成为一门精确的科学。”介绍超精加工技术时，我将诺贝尔奖得主罗勒的论断——“未来的技术将属于那些以纳米作为精度标准，并首先学习和使用它的国家”引入进来，其知识性、权威性、可读性更强。

（五）简明扼要“制图表”

科普文章要好看、吸睛，就要做到图文并茂。这个图，包含图片和图表，是对内容的形象化表达，可以是实物图片，也可以是绘制的简明原理示意图。一篇文章一般需要一幅或数幅与内容密切相关的图片、图表，直观形象，一目了然，帮助读者更好地理解文章的内容，这比大段纯文字的论述更符合受众的阅读习惯。如《结构色：无需色素的神奇呈现》《“优美”太赫兹，空白远未“填充”》《声学镊子：用声波“搬动”微小物体》等科普文章，我都请相关专家筛选并提供图片，有时还针对稿件内容制作原理图片，如介绍“声学镊子”时，专门绘制了4张原理示意图，使受众从图中就能简略知道“声学镊子”如何运用声波“搬动”微小物体，达到“用图说话”的目的。

（六）自我保护“不言己”

我们写科普文章的目的，是普及科学知识，弘扬科学精神，提高读者科技素养，促进科研工作，扩大本领域的影响力，一举多得。但需要注意几个问题：一是尊重科学、表达严谨，不能随意解读，避免误导读者，引起外界猜测和网上负面炒作；二是严防失实和泄密，科普文章重在科普，不要涉及我们自己正从事的科技创新工作，更不要涉及我们的武器装备，在介绍成果应用特别是军事应用时，可介绍国外的应用，不要涉及我国在这方面的情况，决不越雷池半步；三是给地方刊物投稿，要避免透露自己的身份，注意保护自己，做到“保守秘密慎之又慎”。

我们今天交流科普写作，实际上是讲一种文化，即科技文化。科技进步需要相应的文化底蕴，而文化的发展也离不开先进科技的支撑。科技与文化，犹如车之两轮、鸟之两翼，相辅相成，缺一不可。爱因斯坦曾说：“这个世界可以由音乐的音符组成，也可以用数学公式组成。”科技专家善于做科普工作、写科普文章，能够增强我们从事科技创新的文化底蕴，让科研与科普相得益彰。

新闻拾零

等待最权威的发布*

当地时间2010年11月16日，美国路易斯安那州新奥尔良市。在当天召开的超级计算2010国际会议上，国际超级计算TOP500组织正式发布了第36届世界超级计算机500强排行榜，国防科大研制的“天河一号”二期系统位居世界第一。

对于这一重大新闻，《解放军报》于11月18日1版头条刊发了《“天河一号”全球最快》消息，以相关链接的形式介绍了新闻背景，19日2版用一个整版的篇幅刊登《超越之路——“天河一号”是怎样跃居世界第一的》通讯及相关报道，并配发了国家超级计算天津中心主任刘光明领取世界第一证书的大幅照片。纵观军报这次报道，达到了权威、准确、及时、全面的传播效果。

为何有此评价？因为围绕“天河一号”排名世界第一，国内外众多媒体在10月28日至11月17日的这段时间里进行了多次报道。这些报道的依据主要有两个：一是中国高性能计算TOP100组织10月28日发布2010年度前100强排行榜时，“天河一号”运算性能超过了在6月排名世界第一的美国“美洲虎”超级计算机系统；二是国际TOP500组织当地时间11月14日在其网站上公示的世界超级计算机最新排行榜。公示并非正式发布，事实上，国际TOP500组织正式发布“天河一号”排名世界第一并颁发证书，是在当地时间11月16日下午（北京时间11月17日上午），这才

* 原载《军事记者》2011年第1期。

是最权威、最准确的发布，而军报正是以此最权威、最准确的发布，突出报道了“天河一号”排名世界第一的新闻。

作为军报驻国防科大记者站，我们最早知道“天河一号”的运算性能达到了当今世界超级计算机的领先水平，也最先知道“天河一号”极有可能在 11 月的最新排名中位居世界第一。对于这一重大新闻，我们有得天独厚的条件在第一时间掌握情况，确保第一时间、第一现场发稿。

10 月 28 日，中国高性能计算机 TOP100 组织发布 2010 年度前 100 强排行榜，经过技术升级优化后的“天河一号”二期系统，以峰值速度每秒 4 700 万亿次、持续速度每秒 2 507 万亿次（LINPACK 实测值）的优异性能再登榜首，并刷新了当前世界超级计算机系统运算速度纪录，其性能超过了此前世界排名第一的“美洲虎”（持续速度 1 750 万亿次），大幅领先。但如果就此报道“天河一号”超过“美洲虎”位居世界第一，显然不够严谨。因为此时距“美洲虎”6 月份排名世界第一已过去近半年，在迅猛发展的国际超级计算机领域，谁能确保没有比“天河一号”更快的系统出现呢？即使没有，“天河一号”没有国际权威组织评估认定，说它世界第一也没有说服力。再者，此时“天河一号”仍在进行系统优化，持续速度有望再获提升，最新的测试数据还没有提交国际 TOP500 组织。

对此，我在报道中国高性能计算机 TOP100 组织发布 2010 年度 100 强排行榜时，只突出报道了“天河一号”的运算速度刷新了当前世界超级计算机系统运算速度纪录，性能跃上世界之巅，而不与位居世界榜首的“美洲虎”做比较，更不讲它已处于世界第一。事实证明，这样处理既尊重事实，又留有余地，也为后续报道留下了空间。

此报道一出，外媒纷纷跟踪报道，指出“天河一号”极有可能在国际 TOP500 最新排名中拔得头筹，取代美国超级计算机的主导地位。

11 月 14 日中午（北京时间 15 日凌晨 3 时），在国际超级计算机大会召开前 2 天，国际 TOP500 组织在其网上公布了世界超级计算机最新排行榜，“天河一号”以峰值速度每秒 4 700 万亿次、持续速度每秒 2 566 万亿次位居第一。在这份榜单的最后，有一句关键的话：“完整的榜单和分析将在16日的大会上正式发布。”按照国际TOP500组织的惯例，该组织每年两次公布世界超级计算机排名，并在世界超级计算顶级学术会议上正式发布并颁发证书。国防科大有关领导和专家认为，TOP500组织在超级计算大会上正式发布榜单并颁发证书，才是报道“天河一号”排名世界第一新闻的合适时机。此时，我写好了新闻稿，等待最权威的发布。

然而，15日早上醒来，让人始料未及的事发生了：“天河一号”排名世界第一的消息已出现在互联网上，两家国内媒体驻美记者根据网上公布的排名榜抢先发出了这一消息。

怎么办？如果此时我们跟进发稿，不仅也是当天新闻，而且我们已比其他国内媒体先期到达了国家超级计算天津中心，可谓万事俱备，只欠东风。我立即征求有关领导和专家意见，是立即发稿还是继续等待？他们紧急研究后，认为网上公布的排名与TOP500组织正式发布并颁发证书，其权威性大不相同，根据相关经验，排名榜没有正式发布，也有存在变数的可能；中国在世界高科技领域拿第一不容易，发布这条新闻一定应是经国际组织正式发布、拿到世界第一的证书之后，要求所有到达天津超算中心参与报道的记者在17日排名正式发布后再发稿。

北京时间17日上午8时，国际超级计算TOP500组织正式发布了全球超级计算机500强排行榜，宣布“天河一号”排名世界第一，并给国家超级计算天津中心主任刘光明颁发了世界第一证书。图片和视频很快传到了天津超算中心，国防科大与天津滨海新区随后联合召开新闻发布会，让在场的记者共同见证这一历史性时刻。解放军报等媒体根据17日国际组织的权威发布进行了准确、权威、及时、全面的报道，而此前根据网上排名报道过此事的媒体，不得不对这一权威发布再次进行报道。虽然新闻强调要快、要抢，但同时要尊重成果所在单位领导和专家意见，这样做既确保报道的权威性、准确性，又能避免简单重复报道。军报在这次媒体同题报道竞争中，打了一个漂亮仗。

“文学锋现象”报告团巡回报告情况汇报*

2002 年 6 月 14 日至 27 日，“文学锋现象”报告团根据总政领导指示，在总政宣传部具体组织和协调下，先后在北京、西安、南京等地做了 8 场报告，举行了 4 次座谈会，应邀到人民日报所属的人民网“强国论坛”作了一次网上嘉宾访谈。据统计，报告团的直接听众达 15 000 多人，参加座谈会的有院校领导和师生代表 130 多人，在人民网一个小时的网上对话过程中，参与讨论的网民达 10 469 人。

由于领导重视，组织严密，准备充分，报告团的每一场巡回报告活动都取得了圆满成功，达到甚至超过了预期效果，受到总政首长和机关的高度称赞，在军内外引起了强烈反响。

一、基本情况

这次报告团的巡回报告，主要可分为四个部分。

（一）总政机关的首场报告会

报告会前，总政领导接见了报告团成员并合影留念，总政机关、直属单位和解放军艺术学院的领导和师生共 1 200 多人参加，整个礼堂都坐满

---

* 2002 年 6 月，“文学锋现象”报告团结束军内外多场巡回报告活动，此为撰写的总结报告。

了，教育部还专门派了3名副司长来听报告。

（二）总装和西安、南京等4所军队院校报告会

在总装装备指挥技术学院做报告时，总装一名领导专门参加了报告会，并给报告团的报告很高的评价。在西安政治学院作报告时，该院为了让所有学员都能听报告团的报告，除主会场外，还设立了12个分会场，全校3 600多名师生都听了报告。在南京政治学院作报告时，由于该校礼堂装修，举行报告会的主会场只能容纳500多人，他们在全校6个教室进行同步直播，使大部分学员都听了报告。在这两所院校进行报告时，驻西安的其他6所军队院校和驻南京的其他7所军队院校的政治部领导、政治教研室主任和学员大队、中队干部都来参加了报告会。解放军理工大学政治部领导听了报告后，立即向总政宣传部领队提出邀请，强烈要求报告团到他们学校作一场报告，并通过总政宣传部进行协调。最后报告团利用6月23日星期天下午的时间，在解放军理工大学通信工程学院礼堂加作了一场报告，在校的8名常委和院、所领导全都参加了报告会，听众达1 600多人。虽然期间还接到其他军队院校的邀请，总政宣传部仅同意在解放军理工大学作了一场报告。

（三）中国青年政治学院、首都师范大学、北京大学等3所地方高校报告会

在中国青年政治学院的报告实际是报告团所作的第二场报告，团中央很早就向总政提出要报告团去给青年政治学院的学生作报告。6月16日（星期天）上午，报告团在中国剧院为该院1 500多名师生作了报告。报告团在去西安作报告的路上，接到总政宣传部关于教育部邀请到首都师范大学和北京大学作报告的通知。这样，报告团在西安、南京作完报告后又回到北京，于26日和27日分别在上述两所大学作了报告。

（四）举行了4次座谈会和1次人民网网上对话

根据总政的安排和有关单位要求，报告团在中国青年政治学院作报告

后，与该院学生代表进行了对话，这次对话很成功，解放军报和中国青年报都作了报道。在西安，报告团与驻当地7所军队院校的政治部领导就改进和创新院校思想政治工作进行了座谈。在南京政治学院，报告团与该院学员代表以“三个代表”是青年学员做人、做事、做学问的行动指南为主题，进行了交流讨论。27日下午在北京大学作完报告后，报告团与北大40多名师生代表进行了近两个小时的座谈，座谈会的会标是：用“三个代表”支撑起思想大厦——“文学锋现象”北大座谈会。这个座谈会引人注目，开始只安排了20多人参加，但一下挤进了40多人，新华社、解放军报、中国教育报、中央人民广播电台和中央电视台国防军事频道都作了报道。中国教育报以《“文学锋现象”登台北京大学》为题进行了突出报道。这次报告和座谈非常成功，总部首长和机关都很满意。

6月18日上午，报告团还应邀到人民日报社所属的人民网“强国论坛”与网民进行了对话，一小时内就有10 469人参与了讨论，共提出了600多个问题，主持人有选择地让报告团成员回答了47个问题。这次嘉宾访谈的内容至今仍保留在人民网上，已有2 000多人浏览过该网页。

二、几点感受和体会

在巡回报告中，大家感受很多，主要有以下几点：

（一）军地各级领导对“文学锋现象”及“文学锋现象”报告团给予了高度重视

从“文学锋现象”调研到“文学锋现象”报告团的巡回报告，总政首长自始至终都给予了高度重视，报告团的首场报告定在总政机关进行，就充分说明了这一点。

总政领导在会见报告团成员时说：首场报告会在总政举行，有助于我们深入学习和理解江主席的“5·31”讲话精神。“文学锋现象”是全军部队学习贯彻“三个代表”重要思想的一个典型范例，认真分析研究这一现象，将为我们深入学习贯彻“三个代表”重要思想提供许多深刻有益的启示。“文学锋现象”的出现，生动地体现了“三个代表”重要思想这一党的创新理论的巨大力量，反映了当代官兵对“三个代表”重要思想的强烈认同和接受科学理论熏陶的高度自觉。它告诉我们，“三个代表”重要思想是凝聚当代青年知识分子的伟大旗帜，是全军官兵团结奋斗的坚实思想基础。我们必须把学习贯彻“三个代表”重要思想作为新时期军队思想政治建设的首要任务切实抓紧抓好。要用“三个代表”重要思想回答解决官兵关注的思想理论问题，下功夫把“三个代表”重要思想转化为官兵的世界观方法论。同时，要按照“三个代表”重要思想要求加强和改进思想政治工作，不断地增强思想政治工作的质量和效果。

总政领导还指出，国防科大这个典型是思想政治工作的典型，既有文学锋本人的刻苦学习，又有导师、校院各级领导的帮助。这个经验对青年很有教育意义。文学锋对“三个代表”重要思想学习很深。人民日报有一篇评论说，“5·31”讲话的关键是与时俱进，文学锋就是开了这个窍。我们看问题不能只是看现象，要从与时俱进看，从保持党的先进性看，从执政为民看，文学锋的思想就是这么扭过来的。文学锋能学马列原著，读《共产党宣言》，这样的年轻人不多。老祖宗的东西要学，基本原理要懂。我们入党时还没有学《共产党宣言》，学的是刘少奇《论共产党员的修养》。学原著、学原理很重要，老祖宗的东西不懂不行，不懂就容易失去根基。这场报告会，我就要求青年人要多来。“文学锋现象”对院校很有启发。做好新形势下思想政治工作，简单化不行。对知识分子问题，毛主席、小平同志、江主席都有很多论述。要认真做好知识分子工作，宣传“三个代表”重要思想不是简单对号入座，要扎实工作，确实在官兵中、在部队中扎根。

6月17日，在总装装备指挥技术学院作报告时，总装一名领导专程出席报告会，他说，这个报告很有时代感，很有感染力，也很有代表性。这对我们深入学习“三个代表”重要思想，做好部队思想工作，特别是青年知识分子工作有多方面深刻启示。

地方领导对“文学锋现象”和报告团也十分重视。共青团中央第一书记专门给中国青年报和中国青年杂志领导打电话，要求很好地组织宣传，并指示请报告团专门给中国青年政治学院作一场报告。在中国青年政治学院作报告时，该院领导在主持会议时说，“文学锋现象”报告团的报告，是一个理性的报告，是一个值得青年人在成长中认真思考的报告，是一个需要我们回去反复思索、体会的报告。“文学锋现象”产生在国防科大，但它回答的却是一个深刻的社会问题和现实问题。与近些年来的先进事迹报告相比，“文学锋现象”的报告别开生面，思想性更突出、更深刻，更入耳入心，这一创新性举措，表明军队在学习实践“三个代表”重要思想方面又一次走在了前列。

北京大学党委副书记在北大座谈会上说：“文学锋现象”生动说明了“三个代表”重要思想具有强大凝聚力、感召力，反映了当代青年知识分子对真理的追求，体现了我们党对青年知识分子的关爱之情。这场报告对于我们深入学习“三个代表”重要思想和“5・31”讲话精神，帮助青年学生树立坚定的理想信念，以及党组织如何帮助青年知识分子健康成长具有重要启示意义。

在西安、南京作报告时，许多院校的领导同志听了报告都反映，报告团的报告主题重大，立意深远，从不同侧面揭示了“三个代表”重要思想的真理性和科学性，用生动的事实说明党的最新理论成果对青年知识分子的巨大感召力与亲和力，是对大家深入学习实践“三个代表”重要思想的有力促进和很好辅导。特别是这次报告时机选得好，为迎接党的十六大的召开创造了良好的氛围。

“文学锋现象”引起了新闻媒体高度的关注。人民日报、新华社、解放军报、光明日报、中国青年报、中国教育报、中央人民广播电台、中央电视台国防军事频道都对“文学锋现象”作了重点报道。解放军报领导还专门会见了报告团成员。中宣部新闻局第298期《新闻阅评》以《军报刊发总政通知，要求部队研究“文学锋现象”》为题进行了专题阅评，总政还将“文学锋现象”报告刻录成光盘，发全军院校、科研单位和师以上政治机关。

（二）“文学锋现象”报告团的报告在军内外反响强烈

在这次巡回报告过程中，从各单位的热情接待、各级领导讲话，以及与师生代表的座谈讨论和对话中，我们深切地感到，这次总政首长和机关下决心在院校、科研单位和师以上机关开展“文学锋现象”讨论和组织报告团巡回报告，这个决策是非常正确和非常及时的。最近，总政宣传部给总政领导写了一个请阅件，把报告团的情况概括为三个方面：一是站在迎接党的十六大的高度积极传播“三个代表”重要思想，主题重大，立意深远，时机选得好；二是抓住青年知识分子带有普遍性的问题予以回答解决，具有很强的针对性和说服力；三是对于改进和加强院校思想政治工作有重要的借鉴指导意义。装备指挥技术学院、西安政治学院、南京政治学院、解放军理工大学的领导说，总政运用“文学锋现象”推动“三个代表”重要思想和“5·31”讲话精神的学习，确实是抓住了一个时代性的问题，为党的十六大顺利召开创造良好的思想理论氛围。在这个时候，总政及时组织“文学锋现象”报告团作报告，充分反映了总政领导高度的政治意识和责任意识，体现了对我们军队院校人员政治上的关心和爱护。

中国青年政治学院、首都师范大学、北京大学领导认为，运用“文学锋现象”宣传“三个代表”重要思想，既具体生动、真实感人，又引人思考，比一般的理论学习和辅导效果要好得多。在首都师范大学作报告时正值学生复习考试期间，下午1点半作报告，部分学生3点钟还要参加考试。有的学生带去了课本和复习资料准备看，但报告开始不久，会场就鸦雀无声，没有学生看书和交头接耳的现象，也没有一人提前退场。这个学校党委副书记说，以前学生听报告随意出入的现象很多，看书和听随身听的也不少，像这样的场面是少见的。在北京大学作报告也是这种情况。北京大学20多个学院和系的领导都有人参加，学生代表有500多人参加，没有一人提前退场，掌声非常热烈，所以在新华社的报道中就有这样一句话：“今天，当‘文学锋现象’报告团来到北京大学时，北大师生给了他们最热烈的掌声。”特别是在校团委会议室的座谈会，北京大学生工作部原本只安排20多名师生代表参加，现场却一下来了40多人，组织者就不断往会议室搬椅子，挤得满满的。学生们发言踊跃，气氛很热烈。哲学系一名叫马千里的硕士研究生，他站起来向报告团鞠躬，他说，我首先向国防科大领导对青年人的理解和包容，表示深深的敬意。他说，如果高校各级党组织都像国防科大这样正确看待青年知识分子的本质和主流，真心实意地帮助知识分子，我们党就能赢得青年，我们青年就大有希望。他的这一举动赢得大家长时间掌声。

北京大学马列主义学院的研究生贾雯雯在发言时说，我是学思想政治工作专业的，以前都不敢对别人说自己学这个专业，今天听了报告，特别是刚才的座谈大家都谈到，中国的关键在党，党的希望在青年，青年的成长在于有坚定的理想信念，坚定的理想信念从哪里来，靠的就是思想政治工作，现在我感到自己的专业是学有所用、大有可为的。

在北京大学座谈讨论中，共有16人发言和提问，北大的学生学识渊博，发言文采飞扬，提的问题也非常深刻。由于报告团准备充分，回答问题和交流讨论非常融洽，主题集中。在南京政治学院与学员座谈时，学院本来只安排了10个人，学生们听说后许多人都要求参加座谈，结果来了19个人。座谈结束时已经是6点20分，过了晚饭时间，学生们还围着文学锋和朱亚宗教授交谈。许多学生都说，听了报告，心灵受到极大震撼，过去对“三个代表”重要思想只有表层化的感受，今天的报告真正进入了心灵深处，感受到了科学理论的巨大威力。

许多院校和部队纷纷邀请报告团前去作报告，报告团在西安、南京3所院校的报告，他们都作了全程录像，准备对没有听上报告的人员进行补课。报告团离开北京的前一天，北京军区驻南口某坦克师还通过解放军报邀请我们去作报告。据解放军报江永红副总编介绍，军队院校和部队对“文学锋现象”的讨论进行得很热烈，报社收到了很多开展讨论的稿件，军报开辟的“文学锋现象”讨论专栏，原准备登三期，后来又增加两期，到7月10日结束。

（三）所到之处均对学校思想政治工作和人才培养给予高度评价

这次“文学锋现象”报告团所到之处，不论是军队院校，还是地方大学，他们除对报告团的报告给予赞扬肯定外，还对我校人才培养、学科建设、思想政治工作等都给予很高评价。

6月28日中午，总政宣传部、组织部领导等为报告团送行。宣传部领导说：感谢国防科大党委、领导为全军深入学习“三个代表”重要思想培养了一个好的工作典型，“文学锋现象”的意义和影响将是深远的。他勉励文学锋要谦虚谨慎，走好今后的路，为部队建设作出新的贡献。

解放军理工大学校长听了报告以后激动地说，前几天在全军院校长会议上，你们学校领导作了一个很好的报告，今天又听了“文学锋现象”报告团的报告，感觉国防科大不仅在人才培养、学科建设、科研等方面是全军院校的龙头，这次在思想政治工作方面又推出了一个这样有时代特点的典型，我们要到你们学校来参观学习。在西安政治学院召开的座谈会上，二炮工程学院的政治部副主任说，你们国防科大的校园网办得很好，我们经常登录你校的网站，“心之桥”网站我浏览过不下100次，我们政治部还专门把网站的内容投放到大屏幕上，在组织学习时让大家观看。南京政治学院院长在我校的高科技班学习过，对我们学校的情况比较了解，对我们的高水平科研成果十分赞赏。西安政治学院政治部主任专门提到他参观过学校的“北斗”团队，对学校一批年轻科技骨干和带头人赞不绝口。在北京大学作报告时，北京大学领导的师生对我校的高科技成果都有所了解，学校领导表示要加强两校的交流。那天，我们作完报告他一定要留报告团在学校吃晚饭，吃过饭后，又安排报告团参观了校园。

在中国青年政治学院座谈时，学生们向文学锋提出了如何看待党内存在的腐败现象、“七一”讲话创新在哪些方面、如何看待部分学生入党的功利性等问题。文学锋结合党的创新理论和个人思想体会作出了令他们信服的回答，他们听后都说对“三个代表”重要思想的学习与文学锋比还有差距。在人民网对话时，采取的网上直播，主持人选择网友的问题提问，即时发布，对内容准确性要求高。文学锋思维敏捷，回答及时准确。网站负责人说，这是他所见到的素质很高的访谈对象之一，对话这一小时创了同期上网人数的纪录。在北京大学的座谈和对话中，文学锋和周佳的表现也获得了北京大学学生的高度称赞。

许多单位的领导和老师，从报告团的报告和言谈举止中，感到学校学科底蕴深厚，学员综合素质高，表示欢迎国防科大的学员去工作。北京大学的党委副书记和学生工作部部长都对文学锋说，希望他到北京大学来攻读博士。西安政治学院、南京政治学院、解放军理工大学领导对报告团成员、研究生周佳说，欢迎她毕业后到学校工作。

在整个巡回报告过程中，报告团成员也严格要求自己，努力展示国防科大教职员工的良好形象。文学锋到南京时发现自己得了甲沟炎，已经有了脓肿，走起路来就疼痛，为了不影响作报告，他要了点碘酒简单搽一搽，一直坚持回到北京才做了全面处理。学员周佳到北京后扁桃体就发炎了，从西安到南京每天都要打一次点滴，但作报告时始终保持良好的精神状态。朱亚宗教授在报告中，充分展示了国防科大教授的学识和风范，受到了所到之处领导和师生的尊敬和爱戴。

这次巡回报告历时两周，无论是报告会，还是座谈交流和网上对话，都取得了非常好的效果，受到总部领导、机关的肯定和听众好评。大家感到，“文学锋现象”，既是在全党全军深入学习“三个代表”重要思想这个时代背景下出现的，也是我校坚持正确的办学方向，大力加强人才培养和思想政治工作取得的成果。报告团这次受校党委、首长和全校师生的嘱托，在军内外巡回报告，既是对他们的信任和鞭策，也是为他们提供了一次深入学习“三个代表”重要思想的好机会。报告团表示要以此为动力，进一步加强自身学习，努力做践行“三个代表”重要思想的模范，为学校创建我军特色世界一流大学作出更大贡献。

自主创新团队先进事迹报告团巡回报告综述*

今年秋天，一个为国争光、勇攀高峰自主创新团队的故事传遍大江南北，在神州大地掀起一股自主创新的热潮。

2010 年 8 月 31 日至 10 月 25 日，由中宣部、教育部、科技部、总政治部、总装备部、湖南省委联合组织的国防科大自主创新团队先进事迹报告团，先后在北京、哈尔滨、天津、合肥、郑州、广州、长沙等地做了 9 场巡回报告，近万名部队官兵和高校师生聆听了报告。广大听众表达了一个共同心声："创新成果令人振奋，创新事迹催人奋进。"

一、要有攀登科技高峰的那么一股劲

从"银河 - Ⅰ"实现我国巨型计算机"零"的突破，到"天河一号"超级计算机跃上世界之巅；从掌握"北斗"卫星导航设备关键技术，到突破超精密加工的纳米级精度；从打破高性能微处理器封锁垄断，到研制出

---

* 2011 年，"国防科大为国争光、勇攀高峰的自主创新团队"列入全国重大宣传典型。从 8 月 18 日起，人民日报、解放军报等新闻媒体对学校自主创新团队先进事迹进行了突出报道。8 月 25 日至 26 日，中宣部、教育部、科技部、总政治部、总装备部和湖南省委组织报告团，在北京先后召开了军地英模代表、教育科技界代表学习自主创新团队先进事迹座谈会；8 月 31 日，报告团在人民大会堂做了首场报告；9 月 5 日至 10 月 25 日，先后赴哈尔滨、天津、合肥、郑州、广州、长沙等省市巡回报告。这次巡回报告结束后，我以《让自主创新旗帜高高飘扬》为题撰写了综述，人民日报、解放军报进行了刊载。

世界上速度最快的超级计算机和无人驾驶汽车……对国防科大自主创新团队先进事迹报告团讲述的一个个攀登科技高峰的故事，听众总是报以长时间热烈掌声。

“自主创新，就是要有他们那么一股劲，勇于打破封锁，敢于挑战强国，把五星红旗插上世界科技之巅。”8 月 31 日，在人民大会堂首场报告会结束后，空军某部政治部主任杜瑞民兴奋与钦佩之情溢于言表。

武警指挥学院教授石宝江说：“中国要在世界高科技领域占有一席之地，就要像国防科大自主创新团队那样胸怀祖国、自强不息、志在高峰，他们的事迹充分表明，有攀登世界科技高峰的信心和勇气，勤劳智慧的中华儿女就一定能创造出光耀祖国、震惊世界的科技奇迹。”

“天河一号”超级计算机，是该校与天津滨海新区开展科技合作，走军民融合式发展之路取得的重大自主创新成果。9 月 6 日，报告团在天津的报告让听众领略到“天河一号”跃上世界之巅的艰辛历程与别样风采。天津警备区政治部干部吴铁说，“天河一号”的成功表明，坚持走中国特色自主创新之路，咬定青山不放松，中国人就能成为世界高科技竞赛场上的领跑者。

一项项自主创新成果，一个个生动感人故事，通过国防科大 5 位报告者的激情讲述，人们仿佛听到了他们自强不息、攀登世界科技高峰的铿锵脚步。北京航空航天大学博士生韩英宏说：“报告会犹如吹响了攀登科技高峰集结号，催人奋进，作为年轻一代，应该继承和发扬前辈们的优良传统，肩负起时代赋予的重任，在中华民族攀登世界科技高峰的征途中谱写新的辉煌。”许多高校学子表示希望毕业后投身国防科技事业，为国防和军队现代化建设做贡献。

二、把核心关键技术掌握在自己手中

志在高峰闯新路，攻坚克难创奇迹。长期以来，国防科大自主创新团队紧贴国家和军队重大战略需求，突破掌握了一大批核心关键技术，为推进科技强军、维护国家安全、建设创新型国家作出了突出贡献。

曾几何时，我们要卖8亿件衬衫才能换一架A380飞机；100%的光纤制造装备、80%以上的集成电路芯片都要依赖进口。陆军军官学院青年教员李凯平博士说，过去我国在一些方面受制于人，问题就在于我们没有掌握核心关键技术。今天，国防科大自主创新团队的事迹再一次表明，核心关键技术引不进、买不来，只有依靠自主创新，突破掌握属于自己的核心关键技术，才能在国际竞争中抢占先机，赢得主动。

把核心关键技术掌握在自己手中，国防科大自主创新团队坚持把国家和军队的紧迫需求作为科研的攻关方向；面对外国的技术封锁，他们自强不息，依靠自主创新打破垄断；面对前沿领域的重大挑战性课题，他们坚持走别人没走过的路，积极抢占科技制高点……安徽省军区领导说："实施科技强军战略、建设创新型国家，需要更多像国防科大这样的自主创新团队，在若干领域掌握一批拥有自主知识产权的核心关键技术，把现代化建设的命脉牢牢掌握在自己手中。"

哈尔滨工程大学硕博连读研究生夏健钟说："国防科大自主创新团队的事迹告诉我们，突破核心关键技术绝非一朝一夕之功，没有'板凳甘坐十年冷'的坚持与付出，就不可能在世界高科技领域占有一席之地。"

国防科大自主创新团队突破的每一项关键技术、取得的每一项创新成果，都经历了一个长期拼搏、不懈探索的过程。"'梅花香自苦寒来'，只有耐得住寂寞，甘于奉献，才能采摘到科学皇冠上的明珠，真正掌握自己的'看家本领'。"华南理工大学硕士生林吼坑说。

空军某部女工程师薛菁对国防科大自主创新团队瞄准前沿，突破掌握一系列核心关键技术的事迹十分钦佩，她说："与其他战友相比，他们虽然没有在训练场上摸爬滚打，也不是在雪域高原站岗放哨，然而，他们的付出丝毫不亚于任何一位披肝沥胆的中国军人，因为中国的科学研究走得多远，中国人就能把头昂得多高！"

三、让创新成为一种文化

9 场报告会，场场座无虚席，次次掌声雷动。这掌声既是对自主创新的高度崇尚，更是对国防科大自主创新团队崇高精神的由衷赞美。

从“哈军工”到国防科大，该校在近 60 年的办学历程中，始终把自主创新作为崇高使命和不懈追求，瞄准国际前沿奋力攻关，取得一大批高水平科研成果，形成的“哈军工”优良传统、“银河”精神和“天河”文化，为该校自主创新提供了深厚的文化底蕴和强有力的精神动力。

“就是豁出老命，也要把中国的巨型机搞出来”“如果我们不干，就会给国家留下空白”“每一项成果都是团结协作、集智攻关的结晶”……报告中这些令人振奋的语句，连同那些感人的故事，让广大听众深深感悟到一种精神的强大力量。

“国防科大自主创新团队的先进事迹，体现了该校一脉相承的优良传统和追求卓越的创新品质，正是这种创新精神、创新文化和创新环境，形成创新激情迸发、创新成果不断涌现的良好局面。”华南理工大学青年教师刘博说，“当创新成为一种文化，自主创新就能拥有不竭的创新之源。”

“听了报告团的报告，令人振奋的不仅是那些成果，更重要的是他们那种胸怀祖国、志在高峰、崇尚科学、勇于创新、无私奉献、团结协作的精神，这种可贵的创新品质，使我们年轻学子深受教育和启发，必将受益无穷。”这是合肥工业大学张海波、郑州大学廉鼎元等高校学子表达的一个共同心声。

一场报告会，就是一次创新精神和创新文化的传播，让听众从中受到启发和激励。哈尔滨工程大学硕博连读研究生兰海钰说：“国防科大自主创新团队那种‘把责任扛在肩头，把名利放在身后’的精神品质，为我们年轻一代树立了榜样，值得我们永远学习。”

岗位不同，使命都一样。海军某部干部贺东晓说，我们虽然不能像他们那样去从事科学研究工作，但不论做什么工作，都需要他们那样竭智尽忠、顽强拼搏、勇于创新、团结协作的精神品质，国防科大自主创新团队的先进事迹将激励着每一个人在本职工作岗位上建功立业。

赴埃采访日记

（2018 年）

7 月 24 日，星期二，长沙晴，广州雨

由埃及国防部举办的“第三届国际无人系统创新挑战赛”，将于 7 月 26 日至 8 月 1 日在埃及首都开罗进行。今天是学校参赛代表队启程的日子，根据计划，先乘高铁到广州，23 点 20 分乘埃航 959 次航班，从广州直飞开罗。一大早，17 名参赛学员和 3 名指导老师就乘高铁出发了，提前办理参赛设备及行李托运。下午 1 点，我和此次领队、智能科学学院副院长吴美平教授乘 G73 次高铁出发，然后赶往白云机场与他们会合。

下午 5 点到达广州南站，可能是台风的缘故，天气比较凉爽。在市内吃过晚餐后前往白云机场，天空下起倾盆大雨，相当猛烈，我心想这么大的雨不会影响航班起飞吧。到达机场时雨渐渐变小了，机场内一切正常，看来刚才的担心是多余的。与大部队会合后，他们已办理好大件行李托运，我们依次通过安检、边检，进入候机厅。

20 点 30 分准点登机，埃航执飞的是波音 777－300 宽体机，机上服务与国内航空相比毫不逊色。在机上用餐后，已是次日凌晨 1 点多了。将手表回调 5 小时，换成埃及时间，然后开始睡觉。

不知过了多久，睡梦中被人叫醒，原来空姐要为旅客配送餐饮了，一看表，凌晨两点，再过 3 个小时将到达开罗了。在飞机上吃过早餐，飞机

于当地时间早晨 4 点 20 分平安降落。10 个小时的长途飞行，没想到睡一觉就到了。

乘坐摆渡车进入机场，埃及军方两位军官便迎上来，十分热情地迎接我们，其中一位上校指挥另一名军官将大家的护照收集起来，由他们去办理入境手续。不多时，我国驻埃及的两名武官也赶来了，一交流，他们竟都是长沙人，顿时感到格外亲切。

在两位埃及军官协助下，安检、入境过程十分顺利。出发前就听说埃及军人地位颇高，看来此言不虚，他们在机场办事畅通无阻。到达出口，埃及军事技术学院的一队学员也来到机场，帮助大家拿行李，引导协助大家乘坐大巴车。

6 点 30 分，到达将要入住的装甲兵军官之家。在办理入住手续时，却出了意外，之前预订的房间没有预留出来，他们需要临时调整房间，我们只好坐在车上等，这一等就是 1 小时。入住的房间设施比较陈旧，两个相邻的房间共用中间一个洗漱间，电视也只相当于一个电脑显示屏那么大，与国内相比，埃及在这方面显得落后了。

按照计划，今天休整。9 点在一楼餐厅吃完早餐，先熟悉一下环境。外面的太阳十分耀眼，却没有想象中的炎热，只要不在太阳底下晒着，比长沙凉爽多了，夏天的开罗，给人的感觉还不错。

7 月 25 日，星期三，晴

上午 9 点吃过早饭，竞赛组织方派来汽车拉我们带来的参赛设备，运送至位于埃及军事技术学院内的比赛场地。我回到房间看国际无人系统创新挑战赛的资料，为报道做准备工作。时值盛夏，房间并不需要开空调，如果不是亲身体会，说非洲的夏天不需要开空调，真是不可想象，这是开罗的天气特点。

傍晚，太阳落山，天气变得凉爽起来。下楼散步，遇到一对埃及情侣在拍婚纱照，许多靓女俊男在一旁帮忙，指挥新郎新娘摆出各种姿态，一片喜气祥和的气氛。

散步回到酒店大堂，见到许多身着阿拉伯传统服饰的人喜气洋洋地交谈，莫不是刚才那对情侣晚上举办婚礼？果不其然，我们吃过晚饭从餐厅出来，酒店门口两边已有10多个身着传统服饰的乐手在吹奏，很是热闹，看来当地是晚上举办婚礼无疑。

这不，刚才拍婚纱照的那对新人正和一群年轻人载歌载舞，乐队围绕着他们吹奏着当地乐曲，参加婚礼的人围成一圈，随着乐曲击掌欢呼，摄影师不停地按着快门。

我被这个富有民族特色的婚礼场面所感染，情不自禁地拿出手机拍摄，因不了解当地风俗习惯，不知是否犯忌，不敢靠近。他们一边尽情地跳着、唱着，一边往后面的宴会大厅移动，大概也像咱们中国一样，要举行婚宴了。我特意去观察了一下，婚宴相当简单，仪式却相当隆重和热烈。

拍婚纱照、举行婚礼一气呵成，隆重、热烈、简单而富有效率，没有国内婚礼复杂环节和习俗，这一点值得借鉴。

7月26日，星期四，晴

昨晚上睡到半夜，被楼下的喧闹声吵醒，当时是凌晨3点多。走到阳台往下看，楼下一对青年男女分站两头，正踢着足球呢，10多个小孩在中间来回跑动，球在孩子们中间穿梭，引得一阵阵笑声。

那对青年男女是昨天结婚的新人吗？他们的婚礼也许还在进行中吧。想到这里，被吵醒了也就无所谓了，衷心地祝福他们地久天长。

按照计划，今天到埃及军事技术学院竞赛场地熟悉情况，学员们调试设备，组装无人系统，让参赛的地面无人车、水下机器人恢复最佳状态。

埃及军事技术学院位于开罗哈里发·马慕尼大街，校园整洁、宽阔，比外面的环境好不少。学院建于1957年，是埃及的国家重点项目，现在已是埃及最大的一所工程技术学院和顶尖研究机构，校训是“信仰、科学、工作”。学院设有电气、机械、化学、航空航天、土木、基础工程等学科专业，办学特色与我们国防科大有点相似。

我们到达学院时，遇到当天一早到达的我国西北工业大学代表队，他们是参加该项赛事的无人机项目竞赛的，学生们正在忙着组装带来的两架无人机。我们的学员也分头迅速开展工作，埃及军事技术学院派了 10 多名学员引导和协助，还有一支队伍在几名军官指挥下，布置比赛场地，悬挂大赛会标。

不一会儿，该院院长来到现场检查竞赛活动准备工作，然后与吴美平副院长等见面并介绍情况，指导老师张礼廉博士担任翻译。学员们仍在认真做着竞赛前的准备，地面无人车、水下无人机器人组装好后，分别拿到足球场和游泳池进行调试测试，我拍了不少现场照片。大家一直忙到中午 1 点，这时，负责组织这次竞赛工作的哈里上校说，他们会提供午餐。大约在下午 3 点，工作人员给每人送来一份汉堡包及饮料。

埃及的作息时间与我们不同，早上 9 点上班，下午 2 点吃中餐，晚餐一般都在 9 点左右，政府工作人员的办公时间是上午 9 点至下午 2 点，然后就下班回家了。

下午 5 点我们返回酒店，接到通知，要求迅速换穿军装，6 点出发去尼罗河畔的万豪酒店，参加中国驻埃及大使馆举办的庆祝中国人民解放军建军 91 周年招待会。

行车大约 1 小时，我们准时到达万豪酒店二楼一个宴会厅，我国驻埃及大使及武官在门口列队迎接。

此时，大厅内已是人头攒动，热闹非凡。应邀前来参会的各国驻埃及武官、我国驻埃机构代表等一边喝着饮料，一边相互问候交流，气氛热烈、友好。大家纷纷在“中国驻埃及大使馆庆祝中国人民解放军建军 91 周年”在字幕前拍照留念。一些人得知我们来自国防科大，也高兴地与大家合影，一名外国武官与我合影后，还叮嘱拍照的学员将照片发给他。

招待会 8 点开始，我国驻埃及武官致辞。他简要介绍了我军的性质宗旨、部队训练和参加联合国维和等情况。在致辞中，他特别表示对来埃及参加“国际无人系统创新挑战赛”的国防科大官兵表示欢迎，大家又一次热烈鼓掌。

接着播放《今日中国军队（2018）》电视专题片。该片内容丰富而简短，是一个很好的外宣片。最后一项议程，于武官邀请驻埃大使临时代办、埃及国防部长助理和吴院长等人切生日蛋糕。

招待会隆重热烈，来宾兴致盎然。仪式结束后，吃自助餐。这时，我国两名大使馆人员主动过来与我交谈。外交官嘛，说话礼貌得体又有亲和力，他们先是欢迎我们来到开罗，接着谈到我校在科技创新方面的成果，给予充分称赞。我说，这两天在开罗街头看到中国自主品牌汽车，数量还不少，国产品牌能够远销埃及，肯定有大使馆方面的功劳。他们其中一位说，加强中埃经贸交流合作，这方面还有很大的空间。你看，外交官的话就是滴水不漏。

在异国他乡参加八一建军节纪念的活动，机会难得，大家都感到十分荣幸，也真切感受到我国的国际地位和影响力，感受到学校在国外的知名度和影响力。武官刘佳告诉我，今天国防科大 20 多人穿军装出席招待会，为活动增色不少。我想，这大概是以前举办这样的活动，从未有如此多的中国军人出席吧。

回到酒店的路上，大家谈兴颇浓，回味着今天的活动情景。有机会出国参加国际性竞赛，又有幸出席驻外大使馆举办的建军节纪念活动，无疑为他们打开了一个了解世界的窗口。把我军全面建成世界一流军队，年轻学子任重道远啊！

7 月 27 日，星期五，晴

今天，是当地穆斯林的假日，埃方没有安排与竞赛有关的活动。学员们在军官之家进一步完善汇报的 PPT 文件，吴院长和指导老师要最后把一次关。

我按计划去看埃及博物馆，张礼廉博士一同前往。出发前，他了解到假期中博物馆下午两点才开放。于是，我们先乘车到尼罗河畔的开罗塔参观，又步行跨过尼罗河上的大桥，欣赏美丽的尼罗河畔风光。

尼罗河水量丰盈，水面宽阔。它由卡盖拉河、白尼罗河、青尼罗河三条河流汇流而成，全长达 6 600 多公里。下游谷地河三角洲是人类文明最早发源地之一，也是古埃及文化的摇篮。据介绍，埃及有 96% 的人口和绝大部分工农业生产集中在这里，在埃及人看来，“埃及就是尼罗河，尼罗河就是埃及的母亲”。因此，尼罗河被视为埃及的生命线和生命源泉，她不仅缔造了古埃及文明，也为沿岸人民积聚了大量的财富。

漫步尼罗河畔，凉风习习，令人心旷神怡。两岸矗立着不少高楼大厦，与城内的古老陈设形成了鲜明对比，外国驻埃使馆大都集中于此。让我有些惊奇的是，开罗乃至埃及都处于干燥的沙漠地带，原以为河水可能会是浑浊的，没想到河水碧绿清澈，水面也没有漂浮物，十分干净。可见，埃及对河流的保护工作做得很好。

著名的埃及博物馆就坐落在尼罗河畔的解放广场。我们决定步行前往，虽然夏季天气炎热，但走在沿河的树荫下，吹着尼罗河的凉爽的风，并没有大汗淋漓的情况。进入馆内，也不见空调，只有少数地方装有电扇。

博物馆的门票是 120 埃磅，并不算贵，最让人震撼的是馆内展出的文物，其数量之庞大，种类之繁多，令人惊叹。据说这里展出的 6 万多件文物，仅是收藏的五分之一。

文物按年代顺序陈列，希腊和罗马的美术品都有展出。在众多的展厅之中，以图坦卡蒙墓展厅最具价值。古埃及第十八王朝法老之墓是“20 世纪最伟大的考古发现”之一，考古出土历时 19 年，图坦卡蒙的 450 磅的金棺，被誉为镇馆之宝。

这里的每一件文物都以千年为单位计算，我对张礼廉博士说，如果选一件文物把它研究透，可以写一篇历史学或是考古学的博士论文了，他表示赞同。作为世界上规模最大的、最负有盛名的博物馆之一，这里是每个来埃及的人必定要参观的地点，他们不一定对展出的文物有很深的了解，但一定会被每一件展品所震撼。

从博物馆出来，我们见时间还早，决定坐地铁回住地，感受一下开罗的地下交通。《一千零一夜》书里不是说，“未见过开罗的人等于未见过世界”吗？今天，我们就近距离接触一下当地民众。

乘坐地铁怎么走？张博士打开手机查询，位置显示并不十分清楚。这时，一位当地人大约看出我们的意图，主动提出带我们到地铁口，开罗人很热情啊！

进入地铁站，花3埃磅买了一张票，再查看线路，需要一次换乘，我们以为很简单，不想却出岔子了。

开罗的地铁换乘站比较复杂，换乘时不知该如何走。问一位小伙子，他主动提出带我们到换乘点，我们上车后，张博士与一位能讲英语的老者交流，老者却告诉我们坐错车了。我们只得又返回上一个换乘点，结果还是不知怎样走。这时，一位牵着两个小孩的中年人看出了我们两个“老外”的窘境，主动给我们指路，而他说的竟然与刚才那位小伙子一样。张博士说不对，刚才就是这样坐错了。中年人经过一番询问和思考，才算搞清楚了我们该坐哪列车，可见开罗地铁的复杂，也怪不得刚才那小伙子好心办了错事。

开罗的地铁站没有空调，车厢里也一样，只能依靠打开的车窗通风。每列地铁有专门供妇女乘坐的一节车厢，这是穆斯林风俗，之前我们差点搞错了，好在有一位当地人的提醒才没有上去。一路上，许多人对我们投来关注的目光，可能当地地铁很少有外国人乘坐吧。事实上也是如此，一路上就我和张博士两个“老外”。

回到住地，又遇到两对新人在酒店举行婚礼，同样隆重热闹。3天遇到两场婚礼，真是喜事连连，愿我们的生活每天也都喜气洋洋。

7月28日，星期六，晴

今天，正式进行参赛注册。早餐提前到7点。吃完早餐后，埃及军事技术学院的车就到了，学员们立即乘车前往。注册完成后，今天要建立差分 GPS 基站，明天开始比赛，进行连续 3 天的比拼。按照规定，无人地面平台要完成复杂地形穿越、装备服务、自主穿越 3 个项目的比赛。

我们参加的无人地面平台、无人水下平台挑战，场地都设在埃及军事技术学院，西北工业大学参与的无人空中平台比赛安排在埃及军方的一个旧机场进行。我看了竞赛规则，无人车穿越复杂地形比赛要规避 6 个 1 平方米的红色障碍，通过坎坷路段、沙石地和草地，爬 45 度斜坡，下 1 米高台阶，整个路线约 800 米，必须在 20 分钟内完成穿越，这个任务由操作手在帐篷内通过视频遥控操作，难度是很高的。还有一项自主执行装备服务，要求无人平台在模拟设备系统上执行翻开油箱上的盖子，按下按钮或翻转开关启动发动机；自主穿越则与第一项任务大体相似，不同的是要完全自主完成。

无人水下平台竞赛大体相似，只不过是在水下进行。据介绍，这次共有 28 个代表队参赛，竞争将会十分激烈。学员们经过几天认真细致的准备，对竞赛充满了信心，但愿他们能取得好成绩。

7 月 29 日，星期日，晴

今天，比赛正式开始。吃过早饭，赶往比赛场地。下车到达集结地时，我们是最先到达的一支代表队，比赛还未开始，先争得了个第一，好兆头！

先抽签确定了各队参赛顺序，水下机器人项目我们第二个参加竞赛，地面无人车项目我们第三个参加答辩。我准备好相机来拍摄，却被告知不能拍照，统一由埃方人员拍摄。这个规定不合理呀，哪有竞赛不让拍照的，只能见机行事了。

首先来到无人水下平台竞赛点，这里完全没有其他竞赛的紧张气氛。潜水员还在调试装备，观众也只有约 30 人，我们参赛队在做准备，我拿出相机拍照，还好，并没有人阻止。张礼廉博士告诉我：“竞赛内容和规则昨天发生了变化，变得简单了。”我说：“这不更好吗?”“不是，我们是按照之前竞赛规则做的机器，简单了就发挥不了优势了。”他对竞赛结果有些担心。

真是“外行看热闹，只会来拍照”。我在这里观看了一会，就赶往无人地面平台竞赛答辩场地。进入一个房间，里边坐了 8 名答辩委员会专家，据说全是本领域权威专家，4 名军人中有一名海军少将，答辩委员会主任是埃及教育部前部长，可谓阵容强大。

答辩开始，硕士生闫恩齐用流利的英语在规定时间内，简明扼要地介绍了“麒麟”无人车的设计方案与性能，专家们听得十分认真。介绍完毕，专家相继提问，有的还走到无人车旁边，与学员们交流，他们对这台无人车十分感兴趣。他们提出的问题，负责各系统研制的学员一一作答，最后赢得了专家们的肯定。看来这个项目将获得不错的成绩。

中午，所有参赛者与工作人员在埃及军事技术学院餐厅用餐，餐厅非常大。该院院长等领导也在这里就餐，据说平常也是和师生一起吃，官兵一致。

从餐厅出来，听到嘹亮的军号声，竟与我们的军号极为相似。前边操场上，约有上千人整齐列队，原来该院学员就餐前要列队站军姿，时间 15 分钟。然后在激越的击鼓声中进入餐厅，吃饭也像行军一样，十分庄重。

下午，我们的无人车第一个进行遥控穿越复杂地形项目比赛。虽然是中午，看台上坐了不少的观众，“麒麟”无人车每穿越一个障碍，观众都会报以热烈的掌声。听说，上午有几个队参赛，都未能完整地实现穿越任务，现在大家都将目光集中到“麒麟”无人车上。不负所望，它以堪称完美的动作顺利完成了穿越任务。

这边无人车项目竞赛顺利结束，那边无人水下平台的比拼却因一些规则的临时改变，未能将优势发挥出应有的水平，预计成绩不会很理想，选手们有些郁闷，等待最终结果吧。

7 月 30 日，星期一，晴

今天，我计划去埃及北部城市亚历山大，驻埃及武官专门给我联系了一位当地中文翻译陪同。

吃完早餐从餐厅出来，看到一位当地小伙子朝我们这边过来打招呼，我问："你是今天的翻译吧？""对，我叫马乐。"他的中文说得很好，个头约有一米八，年轻帅气，笑起来露出一口洁白的牙齿。原本约好 7 点半，没想到他提前半小时就到了。

7 点半出发，一路上交谈甚欢。我问马乐是如何学会中文的，是否去过中国。他说上大学前原本想学德语，但哥哥建议他学中文，因为中国发展快，学中文好找工作，于是在大学里学了 5 年中文，其间在部队服役一年，毕业后真的很快找到了工作，在一家中国商贸公司当翻译兼导游，现在已工作 3 年了，在开罗找了女朋友，明年准备结婚了。

谈到这些，马乐对今后的生活充满了自信，遗憾的是，他还没有到过中国，表示要早日实现自己的这个愿望。

亚历山大距开罗 208 公里，全程高速。马乐介绍，亚历山大是埃及的第二大城市和最大的港口城市，至今已有 2 300 多年历史。第一站，他领着我参观被誉为亚历山大的城徽的庞贝石柱。这里颇有点像北京的圆明园，断壁残垣，一根花岗岩石柱高高矗立。马乐介绍，石柱原是萨拉皮雍神庙的一部分，萨拉皮雍神庙曾是一座很重要的神庙，后来被毁了，这根石柱巍然挺立了 1 600 年，成为航海者的航标和亚历山大城的标志。

参观庞贝石柱出来，穿过狭窄的街道，进入滨海大道，地中海映入眼帘，美丽而宁静。这片海滩是开罗人和游客夏天度假的地方。行驶一段路程，我们来到蒙塔扎宫，当地人也称"夏宫"。这座建筑临海而建，树木茂盛，环境优美，干净整洁，与外面形成鲜明对比。夏宫并不开放，只能远远观赏和拍照，算是到此一游。

返回再经滨海大道来到盖贝依城堡，这是一座四方形的阿拉伯建筑，是在“古代世界七大奇迹”之一的亚历山大灯塔上建造起来的，据说建造用了20年时间。进入城堡内，才发现后面就是地中海，游客们很多。一个在此旅游的三口之家看到我们，男主人用阿拉伯语与马乐交谈起来。马乐告诉我，他们想与我合影。我说：“没问题！”于是，他一手挽着妻子，一手挽着我，小孩站在前面，拍了张十分亲切的照片。

随后，我们来到海边，回头眺望盖贝依城堡，大海边的城堡在中午阳光照耀下，颜色亮丽，显得十分雄伟。在这里，又有一位年轻父亲带着3个孩子要与我合影，言谈举止充满了对中国客人友好之情。当我们准备离开时，其中一个孩子跑过来送给我一个烤红薯，我摆手推辞。马乐却建议我接着，小孩子见我接下了烤红薯，高兴地跑回到父母身边去了，真是盛情难却。

今天最后一站参观亚历山大图书馆。据马乐介绍，这座外形十分奇特的图书馆，收藏了大量阿拉伯文字和欧洲文字书籍。我读不懂阿拉伯文字，加上时间已晚，只在外面游览了一圈。马乐建议早点返程，他担心傍晚开罗堵车，赶不上晚上9点的晚餐。

亚历山大之行，令人流连忘返。这里厚重的历史、热情的民众，给我留下了美好而深刻的印象，但愿有机会再来。

7月31日，星期二，晴

今天，竞赛成绩揭晓，国防科大代表队夺得无人地面系统竞赛冠军。埃及组织方要举行颁奖典礼，我们一早来到埃及军事技术学院，我国驻埃及的武官也赶来了，看来活动会比较隆重。

10时许，工作人员领着我们前往该院一个礼堂，进去后却不知道坐在什么位置，领队的人也不清楚，问在场的几名埃及军官，每个人说的都不一样。

大家站了很久，只好在一排空位上坐下。不久，一位军官说不对，又将我们转移到左边前排的座位。这个活动组织有点乱，这种情况在国内是不可想象的。

我们坐定，戴上同声翻译的耳机，等待典礼开始。在喧闹声中，该院院长走上讲台，开始致辞。从断断续续的翻译中，我听到的都是他介绍本院在其他各类竞赛取得的成绩。接着就是由国防部部长助理给该院学员们颁奖。颁奖结束，活动也就结束了。本次国际无人系统创新挑战赛竞赛成绩没有提及，当然也就没有颁奖。

大家都感到奇怪，很是困惑。经打听，原来该院利用这次竞赛的机会，请国防部部长助理给他们的学员们颁奖，而本次竞赛的颁奖要另外进行。

这个安排虽然不甚合理，但客随主便，只能听众主办单位的安排，大家又回到原来的地方休息待命。过了一会儿，该院院长陪同国防部部长助理、教育部和有关高校领导等一行人来了。先是到一个展览大厅观摩 28 支参赛队的各类无人系统，由各参赛队一名选手介绍。观摩结束，随后准备举行颁奖典礼。

这次竞赛的颁奖活动虽然十分隆重，但颁奖的领导只有埃及军事技术学院院长，而埃及国防部部长助理等领导并没有出现在颁奖现场。是否因为该院在 3 个项目中都没拿到一等奖的缘故，不得而知。中午 1 点半，颁奖活动圆满结束。

中午，中国驻埃及武官黎武官安排我们去一个名为“香格里”的中餐馆就餐。老板是一位来自宁夏的小伙子，他曾留学开罗，毕业后在当地开了这家中餐馆，娶了一位开罗姑娘，就在当地安家了。在这里，大家吃到了家乡的味道，都有一种久违了的感觉。下午回到住地，我赶紧写完《国防科大学员获第三届国际地面无人系统创新挑战赛冠军》消息，经吴院长审阅后发往军报。当天，中国军网、军报记者网就发出来，还是网络快，报纸永远赶不上网络。

晚上，负责这次竞赛工作的埃及国防部创新中心主任哈里上校，邀请我们和西北工业大学的参赛人员共进晚餐。哈里曾留学中国，在北京航空航天大学获得博士学位，对中国有很深的感情，对来自中国的参赛者更是热情有加。今天的晚餐，据说是他自掏腰包，30 多人就餐，想必花费不少，感谢哈里上校的热情款待。

8 月 1 日，星期三，晴

今天是“八一”建军节，埃及军事技术学院安排参观著名的金字塔和狮身人面像。前几天参加了中国驻埃及使馆举办的建军节招待会，今天，大家带着获奖的喜悦参观埃及著名景点，这个“八一”节真是不一般，很有纪念意义。

吃过早餐，我们从酒店出来准备乘车。埃及方面不仅派来一辆旅行车，前后还各有一辆武装吉普车警戒，每辆车上有 4 名持枪武装人员，相当威武。虽是武装护卫，路上却不见鸣笛，也不抢道，其他车辆各行其道，老百姓对此也见怪不怪，也许这就是当地的常态吧。

行车约 1 个多小时，金字塔便出现在眼前，大家很是兴奋，见到了传说中的“世界七大奇迹”之一。因是夏季，天气很热，游客并不是很多。

据介绍，金字塔的建造始于埃及古王国第三王朝，最初的金字塔呈梯形，到第四王朝的斯尼夫鲁时期，实现了从梯形向金字塔的过渡。最大的金字塔名为胡夫金字塔，约建于公元前 2580 年，完工于公元前 2560 年。塔高 146. 59 米，因年久风化，顶端剥落 10 米，现在仍有 136. 5 米高，相当于 40 层大厦的高度。塔身是用 230 万块巨石堆砌而成，大小不等的石料重达 1. 5 吨至 160 吨，塔的总重量约为 684 万吨。在景区，游客可以进入其中一座金字塔的内部，但通道相当狭窄。

金字塔是古埃及文明的代表和埃及的国家象征，更是埃及人民的骄傲。在人类失落的文明之中，很少有哪一个古迹像埃及金字塔一样，让人感到神秘和敬畏。有一句谚语这样来描述金字塔：人怕时间，而时间怕金字塔！

参观完金字塔，我们乘车来到狮身人面像景区。著名的狮身人面像身长 57 米，高约 20 米，脸有 5 米宽，头是按照哈夫拉法老的样子雕的。古埃及人是很崇拜狮子的，他们认为狮子是力量的化身，因此古埃及的法老把狮身人面像作为守护神，于是，在他们墓穴外面就有了这个巨大的狮身人面像。

这里视野十分宽阔，从前面望去，可以看到金字塔。选择一个好的拍摄角度，可以将金字塔和狮身人面像拍到一张照片中。

中午，我们又来到昨天中午就餐的香格里就餐，大家吃上中国味道，很开心。下午没有安排活动，我抓紧采写这次竞赛的通讯稿，题目定为“决胜尼罗河畔”，题目定下了，就好写了。

晚上的活动是夜游尼罗河，这是埃及军事技术学院院长特意为国外参赛者安排的。傍晚时分，我与大家乘车赶往尼罗河畔。下车后，早已等候在此的院长一行人与我们一一握手，引导大家登上一艘游轮。在二层就座后，服务员开始给我们递上饮料，萨克斯手吹奏着乐曲。大家一边吃自助餐、观看节目，一边欣赏尼罗河两岸的夜景，气氛温馨而友好。埃及军事技术学院作为这次竞赛的承办方，为了办好竞赛活动和接待好国外参赛者可以说是尽了最大努力，今晚的活动显示了他们的周到与热情，也给我们留下了深刻印象。

8 月 2 日，星期四，晴

明天就要回国了，通讯稿初稿已完成。今天参观了开罗的萨拉丁城堡、老开罗两处地方，这里留有古埃及的许多建筑。

萨拉丁城堡位于开罗城东郊的穆卡塔姆山上，是 12 世纪萨拉丁为抗击十字军侵略而修建的，分为内城和外城，内有宫殿和寺庙，巍峨雄伟，是一处集防御、礼拜、居住于一体的城堡。站在两米多宽的城墙上，开罗城尽收眼底，尼罗河隐约可见，据说天气好的时候可以看到金字塔，今天却没有能眺望到。

有人说，不到埃及，就不知道历史的长河有多长。确实是这样，在开罗的每一处人文景点，都有漫长的历史、深厚的宗教文化，更有说不完的故事。一上午，看景点，听故事，很快就过去了。

下午来到开罗哈里里市场，这里是开罗最大的小商品市场。在这里逛市场，有两点是我之前没有想到的：一是购买商品可以用人民币；二是商家都能说几句简单的中文，有的店主说中文还带着京腔京韵。这是因为来这里购物的中国人多，他们来埃及旅游，一般都会到这里购物。我多次看到，商家在跟中国人做生意时，都要利用这机会学几句中国话。既做成了生意，还学了外语，真是一举两得。

夏天虽然是旅游淡季，但仍可见一辆辆旅游大巴开来，一队队中国游客涌进市场，他们成为促进当地消费的重要力量，旅游也成为埃及经济的重要支撑。在这里购物也可以像国内一样砍价。

在埃及，由于中埃交流的日益增多，学中文已成为一种时尚，会中文也更容易找到工作。人民币在埃及的流通，说明中国的国际影响力在不断提高，人民币国际化将成为一种趋势。也许用不了多久，人民币也会像美元一样，成为全世界流通的硬通货。

8 月 3 日，星期五，晴

今天，是我们启程回国的日子，不知不觉已在这里度过了 10 天。在埃及度过的这些天，印象深刻而美好。作为世界上的文明古国，埃及的历史留给了今天太多的文明财富，仍然绽放出绚丽的文化之光。

由于各种因素，今天的埃及依然面临着安定社会、发展经济等诸多难题，城市基础设备落后，人民生活并不富裕。有人形容开罗“白天像砖厂，晚上像香港”，其实，晚上也只有尼罗河两岸等少数几个地方的灯光比较亮丽，埃及的现代化还任重道远。

埃及在非洲属于军事强国，其军队经过多次战争洗礼，但目前信息化程度不高。军事技术学院是埃及的最高工程技术学府，学员却没有自己的笔记本电脑，上网要到学院的网络室。

当然，埃及也有许多值得借鉴的地方，比如他们对古迹文物的保护、对尼罗河的保护做得比较好，全民国防意识比较高，军人的职业荣誉感强，他们大多数时候着作训服，始终保持战斗姿态。埃及军队很重视教育与国际交流合作，据说许多埃及的军官都曾留学国外，不少人具有博士学位。

午餐后，我们乘车赶往机场，埃及军方照例前来送行，一直将我们送到登机口，他们的热情让我们十分感动。航班于当地时间晚上 12 点起飞，到广州已是北京时间 4 日下午 4 点。走出机场，乘车行驶在宽阔整洁的街道上，但见两旁高楼林立，豪车飞驰，与开罗形成鲜明对比，爱国之情油然而生。当晚，我们乘高铁返回长沙，结束了这次赴埃采访之行。

附：

国防科大学员获第三届国际地面无人系统创新挑战赛冠军*

本报开罗7月31日电　第三届国际无人系统创新挑战赛31日在埃及开罗降下帷幕。经过4天紧张角逐，国防科大代表队一举夺得地面无人平台系统冠军，在国际赛场上展示了中国军校学子的创新风采。

国际无人系统创新挑战赛是由埃及国防部创办的一项高水平国际性学科竞赛活动，旨在为全球高校打造一个无人系统创新实践平台，培养大学生的工程创新实践能力，促进智能载具及相关技术发展。竞赛分无人地面系统、无人水下系统、无人空中系统3个项目进行，参赛者必须自主设计和建造无人系统平台，经组织方审核评估后方可获得参赛资格。本届竞赛于7月28日在位于尼罗河畔的埃及军事技术学院展开，来自中国、埃及等国高校28支代表队参与竞技。

记者在现场看到，在地面无人平台竞赛中，国防科大自主设计研制的"麒麟"地面无人车在遥控穿越各种复杂地形、自主执行装备操作和复杂地形自主穿越等3个项目竞赛中，均以完美表现获得最高分，赢得现场观众的阵阵掌声。竞赛组委会专家、评委和来自国际无人系统领域的嘉宾，纷纷对该校学员的创新能力和综合素质给予充分肯定。

该校参赛代表队领队吴美平教授介绍，赴埃及参加该项赛事，是中埃双方加强两军交流、促进自动控制领域人才培养与科技创新的一项重要途径。今年3月获得参赛邀请后，学校迅速选拔组成由17名研究生和本科生参加的参赛代表队，在徐晓红、张礼廉、曾志文3名老师指导下，综合运用先进控制理论、机器视觉、车载电子和移动平台知识，仅用4个月就自主设计和研制符合参赛要求的地面无人车，在轮履结合行走机构、组合导航、目标识别、路径自主规划等方面取得一系列创新突破。竞赛中，学员

---

* 刊8月1日军报记者网、《解放军报》2018年8月7日3版。

们克服非洲天气炎热、环境陌生、维护保养不便等各种困难，以敢打必胜的信心勇气和连续作战的顽强精神，坚持用最高标准精心完成每一项竞赛，没有出现任何失误，以无与伦比的表现，最终获得无人地面系统竞赛冠军，为祖国和军队赢得了荣誉。

在其他两个项目竞赛中，我国西北工业大学获得无人空中系统竞赛冠军，无人水下系统冠军则由埃及亚历山大大学获得。

决胜尼罗河畔

——国防科技大学学员参加第三届国际无人系统创新挑战赛纪实*

盛夏的开罗，骄阳似火。在美丽的尼罗河畔，一场创新智慧与汗水的较量更是如火如荼。

经过 4 天紧张角逐，第三届国际无人系统创新挑战赛于当地时间 7 月 31 日降下帷幕。代表我军出战的国防科大代表队脱颖而出，一举夺得无人地面系统竞赛冠军，在国际赛场上展示了中国军校学子的风采。

中国无人车，惊艳国际赛场

7 月 29 日下午 2 时，正是当地气温最高的时刻，设在埃及军事技术学院内的无人地面系统竞赛场，气温高达 45°C。

“开始!”随着裁判一声令下，一辆地面无人车迅速前出。记者在现场看到，无人车先是以轮式驱动快速规避多个障碍，遇到坎坷路段、沙石地面时，随即改为履带驱动。爬45 度斜坡、下 1 米高台阶，它又像变形金刚一样，伸出两只鳍一样的长臂支撑车体，与轮履密切配合，爬坡过坎，一路所向披靡。

国防科大代表队自主设计研制的“麒麟”地面无人车，以一系列堪称完美的复杂地形穿越动作，赢得看台上观众的一阵阵热烈掌声。

---

* 刊《解放军报》2018 年 9 月 4 日 11 版。

“太棒了!”担任此项目现场裁判的阿朴杜拉上校说，这是今天表现最出色的无人车。

首战告捷！指导老师徐晓红副教授悬着的心总算放下来了。由于当时天气炎热，她一直担心无人车上的设备能否经受住高温考验。

远视距遥控穿越复杂地形，是这次地面无人系统竞赛的三个项目之一。根据竞赛规则，遥控操作手只能在场地边的帐篷里，通过无人车前后摄像头传回的实时画面实施遥控操作。该项目在考核无人车穿越复杂地形能力的同时，更检验其实时态势感知、通信传输和远程遥控能力。

如果说遥控操作还有“人在回路”的话，那复杂地形自主穿越竞赛，则是对无人车自主导航、目标识别、路径规划等能力的又一次考验。

在第二天该项目竞赛中，“麒麟”地面无人车再次登场。找寻目标点、规避障碍，一路有惊无险，再次拿下这个项目的最高分。

第三项竞赛是遥控执行装备操作，这项竞赛是三项竞赛内容中技术含量最高、最具观赏性的项目。根据竞赛要求，地面无人车要遥控行进接近一台模拟装备，自主执行按压启动装备、拧开油箱盖等操作。“麒麟”地面无人车能否拔得头筹，关键在此一战。

这天，学员们给“麒麟”地面无人车安装上一个带摄像头的机械臂。队长韩长林告诉记者：“别看它外形颇像挖掘机，其实它具有像人一样的手腕、手指和视觉功能。”

竞赛现场，观众席上挤满了前来观摩的专家和其他代表队选手，他们要看看这辆已成为本次竞赛“明星”的无人车，能否“笑到最后”。

竞赛开始，主操作手郭子睿按下启动开关，只见“麒麟”地面无人车一路快速前进，接近模拟装备后，伸出机械臂，稍微停顿了一会，就找准了按钮，迅速完成按压动作；之后，又张开“手指”，握住一个油箱盖将其打开……一系列动作前后连贯，一气呵成。观众席上又一次响起热烈掌声，有人情不自禁地竖起大拇指，高声说：“China，Top1。”

三项竞赛，三次获得最高分，中国无人车一举夺冠，可谓实至名归。

挑战不可能，创新是制胜的法宝

“好险啊！”那天，“麒麟”地面无人车复杂地形自主穿越任务，队长韩长林不禁感慨，“多亏我们采用了卫星导航、惯性导航与激光雷达相融合的组合导航技术。”

韩长林为何有此感慨？因为，复杂地形自主穿越，对无人车自主导航性能要求极高，稍有差池，轻则偏离线路，重则无法按时完成穿越任务。竞赛中，一些代表队的无人车在这个项目中出现了“失聪”“失足”，甚至失败。轮到“麒麟”地面无人车上场时，韩长林等学员十分担心“重蹈覆辙”，最终却有惊无险。

“创新是赛场制胜的法宝！”担任领队的该校智能科学学院院长吴美平教授说，地面无人车目前大多采用卫星导航，存在着定位容易漂移、导航精度低、速度慢等问题，这次，学员们创新性地将激光雷达、惯性导航与卫星导航融合起来，就较好解决了上述这些问题，因而在竞赛中技高一筹。

吴美平告诉记者，这项竞赛要求参赛队必须是自主设计和研制地面无人系统，且竞赛难度大、规则严。今年 3 月，该校获得参赛邀请后，离竞赛只有 4 个月时间了。能否在这么短时间内组织参赛队伍、设计并研制达到竞赛规则要求的无人车，许多人对此信心不足，甚至认为是“不可能完成的任务”。

勇于挑战才能打胜仗。承担组队参赛的该校智能科学学院认为，参加该项竞赛是促进军事智能领域人才培养、提高学员创新能力的有效途径，不仅要参加，而且要争取拿第一、夺冠军。他们迅速选拔了 17 名本科生和研究生组成参赛代表队，按所学专业分成机械、导航、控制、电气、通信等 5 个研制小组，开始了无人车的设计与研制工作。

一场创新攻坚战随即打响。行走结构是地面无人车的基础，负责该项研制任务的路阔、刘家玮两名学员根据穿越复杂地形需要，提出轮履结合行走机构的创新设想，率先完成理论测试和部件加工组装；负责导航的呼晓畅、孙晓磊边学边干，实现了惯性导航、卫星导航与激光雷达相融合的组合导航技术突破；许铜华发挥专业特长，领衔完成了算法与代码编写；韩长林作为遥控操作手，与徐玉伟等控制组成员一起进行技术攻关，解决了复杂地形穿越的遥控与通信、自主路径规划等难题……

短短4个月中，学员们在老师指导下，综合运用先进控制理论、机器视觉、车载电子和移动平台知识，依靠自主创新，实现了轮履结合行走机构、组合导航、目标识别、路径自主规划等方面一系列创新突破，研制出性能高于竞赛要求的“麒麟”地面无人车，最终在本届竞赛中技压群芳，一举夺冠。

“唯有创新方能制胜。”指导老师曾志文说，以竞赛促创新，学员们的自主创新能力在实践中得到了提高，也在竞赛中得到了检验。

国际赛场较量，他们收获的不仅是冠军

“轮履结合驱动模式太棒了！你们当初是怎么想到的呢?”“一根传动轴，如何做到驱动多个行走装置?”竞赛期间，一些代表队选手时常围着“麒麟”地面无人车，向该校学员提出他们感兴趣的各种问题。学员们在耐心解答时，也利用这个机会与各代表队选手相互交流、启发，取长补短。

“获得冠军并不代表我们的无人车什么都好，大家各有所长，有许多值得相互学习和借鉴的地方。”学员车玉路说，埃及军事技术学院的无人车，在机械臂承载力、工作范围等方面具有独特优势，他们就此与该院学员进行了交流，获得许多有益启示。

当竞赛奖项尘埃落定，大家似乎忘记了竞赛场上的争夺，大家关注的是无人系统的军事应用与未来发展。事实上，由埃及国防部创办的高水平竞赛，旨在为全球高校打造一个无人系统创新实践平台，培养大学生的工程创新实践能力，促进智能载具及相关技术发展。

“这次竞赛环境紧贴实战条件，突出实战要求，说明竞赛不是唯一目的，更多是要面向战场，面向实战，这是今后无人系统研制的方向，也是检验创新的标准。”学员徐玉伟说。

这届竞赛还特别安排了一个技术答辩环节，并纳入竞赛内容。来自智能控制领域的 8 名专家，像进行研究生毕业论文答辩一样提出问题，让学员们回答并给予建议。学员闫恩齐说：“现场答辩专家对无人系统及军事智能发展都有深入思考，提出的问题对我们今后的创新有许多启示，提供了更加广阔的思路。”

竞赛结束后，组织方没有立即举行颁奖仪式，而是把 28 支参赛队携带的参赛设备进行集中展示，将竞赛办成了一次无人系统创新成果博览会。

“参加国际性创新挑战赛，为学员提供一个展示创新能力的机会，也打开了一个了解世界的窗口，这对他们今后的学习与研究将大有裨益。”指导老师张礼廉说，把我军全面建成世界一流军队，必须拓展学员国际视野，瞄准世界一流开展创新实践。

一场竞赛，几多收获。载誉归来的年轻学子们，并没有沉浸在获奖的喜悦中，而是将目光瞄准了未来无人系统研制和无人作战，又投入加快军事智能化发展的创新实践中。

在“国际赛道”上历练成长*

“鹰击长空，鱼翔浅底。”1925 年秋天，一代伟人毛泽东在湘江之滨写下《沁园春·长沙》这首大气磅礴的诗词，抒发出“恰同学少年，风华正茂”的青年学子“到中流击水，浪遏飞舟”的豪迈气概与远大志向。

今年 7 月下旬，一群风华正茂的军校学子从湘江之滨，来到埃及开罗的尼罗河畔，代表我军参加第三届国际无人系统创新挑战赛。历经 4 天激烈角逐，他们以多个项目竞赛的最高分，一举夺得无人地面系统竞赛冠军，为祖国和军队赢得了荣誉。

---

* 刊《解放军报》2018 年 9 月 4 日 11 版。

参与国际高水平学科竞赛，是促进高素质新型军事人才培养、提高学员创新能力的有效途径。对军校学子来说，这既为他们提供了一个创新能力锻炼、进行国际交流的平台，又打开了一扇了解世界、知己知彼的窗口。

庭院里跑不出千里马。培养高素质新型军事人才，要有放眼全球的视野。多年来，国防科大瞄准国际前沿加强人才培养和科技创新，为国防和军队建设培养了大批担当重任的高素质新型军事人才，取得“天河”超级计算机等一系列标志性自主创新成果。学员们在国际数模竞赛、国际超算竞赛、国际微纳传感器技术应用大赛、国际遗传工程机器大赛等一系列高水平竞赛中获奖，涌现出获得“威廉史密斯科学奖”的博士生汤俊等一批拔尖创新人才……放眼全军院校，这些年，中国军校走向世界舞台的身影越来越多。只有把目光瞄准世界一流，让人才在国际舞台上历练摔打，才能丰厚他们的阅历、视野，积淀他们的创新能力。

强军兴军，人才是关键。把我军全面建成世界一流军队，必须瞄准世界一流开展创新实践，培养一流的高素质新型军事人才。军队院校作为人才培养的摇篮，肩负着神圣的使命和责任，必须采取超常举措加强人才培养。积极组织学员参与国际性学科竞赛，把他们放到高水平创新平台中历练，不失为一个好途径。

新时代，中国军人参与世界性竞赛的舞台更加广阔，愿更多的军校学子在“国际赛道”上一展身手，历练成长。

新闻之路从办黑板报起步

说来你也许不信，我的新闻之路是从办黑板报起步的。

1980 年 11 月，我应征入伍，成了工程兵某部新兵二连一名战士。因入伍前当了一年小学语文老师，连长白宝玉、指导员周尚德似乎对我高看一眼，厚爱一分。连队召开新兵训练誓师大会，让我代表新兵发言表决心；机关来了解新兵思想情况，安排我参加座谈会；各班从新兵中挑选一人担任副班长，我成了班长王峰的助手……

当兵没几天，我与“报”的缘分也由此开始了。连队出黑板报，二排长彭兴初认为我当过老师会写粉笔字，就拉着我一起出黑板报。与当老师在黑板上板书不同，办黑板报要有一个主题，突出重点，要进行版面设计并安排插图，这些与报纸的版式设计真有异曲同工之妙。

如果把办黑板报算作与“报”的缘分还有些牵强附会的话，那么，接下来的一件事就绝对称得上真正的缘分了。

一天，我们正在进行队列训练，政治处的一位报道员拿着照相机来训练场采访拍照。到了课间休息时间，指导员叫我和几名新兵围坐在他身边，听他给我们读报，那名报道员就拿着照相机对着我们一阵“咔嚓”。大约过了 10 多天，一张《新战士爱读工程兵报》的新闻照片，就在《工程兵报》上刊出。当兵才一个多月，我这个“新兵蛋子”形象竟然出现在了报纸上。

“兵之初”这两件事使我与“报”有了一种缘分。只是，我做梦都没想到，新兵连的这段经历，竟成了我新闻之路的起点，最终走上了解放军报记者岗位，新闻采写几乎伴随了我的整个军旅生涯。

看似缘分注定，其实，也是一路曲折坎坷。其间经历的人和事令人难以忘怀，也成了我军旅生涯的深刻记忆。

还是从当新兵说起吧。在新兵连，我的表现应该属于出类拔萃，当了副班长，受到嘉奖一次。新兵分配时，大家都认为我能分配到一个好岗位，当时新兵最想去汽车连、加修连，我也对此充满了期待。

新兵分配那天，我们两个新兵连在操场上整齐列队，气氛如同战士出征。营长拿着名册站在队列前宣布分配命令，呼点到谁的名字，谁就大声回答“到”，营长再宣布分配单位。操场边停着接兵的卡车，待人到齐，接新兵的干部就指挥大家登车，然后，一溜烟地开走了。

在此起彼伏的答“到”声中，操场上的人越来越少。我竖着耳朵听，却一直未听到呼点我的名字，当队伍只留下我一个人时，才终于听到了那声久违的召唤：“王握文。”“到”“建筑连。”啊！原来我被分配到建筑连了，还是最后一个。

环顾四周，操场上已十分清静。来不及多想，我扛起背包就跟着接兵干部走。服从命令是军人的天职，也是对一名战士最起码的要求。工程兵是一支“逢山开路、遇水架桥”的部队，“工”字上出头是个“土”，下出头是个“干”，建筑连就更不用说了。我们部队是保密要求极严的单位，写家信不能透露部队所在地，要用专门的通信地址和邮编，因此，诸如营房建设、道路施工、工程维护等任务，不能交给地方单位干，都交给建筑连。

到了建筑连，我被分配到一排三班，班长是陕西人，姓樊，这天他刚探亲结婚归队。晚上，班长就给大家分发喜糖、喜烟，班里一片喜悦气氛。一天晚饭后，班长特意叫我一起去散步，问了我一些情况，接着又领着我参观连队的工程机械。他说，我们一排是机械排，这些施工用的推土机、挖掘机、压路机、空气压缩机等都是我们排的，以后够我学的了。

工程兵虽然辛苦，但多数属于技术活，学好这些技术不也很好吗？然而，刚到连队不久，我们便开赴一个大山沟里，维修被洪水冲垮的一段营区公路。每天早出晚归，搬石头、拌砂浆、砌护坡……与民工干的活一样，但也不完全一样。比如，施工组织分工明确，井然有序；护坡砌好后，勾缝的水泥必须成规则的弧形，既实用又美观；早上照例出操、每天收工讲评、周日晚上开班务会、连队点名等，施工严格而有序。

其间，指导员抽调我协助他出过两期墙报，他的毛笔字很有书法功底，墙报的书写、插图的绘制都是他亲自干，我只能打下手，写了两篇反映连队施工的小稿子被指导员采纳，这不，又与“报”联系上了。

时至初夏，连队完成道路整修任务，又转战到汽车连驻地修建车库，站在车库墙上吊装预制板，还真有些担惊受怕，好在班里的老兵施工经验丰富，处处照顾着新兵。一名老兵安慰我说，连队施工也就这几个月，到了冬季就没任务了，在家学技术，甚至有外出参加培训的机会。这时，我又盼望冬季能快点到来。

7 月初的一天，我施工回到连队，连部通信员说指导员找我。我跑步来到连部，指导员和蔼地对我说：“这几个月你在连队干得不错，能吃苦、听指挥，是棵好苗子。”接着，他告诉我，机关早就看中你了，刚刚来了电话，让你明天就到司令部军务股报到。“当初把你分到建筑连，主要是锻炼你，算是考验合格了，以后到机关工作了，还要像现在一样，好好干。”我说，那是肯定的，请指导员放心。我这才意识到，被分配到建筑连并放在最后一名呼点，原来是机关要选调的兵。

第二天，樊班长从炊事班找来一辆三轮车，载着我从连队赶到机关报到。我坐在三轮车后面，看着班长用力蹬车的背影，想起这 3 个多月的相处，心里涌起一阵暖流。在部队里，班长是“兵头将尾”，被誉为“军中之母”，我入伍后遇到的两位班长，都无愧于这样的比喻。

樊班长领着我在军务股报到，将我安顿好后就回连队去了。我从此成了战友们羡慕的“机关兵”。在这里，我又见到了连长白宝玉，原来他是军务股参谋。指导员周尚德则是政治处干事，也在同一层楼办公。见到他们真像见到久别的亲人一样。

机关与连队的不同之处，是这里的学习氛围很浓，当时的股长姜永富，参谋白宝玉、郭俊海，保密员宋秋阶等经常在一起读书学习、起草文件、研究部署工作，每天都很充实快乐的样子。我耳濡目染，便努力地工作和学习。司令部参谋、政治处干事多是一些“笔杆子”，时间长了，我与他们都熟悉了，也学着像他们那样开始“舞文弄墨”。

这时，我有了一个“重大发现”：我们每天读报纸，上面那些文章并非报社记者的“专利”，谁都可以去占有“一席之地”，宣传股的赵干事和电影组那几名报道员就时不时有稿件在报纸上刊出。于是，我也想去“露露脸”，每天坚持看报纸，工作之余对着报纸上的文章琢磨，一有素材就“照葫芦画瓢”地练习。

这样过了半年，辛勤的付出终于有了回报，我的名字终于变成了铅字，第一次出现在了《工程兵报》上，虽然只是一篇不足百字的稿件，却让我激动得睡不着觉。

新战士写的新闻见报了，这在当时也算是部队的新闻了，领导纷纷给予表扬鼓励，他们似乎也发现了一个搞新闻的“人才”。然而，不到两年“人才”外流，我考上了军校。

军校生活为我开启了新征程，学习训练之余，我继续练习新闻写作，第一学期，两篇稿子先后在省报和中央级媒体上刊出。于是，我又一次被机关“发现”，学校政治部的侯干事还给送来一个采访本以资鼓励。后来又有几篇“豆腐块”见报，我还被评为新闻报道先进个人。1984 年毕业时，学校政治部领导点名让我留校，作为新闻干事后备人选“储备”起来。

留校后我先在学员队当区队长，这个岗位的好处是有时间学习，学员们听课，我既可以跟着听，也可坐在最后一排看书，真是工作学习两不误。我一面抓紧时间“充电”，一面坚持新闻采写，多篇稿件在《解放军报》等媒体上见报。

1986 年 3 月初的一天，我正带着学员在操场训练，大队领导通知我去宣传科找王义华科长。王科长很郑重地通知我，经政治部领导同意，让我到北京参加总参首期新闻写作研修班。他说，这个班规格很高，要求选派军、师级单位的新闻干事参加，科里的干事有事不能去，才决定安排你参加，你一定要珍惜好这个机会呀。我当即表示一定勤学苦练，学有所获。

3 月 16 日早上，我乘火车到达北京，先到总参工程兵部宣传处报到。下午，谭克明干事率领工程兵系统的几位参训人员一起前往总参训练基地。刚下车，一位身材高大的干部赶忙前来迎接，十分和蔼热情。谭干事告诉大家，他是负责这次集训工作的总参政治部宣传部张东文干事。大家入住后，张干事又挨个房间给大家送来了学习计划，40 天时间安排得满满的。

这个班正如王科长所说，规格很高。第二天开班时，副总参谋长徐惠滋亲自做了动员讲话。接下来的授课者，全都是中央新闻单位的名家大师和高校知名教授，他们中，有人民日报著名记者田流、柏生、金凤，解放军报总编辑杨子才等社、部领导，光明日报总编室主任王晨（后任全国人大副委员长），中央人民广播电台军事宣传中心主任刘长乐（后任凤凰卫视董事局主席），中国青年报著名记者杨浪，中国人民大学教授甘惜芬等，这些名家每次讲完课还安排了交流环节，氛围也活跃。参加这样高规格的培训，真让我有“一步登天”的感觉。

解放军报总编辑杨子才来研修班讲课时，地点被安排在总参机关礼堂。我们下午 1 点半就乘车出发，当时许多人不明白，军报总编讲课为何安排在总参机关礼堂？讲课前，总参宣传部领导主持讲座时告诉大家：我们这期班总参党委和首长十分重视，等一会儿，迟浩田总参谋长要来看望大家。听到这个消息，大家情不自禁地鼓起掌来。

不一会儿，迟总长健步走上主席台，一阵热烈的掌声过后，迟总长发表了简短的讲话。他首先向总参系统的新闻报道人员表示慰问，接着，讲了做好新闻工作的重要性，勉励大家要刻苦学习，使总参系统的新闻报道工作更上一层楼。最后他风趣地说，新闻提倡写短文，我今天也讲短话，接下来主要听杨总编讲。会场里又是一阵热烈的掌声。

后来听张干事介绍，迟总长在解放战争中获得过战斗英雄称号，曾担任过解放军报社长、北京军区政委，对新闻工作历来重视，办这个班，他不仅非常支持，而且提出要看望大家，考虑到首长工作非常忙，他们就把杨总编这堂课安排在总参机关，方便首长出席今天的活动。

那天，杨总编的课也非常精彩，他在课堂上引经据典，旁征博引，古典诗词信手拈来，讲得深入浅出，简直把大家给镇住了。大家都以为杨总编是老牌大学生，张干事告诉大家，杨总编只有小学文化，他靠刻苦自学成为新闻名家，并走上军报领导岗位，大家都十分佩服。

学习期间，张干事组织我们到解放军报编辑部和印刷厂参观，请编辑讲稿件处理、报纸编排、印刷和发行等环节流程。这是我第一次进入解放军报，也是第一次知道了“小样”“大样”“白班”“夜班”等名词，使我对报纸的编辑出版流程有了最直观的印象。

研修班集中学习一个多月后，又安排10天时间进行采写实践。不少人来京学习时带来了新闻线索素材，单位在北京的可以回去采访，我来自基层，既没有带什么线索，也不能回单位采访，怎么办呢？张干事说，像我这种情况，他已联系好在京的几个总参直属单位。到陌生单位去采访，我心里没底，担心交不了差。张干事似乎看出我的窘境，说我就在总参训练基地采访吧。我踌躇了半天，也没好意思找机关联系采访事宜，最后直接去了基地话务班，因为那时打长途电话要通过总机接转，电话里算是有过接触，这次就当“深入”基层吧。

还别说，到话务班与战士们一聊，真发现了一条好线索。就在几天前，一个叫杨帆的女兵，得知304医院血库要为云南前线负伤战友献血时，她第一个就报了名。领导考虑到她体质较差，没有同意。然而，她最终却实现了为前线战友献血的心愿。为什么呢？她讲了一个很感人的故事：她小时候生活在云南，两岁时不幸患了溶血症，生命危急之际，是当地一位素不相识的农民无偿献出400毫升血，才挽救了她的生命。长大后，懂得感恩的杨帆就一直想着要回报社会。这次，她用自己的这个故事打动了领导，让她参加了义务献血活动。

写新闻关键是要找到好故事，我很快将这个故事写成通讯《热血丹心》，修改几遍后拿给杨帆和她的领导看，都说写得好，很真实，算是送审通过了，我就将稿子送给张干事。第二天，张干事见到我说稿子不错，情节感人，是一篇好新闻，决定推荐到《解放军报》。第一次独自采写新闻，竟然得到张干事肯定还要推荐上军报，我激动得一时不知说什么好。

过了没几天，这篇稿子就在《解放军报》1版《“四有”佳话》专栏中刊出了，标题改为《献血的女兵》，还加了边框，非常显眼。张干事认为我是一个搞新闻的好苗子，对我赞赏有加。培训班结束时，他又对我耳提面命，鼓励我今后要多写新闻，有事可与他随时联系。

大约过了半年多吧，我在《新闻与成才》（后改为《军事记者》）杂志上，读到一篇关于“小故事写作”的文章，居然把《献血的女兵》当作一个范例，引用了其中的精彩片段，予以称赞。当时，我在军报刊稿屈指可数，与文章作者并不认识，他却如此偏爱，这是我没有想到的。再后来，《军事写作》一书也引用这个例子，这算是我的新闻之路起步阶段的一个意外收获吧。

学习结束，我回到学校立即向王科长汇报学习情况。他说，张干事给他打了电话了，说我表现很突出，我写的稿子他也看到了，以后要多写。他没有谈到让我到宣传科搞新闻的事，我就继续在基层工作，由区队长而副连长，又进入训练部当了一名教务参谋，我似乎要向一名军事干部发展了。

这期间，我多次收到张干事给我寄来的新闻写作业务书籍，他还写信对我给予鼓励。一名总部机关干部对我如此关爱，让我在感动中也增添了前进的动力，并用一篇篇报道作为回报，决不能让对我寄予希望的人失望。

从参加研修班起，我开始学习钻研新闻理论基础，系统自学了大学新闻专业教材，阅读了大量新闻业务方面的书籍，边学习，边实践，在理论与实践的结合中，奠定了新闻专业基础，对新闻有了一些较深的感悟。

两年后，学校新闻干事转业，我由教务参谋转任新闻干事。在这个岗位上，我专心业务，经常得到总参宣传部张干事、工程兵部宣传处谭干事的指导和帮助，偶有军报编辑来校，也当作最好的学习机会，新闻写作渐入佳境，一些稿子受到编辑青睐，有时还能上个好位置，开始小有名气了。记得一次去工程兵部找宣传处领导办事，我自报家门，对方说："你就是王握文，这么年轻呀！"那时我才26岁，对方的惊讶，一来是从未见过面，二来可能看到我经常有新闻稿件见报吧。

我在新闻干事岗位上干了几年，新闻写作能力在不断进步，职务上升却慢了半拍。领导知道这个情况后，说也不能让干活的人吃亏呀。1992年，我由正连职干事提拔到学员队任副教导员，这样两年后可以转正。一年后的暑假，学员们离校后，学校召开全校干部大会，同时宣布干部调整命令，让我感到突然的是，我又被调回政治部任副营职干事。我事先并不知情，回到机关上班后，领导说，让你回来，主要是从工作考虑，因为机关缺少"笔杆子"，又说职务上可能有点影响，但要从长远看，有人想进机关还进不了呢。

在机关风风火火干了一年后，机关进了一个新干事，而基层一名教导员去院校学习，正好又空出一个位置。我想，这是给我的一个机会。一天，政治部领导以严肃又温和的口气对我说："你这小子，放是不想放，不放也不妥，不过有一条，以后机关有活儿还是要来帮忙。"我说："那是肯定的。"

这年8月底，我又到一个学员队当教导员。之后，两次参与机关有关材料写作。1995年，机关又给我布置一个任务，到长沙警备区参与撰写创建"双拥模范城"电视专题片脚本。这项工作由警备区牵头，长沙电视台组织拍摄。电视专题片脚本由我带着警备区一名叫杨磊的战士报道员完成。接到任务后，我们两个人先分头收集素材，然后在警备区招待所日夜加班创作，大约10多天就完成了写作任务。警备区政治部刘主任看过之后，召集我们过去谈了一些修改意见，让我们再改一次。电视台编导看过后认为基本可行，我的任务算是完成了。

两个月后，专题片拍摄完成，警备区通知我去看片子。刘主任见了我说："愿不愿意到警备区来搞新闻呀？"我回答说愿意。刘主任还向警备区政委介绍我的情况，似乎之前他们已同意将我调来。

此事过了很久却没有下落，我便向刘主任了解情况。他说，我们学院领导不同意，所以就没发商调函了。原来如此，只能就此作罢。1996 年春节期间，我率领学员在长沙火车站执勤，正好碰见了时任国防科大政治部马望星副主任到车站送客。他是新闻干事出身，之前我们见过几次面。马副主任得知我在学员队当教导员，就问我还愿不愿意搞新闻，学校正缺一个新闻干事。搞新闻我当然愿意，但想到跨大单位调动不太容易，并不抱什么希望。

春节过后，结束了在火车站执勤任务不久，商调函发来了。没想到马副主任办事如此高效，知遇之恩令我很感动。但是，学校领导还是不同意放人，说考虑让我再回机关工作。不久，事情又有了转机，我当新兵时的连长白宝玉调到学院当副院长。老连长见了我，关切地询问我的情况。我就实话实说："老连长来了，我本应在您领导下好好干，现在有一个调动的机会，只是政委不同意。"老连长说："你调去做什么工作?"我说："搞新闻。"他说："这个岗位倒是能发挥你的特长。这样吧，我找机会跟政委说说。"

大概过了 1 个月，干部科通知我可以办调动手续了。这样，我在 1997 年 6 月调入了国防科大政治部宣传处，先当了一段时间教育干事，然后当理论干事。1998 年，我国发生重大洪涝灾害，学校部分师生也参加到抗洪抢险中。暑假，我主动承担起这次"98 抗洪"新闻报道任务，稿件先后在人民日报、新华社、解放军报刊发，得到领导肯定。1999 年 6 月 18 日，学校新组建为直属中央军委领导的综合性大学，政治部领导便安排我搞新闻，从此开启了之后 20 多年新闻职业生涯。

学校新组建后第一次组织比较大的新闻采访，是报道著名计算机专家卢锡城教授，政治部马副主任亲自带着我采写，稿子改了很多遍，军报黄编辑仍不太满意，说这是重头稿，要上一版头条，质量必须好。马副主任又带着我按黄编辑要求继续改，最后总算过关。9 月 10 日教师节这天，通讯《托举"银河"振国威》在《解放军报》头版头条刊出，这是学校新组建后在军报刊出的第一个头条。

2000 年 1 月，解放军报在苏州召开通联工作会议，参加会议的是大单位宣传部的新闻处长，学校是新组建的大单位，我第一次代表学校参加这个会议。会上，总编辑张宗银、副总编辑刘书忱及各部门领导在总结和部署年度工作时，主要是结合军报实际谈新闻业务，我听了很受启发。张总编是湖南人，曾到学校采访，与马副主任很熟，他见我来自国防科大，又是第一次参加会议，特意与我交谈了许久，嘱咐我结合学校实际多写稿。这一年，我被正式聘为解放军报特约记者。

2000 年 6 月，学校计算机学院研制成功新一代巨型计算机，我提前深入采访，完成了消息和通讯两篇口径稿的写作，起草了宣传方案，向 20 多家中央、地方和行业媒体发出了采访报道邀请。7 月初，两篇口径稿审阅通过，邀请的媒体全部来到学校，一场新闻会战即将打响。

然而，正当我们有条不紊开展报道之时，却突然接到停止此次宣传的通知。后来才知道，学校新组建后对于这项重大成果宣传十分重视，又对有些问题拿不准，经请示有关部门，得到的答复是为稳妥起见，就不对外宣传了，留下了些许遗憾。来校采访的新闻记者都是我出面邀请的，我不得不一一解释并做好他们离校的安排和送站工作。

这年夏天，毕业于“哈军工”、从部队来学校政治部任职的黄献中主任，对新闻报道工作高度重视，亲自谋划推动，提出了具体要求，给我们很大的鼓舞和鞭策。为落实主任指示，宣传处长王德军给解放军报军事部主任赵险峰打电话，邀请他来学校采访指导。不久，赵主任派出姜宁副主任来校采访，姜副主任曾担任院校组编辑多年，对院校十分了解，他听了我们的新闻线索汇报后叮嘱我，在国防科大搞报道，要抓住科技创新和人才培养这个特点。这时，恰逢学校承担一项国家“863 计划”课题取得突破，研制成功的类人型机器人通过验收。于是，在姜副主任指导下，我采写出《我第一台类人型机器人亮相》消息，他修改润色后，要求我再写一个小资料做些科普介绍。11 月 30 日，这篇消息配多张照片和小资料在《解放军报》头版头条刊出，产生良好传播效果。

在第二年的第 11 届中国新闻奖评奖中，消息《我第一台类人型机器人亮相》获得二等奖，而这天的版面也同时获奖。2002 年《新闻战线》第 2 期刊出新闻界著名学者彭朝丞的文章《难得的科技新闻佳作——评获奖消息〈我第一台类人型机器人亮相〉》，对此稿进行了充分肯定。此后，这篇获奖消息入选中国人民大学《新闻写作教程》教学参考书——《新闻作品选读》一书。

此后，我又写出多篇稿件在《解放军报》刊出，学校新闻报道工作呈现出新局面。不久，学校政治部领导让我起草报告，向总政治部申请军队新闻单位设立驻国防科大记者站。因为学校是军委直属的大单位，参照惯例，解放军报、新华社解放军分社、中央人民广播电台军事宣传中心、解放军电视宣传中心（央视七套）等 4 家军队新闻单位应在学校设立记者站。

报告呈上去之后，领导做了批示，中央人民广播电台军事宣传中心很快正式来函，比照驻各大单位的记者站做法，由学校负责新闻报道的同志兼任记者。这样，我就成为中央人民广播电台记者。解放军报对于设立国防科大记者站一事同样重视，考虑到同为大单位的军事科学院、国防大学也还没有设立记者站，此事需要统一考虑。

后来，我们就与军事科学院、国防大学协调，分别同时申请设立解放军报驻各单位记者站。解放军报经研究，同意在 3 个大单位设立记者站，因编制问题不派驻记者，由 3 家单位各推荐 1 人兼任记者站站长、记者，经解放军报考核同意后负责记者站工作。这样，解放军报正式批准设立国防科大记者站，同时以通知的文件形式，任命我为国防科大记者站站长。解放军报记者部还专门将我们 3 个记者站站长召集到报社进行学习培训。自此，我正式成为一名军报记者。

2001 年，我全力投入新闻采写工作中，稿子频频见报，但上半年却没有头版头条。正当我想如何突破时，一条新闻线索闯入我的视野：张代兵等 5 名硕士研究生研制成功了蛇形机器人。我立即采访，很快写出了稿子，按照上次姜副主任教给的方法，在稿子后面也配一个小资料和照片。这篇稿子传到军报后，第三天就在《解放军报》头版头条刊出，产生了很好传播效果。军事部赵险峰主任要求我赶快再写一篇通讯，他把题目都想好了，就叫《五硕士造“蛇”记》。我立即行动，很快写出了通讯，不久就在《解放军报》发了近半个版。后来，学校组织一个类似中央电视台《实话实说》的科技创新交流活动，让张代兵等 5 名研究生谈机器蛇研制过程，与学员们交流创新体会，我和陈明合作采写了通讯《实话实说机器蛇》，又在《解放军报》登了半个版。

正当我为此感到高兴时，一位领导对我说，如果政治工作也有这样的出彩报道就更好了。此前，我也写了一些政治工作报道，只是没有什么重头稿件。这年“七一”，我们党提出了“三个代表”重要思想，围绕我党这一重大理论创新，各新闻媒体开展了集中而深入宣传，我采写了多篇报道。一次，我听到了一名叫文学锋的硕士研究生入党后，因为对党内存在的一些腐败现象不满，从而对党的先进性产生了思想偏见，一年预备党员到期后，迟迟不写转正申请而被取消了预备党员资格。在党组织教育帮助下，特别通过学习“三个代表”重要思想，他对党有了新的认识，先后 3 次向党组织递交了入党申请，经过组织认真考察，又将其列入发展对象。

2001 年 10 月中旬，我将这个新闻线索汇报给军报政工部曹瑞林编辑，他是政治工作报道的资深编辑，也是我新闻之路上的良师益友。他听了我的汇报后认为是个好题材，当即决定利用周末休息时间来学校了解情况。周六早上他到达学校，上午就与我一同采访了文学锋本人和他的导师朱亚宗，以及研究生队、学员大队和学院领导。星期天下午返回北京前，他特别嘱咐我继续采访，整理好采访笔记。曹瑞林回去后，将这一线索呈报给军报领导，军报领导认为这是一个反映“三个代表”重要思想感召力和真理魅力的好线索，要求密切关注，深入采访，实事求是反映文学锋的思想转化过程。

在过去几年时间里，文学锋经历了入党—不写转正申请被取消预备党员资格—再次要求入党的曲折经历。从文学锋的思想转化过程可以看出，他思想变化的原因是多方面的，但起决定作用的是“三个代表”重要思想真理的巨大威力，党的创新理论是新形势下做好青年知识分子思想政治工作、把优秀人才凝聚到党的旗帜下的强大思想武器。文学锋在第二次入党申请书中写道："此时此刻，我比以往更能认识到党内腐败的危害性，但我也比以往任何时候都更相信党战胜腐败的决心；此时此刻，我比以往更能看到少数党员的落后，但我也比以往任何时候都更愿意以自己的实际行动证明大多数党员的先进；此时此刻，我比以往更清楚实现共产主义的曲折和遥远，但我也比以往任何时候都更信仰共产主义的到来。"

12 月 7 日，文学锋所在研究生队党支部大会经过表决，一致同意吸收研究生文学锋为中共预备党员。我立即将这个消息告诉了曹瑞林。之前，我已将采访整理了 5 万字笔记发给了他。政工部饶洪桥主任要求提炼好主题，赶快写。曹瑞林热情很高，经验丰富，很快确立了主题，我们俩密切配合，很快完成了写作。稿子经文学锋本人，以及大队、学院学校领导审阅后传回报社，政工部饶洪桥主任、副总编辑江永红修改后，送给社长、总编并要求作为重点稿件突出处理，几位社领导看了稿子都作出批示给予肯定。

12 月 11 日，消息《"三个代表"重要思想使他坚定了理想信念》在 1 版头条刊出，并配发《用"三个代表"凝聚优秀人才》的评论，同时在 3 版头条刊出通讯《春风吹又生——国防科技大学硕士研究生文学锋入党的心路历程》。稿件刊出后引起很大反响，得到军委领导好评，中宣部《新闻阅评》以《一组反映"三个代表"巨大威力的典型报道》为题刊发阅评。学校出现了青年学子自觉学习践行"三个代表"重要思想，近百名青年学员积极向党组织靠拢的"文学锋现象"，我又采写了一条消息在《解放军报》1 版刊出。2002 年 4 月，总政派出工作组来到学校调研"文学锋现象"，撰写了关于"文学锋现象"的调查报告，并经新华社播发，在中央媒体突出位置刊出；总政治部下发通知要求部队研究"文学锋现象"推动"三个代表"重要思想学习的深入；中宣部《新闻阅评》又以《军报刊发总政通知，要求部队研究"文学锋现象"》为题进行了专题阅评。

这期间，江永红副总编率领曹瑞林再次来学校采访，指导我们采写出《真理的力量》《成功的范例》两篇通讯在《解放军报》以 1 版头条和 1

版通栏形式刊出。6 月，总政组织“文学锋现象”报告团先后在北京、南京、西安等地作 8 场报告，听众达两万多人，举行了 4 次座谈会，应邀到人民日报所属的人民网“强国论坛”作了一次网上嘉宾访谈。我跟团采访，先后采写 20 多篇稿件在《解放军报》等中央媒体刊出。

“文学锋现象”采访报道主题重大，立意深远，抓住青年知识分子带有普遍性的问题予以回答解决，具有很强的针对性和说服力，对改进和加强院校思想政治工作有重要的借鉴指导意义。2003 年，学校成立“党的创新理论博士生论坛”，我采写的报道又在《解放军报》头版头条刊出，之后，这个论坛成为学校的一个品牌并长期坚持了下来。2017 年，学校“党的创新理论博士硕士宣讲团”被列入全军重大宣传典型，军内外媒体对其进行了深入报道。我采写的消息《“理论轻骑兵”高擎信仰火炬》在《解放军报》头版头条配短评、配照片刊出，通讯《“理论轻骑兵”的别样青春》则刊于第二天《解放军报》4 版头条，这是后话。

转眼到了 2003 年，学校将迎来建校 50 周年校庆，校党委和政治部领导对做好校庆报道十分重视，要求把从“哈军工”到国防科大 50 年来的办学经验与成就展示出来，提高办学声誉和影响力。

根据校党委和首长指示，我提早动手，做了大量采访工作，列出了 10 多个重点报道选题。七八月间，正值长沙高温酷暑天气，我放弃暑假休息，埋头写作，完成了几篇重头稿件初稿写作任务。按照政治部马望星副主任指示，7 月下旬，邀请新华社解放军分社贾永社长来校，我们合作采写了《半个世纪的殷切关怀——党和国家领导人关心国防科技大学纪实》的长篇通讯。8 月中旬，邀请解放军报军事部主任赵险峰和武天敏、柴永忠编辑，中央人民广播电台军事中心谭淑惠编辑来校做好校庆报道的前期采访准备，我与军报编辑一起采写完成了《湘江侧畔脚步急》《在制高点上拼搏》等多篇稿件。其间又邀请中央人民广播电台、中央电视台、解放军画报摄影记者来校采访和拍摄。

经过充分准备，我完成了校庆报道一系列稿子的采写并走完审稿程序。从 8 月 20 日开始，人民日报、新华社、解放军报、光明日报、中央人民广播电台等中央媒体，连续10天都有学校的报道。其中，新华社通稿《半个世纪的殷切关怀——党和国家领导人关心国防科技大学纪实》8月28日发出，第二天中央和当地媒体均在1版头条或报眼位置刊出；解放军报通讯《湘江侧畔脚步急》8月30日也在头版头条刊登，解放军画报刊出10个页码的专题报道。

9月1日，学校建校50周年庆祝大会召开，中央军委主席江泽民出席大会并发表重要讲话，并宣布中国军队将裁减员额20万的决定。校庆大会消息在9月2日《解放军报》1版头条刊出，裁军20万的消息在报眼位置刊出。这一天，学校成为新闻热点，引起了外界极大关注。校庆大会后，我与刘少华又加班合作采写了《厚德博学　强军兴国——国防科技大学师生学习江主席题词和讲话侧记》，新华社发了通稿，《解放军报》在1版刊出。这次50周年校庆系列报道，形成了一个高潮，产生了很好的传播效果。

之后，根据黄献中政委指示，我独立采写了《努力创建具有我军特色世界一流大学——中央军委主席江泽民视察国防科技大学纪实》的长篇通讯，新华社播发通稿后，在中央各大媒体头版头条刊出，产生了广泛影响。

2003年11月，我被通知参加在南京政治学院举办的全军新闻从业人员资格培训班。这次培训除我之外，其他人都是各军区、军兵种报纸的编辑记者，这是我第一次走进培养军事新闻人才的高等学府学习。有趣的是，一位教授在讲课中，谈到学院培养的优秀毕业学员时，将我列入其中，我感到十分荣幸。

在这一时期，得益于校党委、黄献中政委和政治部王庆录主任等领导对新闻报道工作高度重视和大力支持，新闻报道工作有声有色，频频出彩。根据校、部领导关于将军报记者站建设成学校对外宣传重要窗口的要求，我于2004年底改走专业技术系列，同时晋升副高专业技术职务，专心新闻业务，把新闻写作当事业干。

我清楚地知道，作为一名军报记者，必须站上一个更高的层次，自己非科班出身，存在先天不足。我的头上似乎倒悬着一把“达摩克利斯之剑”，时刻警醒自己必须刻苦学习，勤勉工作，努力做一名合格的军报记者。在国防科大这样一个高科技殿堂从事新闻工作，不仅要熟悉新闻业务，更需要了解高等教育和各科技领域的知识，有一定的科技素养和相关知识储备，才能与专家教授打交道，顺利完成采写任务。我找来全军高级干部高科技知识培训教材和专家教授的一些著作，广泛涉猎，不断“充电”，增加知识储备。

有人说记者是“杂家”，所谓“杂”，即知识面要宽，什么都要懂得一些，要努力成为一名学习型或学者型的记者。读书、思考和表达，是新闻工作者的三个永恒课题，这三者相辅相成，缺一不可。

在长期新闻实践中，我把每一次采访都当成一次学习的机会，虚心向被采访者请教；遇到新闻同行，视为良师益友，不放过学习、交流的好机会；每年参加军报记者会，更将其作为短期培训，从各位记者发言中借鉴参考，触类旁通；每次编辑部各部门领导、编辑交流和探讨，认真倾听、思考，联系实践思考如何提升业务水平。“处处留心皆学问”，每次都收获多多。

有人说，记者也是“行者”，在路上，我不敢偷懒。秉承“笨鸟先飞”的原则，始终紧跟中心，提前谋划，贴近实际，突出特色，耕耘好自己的“一亩三分地”，努力传播“有思想的新闻”，每年在《解放军报》刊稿 40 篇以上，除去寒暑假，基本上平均每周一篇，采写的稿子和内参也多次获得军委领导批示。在给军报写稿的同时，还积极为人民日报、新华社、光明日报、中央人民广播电台供稿，每年都有一定数量的稿子在中央媒体刊播。当然，数量不能代表质量，数量更不能衡量文章的价值，但日复一日“爬格子”，在一定数量积累的基础上，质量自然也就提升了。

这些年来，我先后参与组织完成了“天河”系列超级计算机、“北斗”关键装备、超精密加工、“天拓”系列微纳卫星、磁浮交通、无人驾驶汽车、无人机等一大批标志性科技成果报道；推出了《一个时代的开启与一所军校的崛起》《礼赞生命的“湿地”》《一所学院的航天“人才森林”现象》《“王者归来”告诉我们什么》等一批深度报道；采写了《向世界一流大学阔步迈进》《夯实人才腾飞的跑道》《23只“小鸭”游进“天河”》《高层次人才成批次进入军事变革主战场》等人才培养成果报道；报道了《在留学人员中设立海外党支部》《导师：传学问又抓思想》《问题的支点作用有多大》《强军路上，他们逐梦如初》《追梦的人生最精彩》等思想政治建设成果与科技人物风采；每当党和国家有重大政治活动和重要纪念活动时，根据编辑部要求及时采写出反映学校情况的稿件。

2006年后，我先后采写了“军事科技创新青年先锋队”“国防科大自主创新团队”“走军民融合自主创新道路”，培育强军“人才森林”“激光陀螺技术创新团队”“MOOC教学团队”“党的创新理论博士硕士宣讲团”，以及邹逢兴、王飞雪、刘忠、安玮、高伯龙等10多个全国和全军重大典型。印象最深的是2011年，学校“为国争光、勇攀高峰自主创新团队”列入全国重大典型宣传，我从3月份开始深入各创新团队采访，获得大量第一手材料，独立完成了自主创新团队主通讯（上、下篇）的采写任务，同时还采写了学校党委加强创新团队建设的长篇通讯，以及10万多字的创新故事篇等一系列报道辅助材料，为中央媒体的集中采访报道提供了客观、翔实、生动的素材，为搞好这次重大典型报道奠定了基础。之后，我与时任军报编辑柳刚合作，在军报推出了《强军兴国的科技劲旅》《创新之花何以盛开》《湘江之畔奏响创新强音》《唯有创新果满枝》等4篇重头通讯。在自主创新团队先进事迹座谈会、人民大会堂首场报告会和全国巡回报告中，我随团采访，在时间紧、任务重、要求高的情况下，独立采写《让自主创新旗帜高高飘扬》等30多篇报道，圆满完成任务。

2013年，学校迎来建校60周年，与10年前建校50周年的报道一样，我提前谋划，精心选题，与军报编辑王通化合作，先后采写了《眼光，在创新中超越》《基因，在塑造中传承》《我们都是“哈军工”》《探秘我军硕士博士培养“重镇”》等多篇高质量稿件，在《解放军报》头版头条、版面头条和整版刊出，获得广泛好评。同年11月5日，习主席视察学校时，我配合记者部王士彬主任完成了这一重大活动的报道，并独立撰写了

《治军先治校，强军必强校——习近平视察国防科技大学纪实》的通讯。围绕学习贯彻习主席系列重要讲话精神和习近平强军思想，采写出《用问题索引学习　向实践拓展延伸》《国防科大扎实推动习主席系列重要讲话精神“三进入”》《问鼎世界之巅的“超算速度”》《点亮“北斗”，中国星座闪耀全球》《3 个备战打仗问题的 777 种求解》等一系列主题鲜明的新闻作品，有的获得军委机关领导批示，取得良好传播效果。

在新闻写作的同时，我结合掌握的大量素材，创作报告文学和纪实散文，在《解放军报·长征副刊》《中国报告文学》《解放军文艺》，发表了《跃上世界科技之巅》《年轻老教授》《极限智慧的挑战》《列车展翅》《父亲的目光》等文学作品，有的在全军文学征文中获奖，这算是新闻采写之外的另一种收获吧。

长期从事新闻工作，应该术业有专攻。在工作实践中，我注重探索和研究院校新闻特别是科教新闻的写作特点规律，逐步形成了自己的风格，虽不敢说独树一帜，但科技新闻也逐渐有了“王氏标签”之印记，也被军报有关领导和编辑视为“免检产品”。因为我知道，新闻传播是一项政治性和导向性很强的工作，必须讲政治、守规矩、顾大局，始终坚持正确舆论导向，坚持“真实是新闻的生命”的戒律，恪守真实客观原则，严格执行宣传纪律和稿件送审制度，所有稿件都留有审稿单。如此，我在新闻采写中，从未出现失实和泄密情况，既没有因为稿件表述不当而产生误解和误传，也不给网络炒作提供口实。虽说新闻是“易碎品”，但它却是历史的记录，必须经得起读者的审视和历史的检验。

新闻人永远在路上。“当你看见我时，我和新闻在纸上，当你看不到我时，我和新闻在路上。”新闻界常说的这句话，道出新闻人的常态，工作永远是生活的主旋律，新闻采写没有休止符，容不得片刻歇息。采访、构思、写作、修改、送审、发稿等一条龙式的工作，必须亲力亲为，循环往复地做，看似重复劳动，但新闻总是新的。我长期专注于此，不曾转换阵地，默默在这块园地耕耘，从不偷懒，即便年龄不断增长，依然保持一股激情。做新闻工作，必须保持这样一种状态。

“是者，君子之常，是之何加?”对于新闻工作者而言，写作当然已成常态。有人问我：为什么老在写，少写几篇不行么？说实话，我也不想老是“爬格子”，谁不想轻松一点？但搞新闻却很难做到，尽管没有定量考核，也不需要通过写来证明我能写，更不存有什么个人目的，之所以几十年专注于一项工作，年复一年地写，往小里说，是工作职责，往大里讲，也是一种责任担当。有新闻就想着去报道，上面一项工作部署开展，我必须反映学校情况，不能没有声音；学校中心工作中的一些独具特色的做法、成果和经验，我有责任将其传播出去；作为一名老记者，经常有编辑部约稿，必须保质保量高标准完成，既让编辑少费心，也维护自己的记者“品牌”；基层单位的工作邀请我去报道，这是对我的信任也是我的职责，必须下功夫采访，让稿子见报。

长期专注于一个领域、一个单位的报道，我对采写作出适当的规划，通过日积月累，使所采写的稿件形成了系列。2015 年，我从采写刊发的系列稿件中精选出一部分，汇编出版了《续写“哈军工”辉煌——一位军事记者笔下的国防科大》一书，这既是对学校从“哈军工”到国防科大 60 多年发展历程、发展成果的一次全景式回顾，又是对全校官兵建设世界一流高等教育院校风采的再展现、再传播，为读者了解和品读国防科大提供了一份生动而翔实的珍贵资料。

国防科大是一座高科技殿堂，汇集了国防科技各领域的知名专家，是知识创造和科技创新的重要源头，是推进科技兴军的重要力量，也是我新闻采写的一大“富矿”。2016 年，我将采访科技专家并刊发在《解放军报》上的通讯，汇编成《智者不惑——一位军事记者与国防科技专家的对话》出版，成为一本解读科技前沿知识、传播科学知识、弘扬科学精神、启迪创新思维的科普与励志读物。2022 年，科普著作《走近前沿》一书也由电子工业出版社出版。

“观乎人文，以化成天下。”国防科大作为高素质新型军事人才培养的重要基地，是创造和传播新知识、新理论、新思想的重要摇篮，承担着继承传播传统文化、创新引领军事文化、繁荣发展强军文化的重大责任。长期以来，我十分关注学校文化建设，试图以文化视角来解读学校人才辈出、成果迭出的奥秘，回答“为什么是科大?”的命题。对学校的“银河之光”计算机文化节、电子科技苑、机器人文化节等科技文化节进行了深入报道，推出了《一所军校的文化自觉》《熔铸大学精神》《攀越群山之巅》《创新为何“于斯为盛”》《从“银河”到“天河”》等反映学校文化特色的系列稿件，采写了学校独具特色的“创新文化”“红烛文化”“科技文化”等系列文章。2017 年，我将这些稿件汇编成《一所军事名校的文化密码》一书，从文化视角探寻学校人才培养和科技创新背后的动力源泉，从不同侧面反映了学校文化的孕育形成、建设发展、特色优势，以及薪火相传、润物无声的深远影响，展示出大学文化的绚丽风采。

“文章合为时而著，歌诗合为事而作。”2018 年，我国迎来改革开放 40 周年，2019 年，新中国成立 70 周年，在两个值得纪念的重要时间节点，我利用长期跟踪报道磁浮交通技术创新成果积累的大量素材，创作出版了长篇报告文学《贴地飞行——中国自主创新发展磁浮交通纪实》一书，翔实记录了我国磁浮交通从“零”起步，到梦想成真的波澜壮阔历程。

讲好中国故事，传播好中国声音，是新闻工作者的职责。《人类简史》一书作者说：人类创造了故事，故事养育了人类，讲故事的独特能力才使人类成为地球之主、站上食物链的顶端。这一观点将讲故事的意义推向了极致，也为我们提供了许多有益的启示。2020 年，我根据新闻采访素材，创作了《抢占制高点——一个军事记者讲述的强军故事》一书，这既是讲好中国故事的一次有益尝试，更是对科技创新的由衷赞美。

岁月军营里，文章报刊中。一项工作能坚持几十年，不仅是因为热爱，更因为责任和担当；把工作当成事业，“不畏浮云遮望眼”，不仅是因为坚强，更因为信仰和执着。从一名办黑板报的新兵到一名还算合格的军报记者，新闻采写几乎伴随了我的整个军旅生涯，新闻不仅成为我的职业，也成就了我的军旅。

一位新闻名家曾说：“优秀的写作从来都是痛苦的。如果你没有受伤，你就没有尽力，而痛苦的回报是能从一篇成功的写作中产生深切的满足感。”我经历了痛苦，也收获了痛苦的回报。几十年在新闻之路上风雨兼程，执着前行，我先后 3 次获得中国新闻奖、1 次获解放军新闻奖、3 次获解放军报社长奖、1 次被评为军报年度十佳记者，获得其他各种新闻与文学作品奖 40 多次；荣立二等功 1 次、三等功 5 次。这是军队这所大学校颁发给我的荣誉，是组织对我的肯定和褒奖。在新闻路上，我没有偷懒和懈怠。

回首 42 年从军路，我庆幸自己爱上了新闻，并能心无旁骛地执着坚守，坚定前行。这中间，有领悟新闻真谛的成长，有稿子刊播时的兴奋，有立功受奖时的喜悦，也有被年轻人称为“老师”的欣慰。当然，也有工作中的烦恼、挫折时的苦闷，有因被人误解和个别人对新闻“不屑”的郁闷……如今，所有这些都随着岁月的远去而风轻云淡，唯有自己见证并记录的新闻事件和人物，留在媒体上并载入学校发展历程中。

回顾过往，唯有感恩。一路走来，关心帮助过我的人像天上的星星，看得见、数不清。感谢新兵连领导对我这个“小秀才”的“器重”；感谢领导和政治机关对我新闻采写潜力的“发现”；感谢部队特别是国防科大这片新闻“沃土”；感谢解放军报这个新闻“平台”；感谢新闻界同行的“带飞”；感谢遇见并给予我关心指导的“贵人”；感谢所有给予我支持帮助的领导、专家、同事和朋友。在此，向他们致敬！

一位军事记者的文化自觉*

刘戟锋

王握文同志又有新作出版，是谓《续写“哈军工”辉煌——一位军事记者笔下的国防科大》。这本书虽是他近10多年来持续不断采写报道国防科大的新闻作品精选，但从思维视角而言，却是一条“哈军工”辉煌历史的延长线，自然是续写灿烂与辉煌了，集中体现出科大人的一种高度文化自觉。

为何有此深刻印象？因为该书深入挖掘了在国防科大长期发展中所形成的强烈的文化自觉。我以为，文化自觉是小至一个单位、团体，大至一个民族、国家在实践发展中逐渐形成的精神风向标和灵魂导航仪，有了这种文化自觉，人们才会在社会进步和转型中采取整体的大义担当和精神呈现，它对20世纪以来科技发展集体智慧的凝聚和发挥显得特别重要。但文化自觉的培育绝非一日之功，需要长期积累和积淀，更需要在继承中丰富和发展，在潜移默化中形成一所学校特有的精神气质。回

---

* 此文系我国著名军事技术哲学专家、国防科大原军事高科技培训学院院长、教授、博士生导师刘戟锋少将为《续写“哈军工”辉煌——一位军事记者笔下的国防科大》一书所写的书评，原载2015年12月4日《国防科大报》4版。2018年1月5日，刘戟锋教授因病不幸去世，收录此文以纪念。

顾学校的历史，科大人都倍感自豪。1953 年，毛泽东亲自决策组建“哈军工”，1977 年，邓小平提出在“哈军工”基础上组建国防科大，以延续“哈军工”的事业。第二年，国防科大组建，小平同志将研制开发巨型计算机的任务郑重地交给了国防科大。之后几十年间，党、国家和军队领导人始终对学校建设发展给予亲切关怀和殷切勉励。与此同时，出于对这所大学的特殊关爱，著名科学家钱学森多次莅临学校，具体指导按学科专业设系，多次与学校的专家教授们当面谈话、通信往来，要求国防科技发展不能满足于追尾巴、照镜子。正是在历代中央领导的亲切关怀下，在科学大师们的直接指导下，科大人一直秉承“哈军工”的优良传统，在新的历史条件下进一步发扬光大。为什么在资产阶级自由化思潮甚嚣尘上时，科大人坚持信党爱党？为什么在拜金主义强烈冲击下，科大人能够不为所动？为什么有人认为“国外月亮比中国圆”时，科大人始终自强不息，坚持以强军兴国为己任，培养铸造出一批担当重任的高水平人才？为什么在科技领域普遍的跟踪模仿之风中，科大人敢于另辟蹊径，在科技领域不断创造奇迹？所有这些，正如书中《强军兴国：一所军校的文化自觉》所概括的：“为培养能担当重任的高素质人才，一代代教师言传身教，辛勤耕耘，默默奉献，这是科大人育人铸魂的文化自觉”；“敢于打破国外封锁，勇于攀登科技高峰，这是科大人坚持走中国特色自主创新之路的文化自觉”；“继承‘哈军工’优良传统，弘扬‘银河’精神，这是科大人传承与开拓创新的文化自觉”。

学校“厚德博学、强军兴国”的校训，就是浸润在学校几代师生血脉中的文化传承，更是这所大学的文化自觉。这本书，既反映了在历代党、国家和军队领导人关怀下，学校不断开拓进取、发展创新的辉煌历程和办学成就，又展示了几代师生牢记嘱托、不辱使命、追求卓越的价值追求和精神风貌；既有开疆拓土、率先领航的顶尖科学家，也有埋头苦干、默默奉献的普通科技人员；既有皓首穷经、行为世范的教师，也有品学兼优、屡立战功的学员……正如王建伟政委在序言中所说：“这本经过分类选编的新闻作品集，既是对学校 10 多年发展历程、发展成果的一次全景式回顾，又是对全校官兵建设具有我军特色的世界一流大学风采的一次再展现、再传播，为读者了解和品读国防科大提供了一份生动而翔实的珍贵资料。”

几十年来，在科大人中，那种敬业奉献、主动作为、瞄准前沿、勇攀高峰的文化自觉是有目共睹的，也是可歌可泣的。而就在这一文化底蕴的充分挖掘过程中，该书反映的其实也是作者的一种文化自觉。

20 世纪以来，随着科学技术的狂飙突进，科技体制化浪潮汹涌，因科技发展应用而引发的新闻热点才如雨后春笋般涌现，令人目不暇接。尤其是在军事舞台上，扣人心弦的探索催生出了令人眼花缭乱的各式武器装备，它们走马灯似的变革了传统的战争模式。从记者的视角，深入了解那些隐藏在武器装备成果表象背后的创新故事以及感天动地的奋斗精神，这既是提高全民科技素养的时代呼唤，是强化国防教育的有效途径，更是一名国防科技领域军事记者的职业担当。从航天技术、量子探索、纳米材料、超精密光学加工、机器人、磁悬浮列车、卫星导航到模拟仿真、超级计算机、激光陀螺、控脑强脑等认知域前沿，涉及的科技领域如此纷繁复杂，科技前沿如此光怪陆离，对许多新闻工作者来说，无论是知识结构，还是经历阅历，恐怕都是勉为其难的，即使对我们哲学工作者来说，也是颇感畏惧的。但王握文同志凭借对国防科技事业的热爱和执着，通过自己的刻苦学习和勤奋思考，敢于和国防科技领域的顶尖专家们直接对话，敢于涉猎和俯瞰众多国防科技的前沿和高地。就在这一聚焦和扫描的过程中，本书也代表了当代军事新闻工作的一个前沿和高地，体现了王握文作为军事记者的时代担当与文化自觉。

总之，不同的时代要求人们有不同的时代担当。中国知识分子素有修身、齐家、治国、平天下的远大抱负，妙手文章反映的深层底蕴乃铁肩道义。王握文同志这部新作，既是一部爱国主义教育教材，也是一部国防教育、科普教育教材。字里行间，实现强国梦、强军梦的铁肩道义无不跃然纸上。这正说明作者本人也在以自强不息的方式，续写和传播着“哈军工”的灿烂与辉煌，是值得我们每个科大人称道和学习的。

《解放军报》刊稿检索统计

1. 长沙市春季马路万米长跑赛冠军，简讯，1986－03－31。

2. 献血的女兵，通讯，1986－04－28。

3. 认清动乱本质　激发学习热忱，消息，1989－06－22。

4. 组织青少年开展“参军一日”活动，消息，1989－11－16。

5. 共建共利　双方受益，消息，1989－11－23。

6. 柔性线状防步兵地雷研制成功，消息，1989－11－30。

7. 新型装配式充气工事研制成功，消息，1990－01－04。

8.“规矩”多未必成“方圆”，言论，1990－01－10。

9. 6 项科研成果获国家专利，消息，1990－02－01。

10. 在部队建立 7 个教学实习基地，消息，1991－07－17。

11. 独腿教官，通讯，1992－01－24。

12. 政治教员担任兼职教导员，消息，1992－09－14。

13. 汽车驱动轮滑转制动增扭系统研制成功，消息，1992－09－18。

14. 总参纪念毛泽东同志诞辰 100 周年暨学习建设有中国特色社会主义理论论文评选揭晓，消息，1993－11－09。

15. 健康教育走上军校讲坛，通讯，1994－05－11。

16. 写在波峰浪谷的答卷，通讯，1994－07－03。

17. 校园，那一畦畦菜地，通讯，1995－11－10。

18. 用青春和热血报效祖国，消息，1999－05－19。

19. 中央军委给卢锡城记一等功，消息，1999－05－22。

20. 组建新的国防科技大学，消息，1999－06－19。

21. 独创雷达极化信息处理理论体系，消息，1999－07－20。

22. 揭批李洪志歪理邪说　坚定理想信念，消息，1999－07－27。

23. 国防科大揭批李洪志虚伪本质，消息，1999－07－28。

24. 坚持科学真理　揭批歪理邪说，消息，1999－07－30。
25. 国防科技大学千余师生战洪魔，消息，1999－08－03。
26. 鼠标一点　考生入选，消息，1999－08－07。
27. 高扬科学旗帜　同伪科学作毫不妥协斗争，理论，1999－08－16。
28. 牢记神圣使命投身教学科研，消息，1999－08－18。
29. 托举“银河”振国威，通讯，1999－09－10。
30. 认真学习江主席重要讲话，消息，1999－10－03。
31. 全军高级干部高科技知识培训班开学，消息，1999－10－12。
32. “银河”走向产业化，消息，1999－11－02。
33. 国防科技大学研制成我首台汞原子激光器，消息，1999－11－13。
34. “银河”高性能分布仿真系统诞生，消息，1999－11－17。
35. 全军高级干部学习运用高科技，消息，1999－12－12。
36. 实验室里也能“发射”火箭，消息，1999－12－15。
37. 虚拟空间会议系统在国防科大问世，消息，1999－12－17。
38. “银河”闪闪耀神州，通讯，2000－01－01。
39. 指挥自动化效能分析评估系统通过鉴定，消息，2000－01－08。
40. 小平台上的高技术对抗，通讯，2000－01－26。
41. 在改进学风指导工作上下功夫，消息，2000－03－09。
42. 全军新“三打三防”训练研讨会结束，消息，2000－03－18。
43. 首期后勤领导干部高科技培训班开学，消息，2000－03－18。
44. 许志功被国防科大聘为兼职教授，消息，2000－03－27。
45. 赵勇：烙铁绘丹青，通讯，2000－04－07。
46. 国防科大成为全军规模最大研究生培养基地，消息，2000－04－08。
47. 全军第五期高级干部高科技知识培训班开学，消息，2000－04－12。
48. 国防科大3个代表队获得比赛的特等奖，消息，2000－04－22。
49. 全力确保“打得赢”“不变质”，消息，2000－05－20。
50. 全面复习莫使偏劲，通讯，2000－06－04。
51. 为科教兴国、科技强军多立新功，消息，2000－06－08。
52. 全军高级干部高科技知识培训班结业，消息，2000－06－13。
53. 数学模型课程开拓者，消息，2000－09－08。
54. 努力培养高素质新型军事人才，消息，2000－09－13。

55. 国防科大试办公共管理硕士教育，消息，2000－09－15。
56. 国防科大着力创建一流大学，消息，2000－09－21。
57. 科技服务边防行，消息，2000－10－09。
58. 加强国防建设投身伟大进军，消息，2000－10－19。
59. 军用通信网络可靠性研究获突破，消息，2000－11－11。
60. 为科技成果转化架桥，消息，2000－11－21。
61. 我第一台类人型机器人亮相，消息，2000－11－30。
62. 世界机器人发展历程，通讯，2000－12－06。
63. 我国首台无人驾驶压路机投入使用，消息，2000－12－07。
64. 中国全自主无人驾驶汽车驶上高速公路，通讯，2000－12－13。
65. 国防科技大学启动优秀人才成长快车，消息，2001－01－02。
66. 国防科技大学“4＋1”学员茁壮成长，消息，2001－01－16。
67. 军校“网吧”风景独好，通讯，2001－02－04。
68. 研究生教育向世界先进水平看齐，消息，2001－02－13。
69. 我军喜添理科博士授权点，消息，2001－02－14。
70. “863”催生军事创新人才，消息，2001－02－19。
71. 女专家教授教学科研挑重担结硕果，消息，2001－03－07。
72. 我国信息领域核心技术研究获重大突破，消息，2001－03－27。
73. 专家教授走三军　博士硕士下边关，消息，2001－03－29。
74. 一个课题组催生一批博士硕士，通讯，2001－04－09。
75. “神机妙算”的仿真计算机，通讯，2001－04－18。
76. 国防科大获国际数模竞赛一等奖，消息，2001－04－21。
77. 新型雷达训练模拟器研制成功，消息，2001－05－03。
78. “玉衡”之星耀“银河”，通讯，2001－05－07。
79. 实践“三个代表”推动科技进步，消息，2001－05－16。
80. 不当“县官”当教官，消息，2001－06－06。
81. 积极抢占网络思想文化阵地，消息，2001－06－10。
82. 繁星点点耀“银河”，通讯，2001－06－27。
83. 树立践行“三个代表”楷模党的建设，消息，2001－06－29。
84. 深刻领会精神实质　忠实履行神圣使命，消息，2001－07－02。
85. 永葆党的生机和活力，消息，2001－07－04。

86. 加快科技创新的步伐，消息，2001－07－10。
87. 新学期《讲话》精神进课堂，消息，2001－08－28。
88. 自觉用党的最新理论成果武装头脑，消息，2001－09－03。
89. 博士群体竞风流，通讯，2001－09－10。
90. 千名博士硕士汇集教师方阵，消息，2001－11－11。
91. 这里有座“心之桥”，通讯，2001－11－26。
92. 我国首台蛇形机器人诞生，消息，2001－11－27。
93. 以高尚道德为事业基础，消息，2001－11－30。
94. 国防科大积极开展社会捐助活动，消息，2001－12－10。
95. 硕士文学锋重新加入党组织，消息，2001－12－11。
96. 春风吹又生，通讯，2001－12－11。
97. 五硕士造“蛇”记，通讯，2001－12－12。
98. 硕士研究生文学锋的报道引起反响，消息，2001－12－21。
99. 工学博士喜获文学奖，消息，2002－01－02。
100. 国防科大“订单式”培养研究生，消息，2002－01－14。
101. 国防科大研究生生源结构发生变化，消息，2002－01－16。
102. 实话实说机器蛇，通讯，2002－02－06。
103. 寒假，学子自觉践行“三个代表”，消息，2002－02－19。
104. 帮地方销毁6000枚废弹，消息，2002－02－21。
105. 我军MPA在国防科大开学，消息，2002－04－01。
106. 我首条磁悬浮列车试验线建成通车，消息，2002－04－06。
107. 中国磁悬浮列车呼之欲出，通讯，2002－04－10。
108. 校园涌动创新潮，通讯，2002－05－15。
109. 拓宽科技视野　展示创新能力，消息，2002－05－18。
110. 机器人文化节魅力无穷，通讯，2002－06－07。
111. 真理的力量，通讯，2002－06－12。
112. 践行“三个代表”的范例，通讯，2002－06－16。
113. 文学锋与地方大学生共话“三个代表”，通讯，2002－06－17。
114. 总装举行“文学锋现象”报告会，消息，2002－06－20。
115. 文学锋做客人民网“强国论坛”，消息，2002－06－20。
116. “文学锋现象”报告会在驻西安南京军校引起反响，消息，2002－06－27。

117. “文学锋现象”报告团在北大作报告，消息，2002－06－28。
118. 用“三个代表”支撑起思想大厦，通讯，2002－07－13。
119. 沿着“哈军工”的轨迹，通讯，2002－07－20。
120. 在科技创新沃土上播撒种子，通讯，2002－07－24。
121. 国防科大着力培养学员创新能力，消息，2002－07－31。
122. 用“图忆”学英语，消息，2002－08－26。
123. 国防科大千名官兵奋力抗洪，消息，2002－08－27。
124. 感受新成就　激发新动力，消息，2002－09－08。
125. 潜心教学闯新路，通讯，2002－09－10。
126. 我军专家为科教兴国、科技强军作出贡献，消息，2002－09－18。
127. 一批科研成果跻身国际先进行列，消息，2002－10－06。
128. 研究生车国轮获得三项国家专利，消息，2002－10－14。
129. 新一代双学士学员茁壮成长，消息，2002－10－15。
130. 计算机科学与技术居本学科第一，消息，2002－10－19。
131. “银河”闪烁耀中华，通讯，2002－10－30。
132. 千余博士生科研打头阵，消息，2002－10－31。
133. 新型军事人才方阵在崛起，通讯，2002－11－06。
134. 认真学习江泽民同志十六大报告，消息，2002－11－09。
135. 全军和武警官兵认真学习十六大报告，消息，2002－11－10。
136. 在“三个代表”旗帜下阔步前进，消息，2002－11－13。
137. “银河”人的喜悦，通讯，2002－11－13。
138. 全军官兵欢庆党的十六大胜利闭幕，消息，2002－11－15。
139. 新一代“银河”高性能仿真系统问世，消息，2002－11－20。
140. 好环境催生创新人才，通讯，2002－11－20。
141. 认真传达贯彻十六大精神，消息，2002－11－21。
142. 走中国特色精兵之路，通讯，2002－11－24。
143. 宣讲团在基层，消息，2002－12－10。
144. 激活大学生创新的灵感，通讯，2002－12－18。
145. 全力打造新型军事人才，消息，2003－01－04。
146. 展科技之翼　圆飞天之梦，通讯，2003－01－15。
147. 知识让我如此美丽，通讯，2003－02－08。

148. 写在团旗上的承诺，通讯，2003－02－15。
149.《高科技知识读本》荣获中国图书奖，消息，2003－02－26。
150. 国防科技大学与中国气象局携手合作，消息，2003－03－29。
151. 感受“数字校园”的魅力，通讯，2003－04－02。
152. 在国际大学生数模竞赛中再创佳绩，消息，2003－04－08。
153. 异邦采花粉酿蜜于中华，通讯，2003－04－12。
154. 深入开展向郑培民学习活动，消息，2003－04－13。
155. 大兴学习之风　提高自身素质，消息，2003－04－19。
156. 绿色向往一生荣耀，通讯，2003－05－24。
157. 抗“非典”英模事迹成为生动教材，消息，2003－05－31。
158. 国防科技大学设置 12 个新学科专业，消息，2003－06－03。
159. 不断深化对“三个代表”重要思想认识，消息，2003－06－11。
160.“三个代表”博士论坛精彩纷呈，消息，2003－06－22。
161. 新增博导平均年龄四十岁，消息，2003－07－11。
162.“银河”妙算阴晴雨雪，通讯，2003－07－23。
163. 优势学科“孵化”创新人才，通讯，2003－08－11。
164. 为共和国筑建国防科技长城，通讯，2003－08－27。
165. 跨越，从站在巨人肩上开始，通讯，2003－08－27。
166. 殷切的关怀　可喜的成就，通讯，2003－08－29。
167. 国防科大向社会发布一大批科技成果，消息，2003－08－29。
168. 湘江侧畔脚步急，通讯，2003－08－30。
169. 厚德博学　强军兴国，通讯，2003－09－03。
170. 挑战经典，通讯，2003－09－27。
171. 开展机器人智能系统与信号处理研讨，消息，2003－10－11。
172. 银河精神的闪光，通讯，2003－10－13。
173. 全军首期大军区职领导干部高科技知识培训班开学，消息，2003－10－14。
174. 红烛照亮红肩章，通讯，2003－10－20。
175. 将爱国热情转化为实际行动，消息，2003－11－09。
176. 大军区职领导高科技知识培训班结业，消息，2003－11－23。
177. 高层体系结构仿真支撑平台问世，消息，2003－11－26。
178. 国防科大学员获挑战杯竞赛特等奖，消息，2003－11－29。

179. 围绕信息化建设重点攻关，消息，2004－01－04。
180. 大学物理课程实施双语教学，消息，2004－02－05。
181. 努力创建有我军特色世界一流大学，通讯，2004－02－16。
182. 建成车辆管理信息化平台，消息，2004－04－06。
183. 为部队编写训练教材，消息，2004－04－10。
184. 放弃保研　立志到一线部队建功立业，消息，2004－05－03。
185. 在全国百所著名中学建立生源基地，消息，2004－06－02。
186. 科技与文化交相辉映，通讯，2004－06－11。
187. 一批中青年博导领衔上阵，通讯，2004－06－14。
188. 大军区职干部高科技知识培训班结业，消息，2004－06－18。
189. 首批“合训分流”学员完成本科学业，消息，2004－06－24。
190. 计算机系统安全防护技术通过鉴定，消息，2004－06－25。
191. 民族歌舞进校园，通讯，2004－06－25。
192. 国防科大举行载人航天精神报告会，消息，2004－06－28。
193. 首批“合训分流”学员初露锋芒，通讯，2004－07－12。
194. 3600 名师生暑假送科技知识下部队，消息，2004－07－22。
195. 邓小平与“银河”巨型计算机，通讯，2004－08－23。
196. 博导走进演兵场，通讯，2004－08－23。
197. 把理论学习成果转化为推进军事变革动力，消息，2004－08－28。
198. 我国首台博弈机器人在长沙问世，消息，2004－08－28。
199. 老骥伏枥谱新篇，消息，2004－09－10。
200. 绿色军营召唤我，通讯，2004－09－20。
201. 二百多门课程上网来，通讯，2004－09－27。
202. 全军第三期大军区职领导干部高科技知识培训班开学，消息，2004－10－12。
203. 创新之花开校园，通讯，2004－10－18。
204. 坚持用创新理论砺志铸魂，消息，2004－10－19。
205. 八个一级学科进入全国前十名，消息，2004－11－05。
206. 全国博士生学术论坛（军队）在长沙举行，消息，2004－11－06。
207. “对台戏”唱活了社会化，通讯，2004－12－06。
208. 优势互补　共同发展，消息，2004－12－09。
209. 把心理科学引入四个教育，消息，2004－12－30。

210. 屡创佳绩的背后，通讯，2005 - 01 - 03。
211. 高层次人才在这里成长，通讯，2005 - 01 - 05。
212. 深入开展先进性教育活动，消息，2005 - 01 - 19。
213. 下到海岛写论文，消息，2005 - 01 - 23。
214. 加强各级党委班子能力建设，消息，2005 - 01 - 25。
215. 我军首个指挥型工程硕士研究生班开学，消息，2005 - 03 - 09。
216. 捡到巨款归还失主，通讯，2005 - 03 - 14。
217. 青年官兵更需要搞好科学理论武装，通讯，2005 - 03 - 28。
218. 虚拟手术开创外科教学新模式，通讯，2005 - 04 - 20。
219. 20 年为部队培养上万名博士硕士，消息，2005 - 04 - 29。
220. “试验田”里禾苗壮，通讯，2005 - 05 - 09。
221. 国防科大研究生角逐高科技前沿，消息，2005 - 05 - 12。
222. 国防科大喜庆研究生院成立二十周年，消息，2005 - 05 - 14。
223. 国防科大重奖全国优秀博士论文作者，消息，2005 - 05 - 15。
224. 这里走出万余博士硕士，通讯，2005 - 05 - 15。
225. 我军首个研究生创新中心揭牌，消息，2005 - 05 - 20。
226. 创新团队领跑者，通讯，2005 - 05 - 31。
227. 女博士六上海岛，通讯，2005 - 06 - 19。
228. 古稀之年的多彩生活，通讯，2005 - 06 - 29。
229. 走进国防科大教学创新基地，通讯，2005 - 08 - 29。
230. 让数学显威军事领域，通讯，2005 - 09 - 01。
231. 国防科大为四名教授举行庆功大会，消息，2005 - 09 - 07。
232. 依托重大课题攻关　造就高水平专家队伍，消息，2005 - 09 - 10。
233. 国际数模竞赛“金牌教练”，通讯，2005 - 09 - 10。
234. 老骥伏枥谱新篇，通讯，2005 - 09 - 10。
235. 信息技术融入“生命线”，消息，2005 - 09 - 17。
236. 欢庆“神六”飞天，消息，2005 - 10 - 13。
237. 国防科大学子载人航天展风采，消息，2005 - 10 - 18。
238. 回母校宣讲载人航天精神，消息，2005 - 11 - 07。
239. 吸引人　启发人　培养人，通讯，2005 - 11 - 08。
240. 进一步增强履行历史使命责任感，消息，2005 - 11 - 27。

241. 在全国大学生数模竞赛获5个一等奖，消息，2005-12-01。
242. 保健康就是保战斗力，消息，2005-12-04。
243. 国防科大学员代表队获特等奖，消息，2005-12-16。
244. “银河麒麟”在人民大会堂首次亮相，通讯，2006-01-10。
245. 青春，在科技创新中闪光，通讯，2006-01-14。
246. 性能卓越的“银河麒麟”操作系统，通讯，2006-02-14。
247. 310名基层指挥军官与参谋人员进入国防科大深造，消息，2006-02-15。
248. 国防科大围绕军事变革加强学科建设，消息，2006-02-19。
249. 一位女博士的海岛日记，通讯，2006-02-23。
250. 湘西山路，一名军校大学生的播火之旅，通讯，2006-03-02。
251. 数理战术学：用数学演绎战术原则，访谈，2006-03-21。
252. 博士唐力铁主动申请赴边创业，消息，2006-03-25。
253. 国防科大制成主动式网络集群服务系统，消息，2006-03-26。
254. 15门课程入选2005年度国家精品课程，消息，2006-03-28。
255. 哲学思维：无形而巨大的自主创新资源，访谈，2006-03-28。
256. 科技服务队热走演兵场，消息，2006-03-30。
257. 引领“银河”向未来，通讯，2006-04-03。
258. 国防科大牵头承担六项国家“973”项目，消息，2006-04-04。
259. 会聚技术：军队信息化建设的“催化剂”，访谈，2006-04-04。
260. 构建多规格多类型研究生培养模式，消息，2006-04-06。
261. 新材料技术：为新军事变革奠基，访谈，2006-04-18。
262. 为中国网络腾飞加油，通讯，2006-04-25。
263. 军校学子牵手残疾孤儿，通讯，2006-05-09。
264. 一切为了国家安全利益，通讯，2006-05-11。
265. 穿透信息化战争“迷雾”的利器，访谈，2006-05-16。
266. 创新的火花，在这里孕育，通讯，2006-06-27。
267. 锻造忠实履行使命的中坚力量，通讯，2006-06-29。
268. 围绕履行历史使命推进党的先进性建设，消息，2006-07-01。
269. 科学精神：自主创新的强大动力，访谈，2006-07-25。
270. 诠释生命不等式，通讯，2006-09-08。
271. 国防科大国家级专家平均年龄44岁，消息，2006-09-09。

272. 学员邵治诚协助地方刑警破系列抢劫案，消息，2006－09－12。
273. 以科学发展观为指导优化人才培养模式，消息，2006－09－17。
274. 第三届中国公民道德论坛在长沙举行，消息，2006－09－17。
275. 打牢构建和谐社会的道德基础，通讯，2006－09－22。
276. 开展“送温暖献爱心”捐助活动，消息，2006－09－22。
277. 青年骄子从军报国，通讯，2006－10－26。
278. “银河麒麟”服务器操作系统通过验收，消息，2006－12－05。
279. 军营里的杰出母亲，通讯，2006－12－24。
280. 高起点谋划哲学社会科学学科建设，消息，2007－01－08。
281. 千门课程上网　数字校园成真，消息，2007－01－09。
282. “金钥匙”打开又好又快发展“闸门”，通讯，2007－01－19。
283. 把物理课讲成了艺术，通讯，2007－02－08。
284. 学员岳星当选“津城百姓英雄”，消息，2007－03－03。
285. 用好作风带学员育人才，消息，2007－03－21。
286. 获国际大学生数模竞赛大特等奖，消息，2007－03－26。
287. 忧患意识成为科技创新不竭动力，消息，2007－04－01。
288. 科技与文化交相辉映，通讯，2007－04－09。
289. 学习方永刚贴近实际注重实效，消息，2007－04－13。
290. 支持子女到艰苦地区建功立业，消息，2007－04－22。
291. 大批博士硕士走进军事变革主战场，消息，2007－05－04。
292. “机器人战争”离我们有多远，访谈，2007－05－17。
293. 一键进入知识海洋　学研不再“大海捞针”，通讯，2007－05－24。
294. 国防科大扎实推进高品位校园文化建设，消息，2007－06－13。
295. 大牌专家带来学术文化大餐，消息，2007－07－10。
296. 国防科大新学员600分以上占七成，消息，2007－08－31。
297. 孪生兄弟携手进军校，通讯，2007－09－03。
298. 组织学员开展野外军事强化训练，消息，2007－10－07。
299. 搭上信息化快车，通讯，2007－10－08。
300. 人才培养结构发生可喜转变，消息，2007－10－14。
301. 推进部队建设又好又快发展，消息，2007－10－16。
302. “银河”团队年轻党员增干劲，通讯，2007－10－20。

303. 夯实人才腾飞的跑道，通讯，2007－10－24。
304. 组织关爱伴学子成长，通讯，2007－11－06。
305. 获全国大学生电子设计竞赛冠军，消息，2007－11－08。
306. 国防科大政治理论教员兼任学员队干部，消息，2007－11－11。
307. “银河”故里话创新，通讯，2007－11－13。
308. 艺术伴青春神采飞扬，通讯，2007－11－29。
309. 依托三大课堂探索“三进入”机制，消息，2007－12－03。
310. 全军科技战线认真学习胡锦涛重要讲话，消息，2007－12－14。
311. 唯有实践出真知，通讯，2007－12－26。
312. 建立人才培养长效机制，通讯，2008－01－03。
313. 助推战舰驰海疆，通讯，2008－01－04。
314. 国防科技大学自主创新能力实现跃升，消息，2008－01－05。
315. 车网：让“精确管理”名副其实，通讯，2008－01－10。
316. 因为创新，所以精彩，通讯，2008－01－14。
317. 国防科技大学百余学员高速公路铲雪，消息，2008－01－30。
318. 道器并重，访谈，2008－02－21。
319. 家乡流行语述说祖国发展，消息，2008－03－18。
320. 教学向信息化建设聚焦，通讯，2008－03－28。
321. 博士芦玉峰主动申请赴边疆工作，消息，2008－04－02。
322. 全军举办军队院校招生工作业务培训，消息，2008－04－14。
323. 夯实理论根基　促进学以致用，消息，2008－04－15。
324. 国防科大获国际大学生数模竞赛最高奖，消息，2008－04－16。
325. 促进十七大精神“三进入”，消息，2008－04－24。
326. 博士芦玉峰的两次选择，通讯，2008－04－28。
327. 搭起知识转化能力的桥梁，通讯，2008－04－30。
328. 一个时代的开启与一所军校的崛起，通讯，2008－05－13。
329. 科技让奥运更精彩，通讯，2008－06－03。
330. 奥运精神伴我成长，通讯，2008－06－09。
331. 破解“年轻化”隐忧，通讯，2008－06－12。
332. 国防科大积极参与奥运技术服务保障，消息，2008－06－18。
333. 国防科大毕业学员要求到艰苦地方工作，消息，2008－06－21。

334. 一批优秀毕业学员赴艰苦地区工作，消息，2008－07－12。
335. 构建“三足鼎立”人才培养新格局，消息，2008－08－17。
336. 为奥运会开闭幕演出提供精确指挥控制，消息，2008－08－23。
337. 国防科大高性能计算创新团队屡创佳绩，消息，2008－08－27。
338. 在浩瀚天宇实现“三级跳”，通讯，2008－08－29。
339. 人才队伍整体实力大幅提升，消息，2008－09－09。
340. 永恒的记忆感恩的心，通讯，2008－09－09。
341. 锦旗背后有真爱，通讯，2008－09－22。
342. 国防科大学子“神七”飞天担纲，消息，2008－09－26。
343. 回忆“银河－Ⅰ”诞生，通讯，2008－10－08。
344. 神机妙算变现实，通讯，2008－10－08。
345. 放飞青春梦想，通讯，2008－10－09。
346. 堵塞跑冒滴漏，通讯，2008－11－01。
347. 向世界一流大学阔步迈进，通讯，2008－11－06。
348. 国防科技富国强军贡献卓著，消息，2008－11－07。
349. 国防科技事业谱写崭新篇章，通讯，2008－11－07。
350. 踏访“银河故里”，通讯，2008－11－07。
351. 11 篇全国优秀博士学位论文的背后，通讯，2008－12－13。
352. 提高人才培养质量　增强自主创新能力，消息，2008－12－14。
353. 科学发展的推力有多大，通讯，2008－12－20。
354. 科研协作机制提升自主创新能力，消息，2008－12－27。
355. 从物理战拓展至心理战，通讯，2009－01－03。
356. 政治理论教学与研究直通基层连队，消息，2009－01－08。
357. 问题的支点作用有多大，通讯，2009－01－13。
358. 科研财务管理搭上信息化快车，消息，2009－01－13。
359. 传统学科何以生机勃发，通讯，2009－01－13。
360. 在线电子词典，网友也能当作者，通讯，2009－02－17。
361. 军民融合产生“化学反应”，通讯，2009－02－22。
362. 主题教育内容进入课堂，消息，2009－03－01。
363. 高层次人才成批次进入军事变革主战场，消息，2009－03－13。
364. 优化顶层设计　培养拔尖人才，消息，2009－03－26。

365. 有一种岗位叫“挑刺”，通讯，2009－04－02。
366. 潜能，在融合中聚变，通讯，2009－04－03。
367. 军队院校政治理论教学协作联席会挂牌，消息，2009－04－11。
368. 凝练研究方向　瞄准核心技术攻关，消息，2009－05－30。
369. 礼赞生命的“湿地”，通讯，2009－06－01。
370. 分析检查深入了创新发展上去了，消息，2009－06－10。
371. 谋求高位发展新突破，通讯，2009－06－19。
372. 志愿到艰苦地区奉献青春，消息，2009－06－20。
373. “争气机”争出民族尊严，通讯，2009－08－28。
374. “毛泽东与新中国”学术研讨会举行，消息，2009－09－12。
375. 一所学院的航天“人才森林”现象，通讯，2009－10－26。
376. 我国首台千万亿次超级计算机诞生，消息，2009－10－30。
377. “天河一号”诞生记，通讯，2009－10－30。
378. 大师风范励后人，通讯，2009－11－17。
379. “天河一号”进入世界五强，消息，2009－11－19。
380. 涌现一批领军人才与创新团队，消息，2009－11－23。
381. “天河一号”创新高，访谈，2009－11－28。
382. 光测：大视场实时动态测量显优势，访谈，2010－01－21。
383. 推进国防科技自主创新，访谈，2010－03－09。
384. 大批研究生登上国际学术讲台，消息，2010－03－15。
385. 联合作战智能导航，访谈，2010－03－18。
386. 军中“小荷”不简单　国际讲坛露“尖角”，通讯，2010－04－09。
387. 以国际视野筹划教学科研创新发展，消息，2010－05－24。
388. 开展“关爱功臣”送医送药活动，消息，2010－05－24。
389. 三尺讲台弘扬“红烛精神”，消息，2010－05－24。
390. 信息能力：联合作战的第一能力，访谈，2010－05－27。
391. 军地院士与学员面对面研讨，消息，2010－07－03。
392. 全军首期高层次创新型科技人才研修班结业，消息，2010－07－08。
393. 用工程化方法解析未来战争，访谈，2010－07－08。
394. 青年领军人才和创新团队交相辉映，消息，2010－07－17。
395. 国防科大首次实行夏季学期制，消息，2010－07－24。

396. 科技强军，抢占人才制高点，述评，2010－07－28。
397. 我军武器装备有了“中国芯”，消息，2010－07－30。
398. 队干部与学员同堂学习同堂考试，消息，2010－08－06。
399. 回归自然的惬意，通讯，2010－08－27。
400. 外语教学紧贴军事交流需求，消息，2010－09－09。
401. 夏季学期别样红，通讯，2010－09－14。
402. “百连工程”充电基层官兵，消息，2010－09－28。
403. 把学习融入使命，通讯，2010－10－02。
404. 主动融合创造双赢格局，通讯，2010－10－10。
405. 明确带头标准　提高带头能力，消息，2010－10－15。
406. 网上办公，风景这边独好，通讯，2010－10－19。
407. 为新学员建立心理档案，消息，2010－10－20。
408. 我军高级干部高科技知识培训成效显著，消息，2010－10－22。
409. 11 年奔波，他和他追逐的梦想，通讯，2010－10－25。
410. “天河一号”运算性能跃上世界之巅，消息，2010－10－29。
411. 国防科大学员踊跃参加义务献血，消息，2010－11－06。
412. 全军第二期高层次创新型科技人才研修班结业，消息，2010－11－13。
413. “天河一号”全球最快，消息，2010－11－18。
414. 学会用好科技这把解剖刀，访谈，2010－11－18。
415. 超越之路，通讯，2010－11－19。
416. “天河一号”能做什么？访谈，2010－11－19。
417. 超级计算机如何排名？访谈，2010－11－19。
418. 东北亚英语辩论赛国防科技大学夺冠，消息，2010－11－26。
419. 全军宣讲团在机关部队和院校宣讲，消息，2010－12－09。
420. 创新，不竭的动力，通讯，2010－12－09。
421. 紧贴教学科研实践创先争优，消息，2010－12－24。
422. 16 个宣讲团活跃在部队、工厂、农村，消息，2011－01－09。
423. 感恩送给英雄新郎，通讯，2011－01－11。
424. 科研攻关党员专家当先锋，消息，2011－02－17。
425. 制胜于电磁频谱之战，访谈，2011－02－24。
426. 中低速磁浮交通技术取得重大突破，消息，2011－03－01。

427. 让“零高度飞行器”驰骋华夏大地，通讯，2011－03－06。
428. 聚焦自主创新　畅谈军民融合，通讯，2011－03－08。
429. 推进军民高新技术共享和相互转移，消息，2011－03－09。
430. 跨越，从找准自己的差距开始，通讯，2011－03－12。
431. 解读历史光影下的“战斗力生成”，访谈，2011－04－14。
432. 王飞雪：胸有乾坤执“北斗”，通讯，2011－04－17。
433. 努力造就大批高素质新型军事人才，消息，2011－04－28。
434. 以良好作风带教风、促学风，消息，2011－05－06。
435. 国防科大医院开通远程医学站点，消息，2011－06－19。
436. 不让一名学员掉队，通讯，2011－06－24。
437. 为党添彩攀高峰，通讯，2011－07－03。
438. 我国无人驾驶汽车首次进行高速公路驾驶试验，消息，2011－07－19。
439. 拼将睿智铸国器，图片，2011－07－26。
440.“四个纳入”提升培育实效，消息，2011－08－06。
441. 强军兴国的科技劲旅，通讯，2011－08－19。
442. 创新之花何以盛开，通讯，2011－08－20。
443. 自主创新团队先进事迹座谈会在京举行，消息，2011－08－26。
444. 学习自主创新团队先进事迹座谈会在京举行，消息，2011－08－27。
445. 弘扬创新精神　培育创新文化，消息，2011－09－01。
446. 宛如一首雄壮的军歌，消息，2011－09－01。
447. 本报长沙印点正式开通，消息，2011－09－02。
448. 湘江之畔奏响创新强音，通讯，2011－09－04。
449. 中国科学家首次获得主题报告奖，消息，2011－09－05。
450. 自主创新团队报告团在哈尔滨作报告，消息，2011－09－06。
451. 自主创新团队事迹报告团在天津作报告，消息，2011－09－08。
452. 自主创新团队报告团在合肥郑州作报告，消息，2011－09－10。
453. 自主创新团队事迹感动广州高校师生，消息，2011－09－20。
454. 创新之树硕果满枝，通讯，2011－09－29。
455. 将“源头活水”引入课堂，通讯，2011－10－11。
456. 自主创新团队先进事迹报告在长沙举行，消息，2011－10－26。
457. 让自主创新旗帜高高飘扬，通讯，2011－10－27。

458. 首届国际学员科技周在国防科大开幕，消息，2011－11－09。
459. 国防科大获工程博士专业学位授权，消息，2011－11－12。
460. 全国大学数学课程报告论坛闭幕，消息，2011－11－14。
461. 第八届模拟联合国大会在国防科大开幕，消息，2011－11－19。
462. 国防科大积极推动军事文化走向世界，消息，2011－11－28。
463. 国防科大在军队院校率先实施学部制，消息，2011－12－04。
464. 获第32届世界大学英语辩论赛亚军，消息，2012－01－15。
465. 见义勇为奖金捐公益，通讯，2012－02－14。
466. 首期联合参谋超前培养培训班开学，消息，2012－02－16。
467. 成体系推进原始创新，通讯，2012－02－20。
468. 雷锋精神鼓舞人　雷锋传人遍神州，消息，2012－03－04。
469. 教书育人是我的最爱，通讯，2012－03－07。
470. 抗震小英雄情暖孤残儿童，消息，2012－03－08。
471. 身处异国坚守信念如磐，消息，2012－03－21。
472. 财政部国防司在国防科大考察调研，消息，2012－03－27。
473. 数学的威力有多大，通讯，2012－04－09。
474. 坚决拥护党中央的正确决定，消息，2012－04－12。
475. 培育当代革命军人核心价值观研讨会举行，消息，2012－04－20。
476. 用先进军事文化铸牢军人之魂，综述，2012－04－21。
477. 国防科技大学的文化自觉，通讯，2012－04－22。
478. 数据奔腾强力支撑重大科技创新，消息，2012－04－24。
479. 天河一号："算天算地算人"，通讯，2012－04－24。
480. 海外归来感悟祖国新成就，消息，2012－05－03。
481. 我国成功发射"遥感卫星十四号"，消息，2012－05－11。
482. 军需物资实现联勤直达配送，消息，2012－05－25。
483. 26名贫困生圆了大学梦，通讯，2012－05－31。
484. 照片墙上"晒幸福"，消息，2012－05－31。
485. 欢庆我国首次载人交会对接任务圆满成功，消息，2012－06－30。
486. 国防科大"十从十看"赞成就、添干劲，消息，2012－07－03。
487. 名师授课拓展学员国际视野，消息，2012－07－03。
488. 天拓一号微小卫星服务"神九"任务，消息，2012－07－05。

489. 为师生健康护航，通讯，2012－07－05。
490. 胸中总怀一团火，通讯，2012－07－09。
491. “天拓一号”纳星遨游太空，通讯，2012－07－26。
492. 训练伤防治与康复中心揭牌，消息，2012－07－29。
493. 加强财经管理提高保障效益，消息，2012－08－10。
494. 国防科大全国光电设计竞赛喜获佳绩，消息，2012－08－20。
495. 贯彻科学发展观理论与实践研讨会召开，消息，2012－08－25。
496. 在湘江之畔仰望太空，通讯，2012－08－26。
497. 紧贴战场需求自主创新，通讯，2012－08－30。
498. 多方找英雄登门颁奖金，消息，2012－09－03。
499. 创新之花，在融合中绚丽绽放，通讯，2012－09－04。
500. 实行学部制，消息，2012－09－04。
501. 陆地“飞行器”，消息，2012－09－11。
502. 百舸争流“红军渡”，通讯，2012－09－19。
503. “钱学森与国防科学技术大学”专题文献厅落成揭幕，消息，2012－09－29。
504. 厘清体系作战的内涵要义，访谈，2012－10－11。
505. 狠抓以教学科研为中心的各项工作落实，消息，2012－10－13。
506. “海归士兵”熊中晞考入国防科大，消息，2012－10－14。
507. 祖国发展召唤着我，通讯，2012－10－14。
508. 孜孜以求带来硕果满园，通讯，2012－10－30。
509. 创作浮雕颂扬党，通讯，2012－11－01。
510. 专家教授立志推动创新，消息，2012－11－09。
511. 创造更快的“中国速度”，消息，2012－11－11。
512. 党员专家科研攻关破解瓶颈，消息，2012－11－15。
513. 推进十八大精神“三进入”，通讯，2012－11－17。
514. 认真传达贯彻十八大精神，消息，2012－11－21。
515. 自主研制智能听力保护系统获奖，消息，2012－11－26。
516. 深入浅出解读贴近官兵宣讲，消息，2012－12－01。
517. 留学人员 QQ 群里话使命，消息，2012－12－01。
518. 锻造过硬本领　忠诚履行使命，消息，2012－12－03。
519. 百余名师生宣讲十八大精神，消息，2012－12－07。

520. 本科生进入“天河”团队崭露头角，消息，2012－12－09。

521. 学用结合坚定信心增强自主创新能力，消息，2012－12－12。

522. 军民融合协同创新研究院建设启动，消息，2012－12－23。

523. “百队工程”催生蝴蝶效应，通讯，2012－12－25。

524. 明年工作要点两页纸千余字，消息，2012－12－27。

525. 安防系统有了新一代“电子眼”，消息，2013－01－13。

526. 国防科大创新团队刷新“中国精度”，消息，2013－01－16。

527. 每间实验室都摆着行军床，通讯，2013－01－16。

528. 创新，置于全球视野下，通讯，2013－01－18。

529. 国防科大加强留学出访党员管理服务，消息，2013－01－21。

530. 国防科大7个一级学科进入全国前列，消息，2013－02－03。

531. 遇到涉法难题，请拨“148”，通讯，2013－02－08。

532. 按打仗要求培养应用型人才，消息，2013－03－23。

533. 23只“小鸭”游进“天河”，通讯，2013－03－25。

534. 爱心让孤残儿童快乐成长，通讯，2013－03－25。

535. 一个亮丽的校园文化品牌，通讯，2013－03－29。

536. 如磐信念成就精彩人生，通讯，2013－04－11。

537. 成立大功率光纤激光协同创新中心，消息，2013－04－14。

538. 从理论源头铸牢青年学员强军之魂，消息，2013－05－04。

539. 设计寿命仅一月　在轨运行已一年，消息，2013－05－10。

540. 异国求学路　组织常相伴，消息，2013－05－10。

541. 攻关的脚步真忙碌，通讯，2013－05－12。

542. 高性能卫星导航接收机研制成功，消息，2013－05－16。

543. 军旅诗词催生学子正能量，通讯，2013－05－19。

544. 百余理论教官学员队兼职带教，消息，2013－05－25。

545. 自主创新取得一批重要成果，消息，2013－05－28。

546. 天河二号超算速度全球领跑，消息，2013－06－18。

547. “王者归来”告诉我们什么，通讯，2013－06－18。

548. 中国超算：第二次登上世界之巅，访谈，2013－06－18。

549. 习近平对天河二号超级计算机系统研制成功作出重要批示，消息，2013－06－19。

550. 壮哉，中国超算，通讯，2013－06－20。

551. 紧贴教学科研实际加强作风建设，消息，2013－06－20。

552. 助推人才梦想成真，通讯，2013－06－21。

553. 勇于自主创新　推进科技进步，消息，2013－06－24。

554. 标本兼治探索车辆管理机制，消息，2013－06－28。

555. 全军研究生导师（非军事类）培训开学，消息，2013－07－06。

556. 量子的星光大道，通讯，2013－08－08。

557. 全国光学大会在国防科技大学召开，消息，2013－08－17。

558. 眼光，在创新中超越，通讯，2013－08－23。

559. 纳米的奇幻漂流，通讯，2013－08－24。

560. 基因，在塑造中传承，通讯，2013－08－27。

561. 探秘我军博士硕士培养“重镇”，通讯，2013－08－29。

562. 我们都是“哈军工”，通讯，2013－08－30。

563. 不搞庆典搞调研　不办晚会办论坛，消息，2013－09－02。

564. 伙食成本下降10%，消息，2013－09－12。

565. 虚心听意见　真心办实事，消息，2013－09－29。

566. 深入基层扎实调研　自觉接受群众监督，消息，2013－11－03。

567. 着眼强军需求培育“人才森林”，消息，2013－11－04。

568. 深入贯彻落实党在新形势下的强军目标　加快建设具有我军特色的世界一流大学，消息，2013－11－07。

569. 努力为实现中国梦强军梦作出新贡献，消息，2013－11－10。

570. 爆炸式拓展的大数据，通讯，2013－11－14。

571. 天河二号落户国家超算广州中心，消息，2013－11－22。

572.“强军杯”军事游戏竞赛举行，消息，2013－12－01。

573. 学习贯彻习主席视察国防科大重要讲话精神研讨会召开，消息，2013－12－07。

574. 在新起点上加快推进军队院校建设发展，综述，2013－12－23。

575. 用课题牵引学习向实践拓展延伸，消息，2014－01－02。

576. 科研助力我军指挥控制系统建设，消息，2014－01－05。

577.“天河”蓄力涌新潮　“北斗”星光更璀璨，通讯，2014－02－07。

578. 引来源头活水　注入强军之魂，通讯，2014－02－16。

579. 军官素质图谱呼唤“人文配方”，通讯，2014－03－02。

580. 把“不可能”变成“可能”，通讯，2014－04－15。
581. 导师：传学问又抓思想，通讯，2014－04－21。
582. 16 支代表队用“天河二号”展开角逐，消息，2014－04－26。
583. 信息化平台扎紧管控“篱笆”，消息，2014－04－28。
584. 国防科技大学古田教学基地正式揭牌，消息，2014－05－19。
585. 研讨推进习主席系列重要讲话精神“三进入”，消息，2014－06－07。
586. 军校两地书共话强军梦，来信，2014－06－10。
587. 为官兵服务注重跟踪问效，消息，2014－06－12。
588. 天空有属于他们的星星，通讯，2014－06－16。
589. 自主创新凝聚强军之“光”，消息，2014－06－23。
590. 方寸陀螺竞显英雄本色，通讯，2014－06－23。
591. 天河二号喜获世界超算“三连冠”，消息，2014－06－24。
592. 坚决拥护党中央的正确决定，消息，2014－07－02。
593. 国防科大探索与部队联合育人新模式，消息，2014－07－05。
594. 合成生物学：再造生命的奇迹，通讯，2014－07－10。
595. 肩扛一道杠　胸装天下事，通讯，2014－07－20。
596. 用代码编织美丽强军梦，通讯，2014－07－23。
597. 我国首个建筑信息模型产业园揭牌，消息，2014－08－30。
598. 三对孪生兄弟的军校梦，通讯，2014－08－31。
599. “健康工程”全方位呵护科学家身心，消息，2014－09－03。
600. “天弦一号”太阳翼振动控制装置问世，消息，2014－09－05。
601. 天拓二号卫星发射升空进入预定轨道，消息，2014－09－09。
602. 天拓二号：太空“移动摄像头”，通讯，2014－09－18。
603. 国防科技自主创新实现新跨越，消息，2014－09－26。
604. 智能芯片：夺取信息优势的金钥匙，通讯，2014－10－16。
605. 感受冷板凳上的创新热量，通讯，2014－10－19。
606. 在强军兴军征程中充分发挥生命线作用，消息，2014－11－15。
607. 中国天河二号成为世界超算双料冠军，消息，2014－11－21。
608. 一位藏族女孩的军中追梦之旅，通讯，2014－11－30。
609. 好作风解兵忧暖兵心，消息，2014－12－03。
610. 学员喊她“知心姐姐”，通讯，2014－12－07。

611. 获国际遗传工程机器设计大赛金奖，消息，2014 - 12 - 08。
612. 花钱先“对表”　办事不逾规，通讯，2014 - 12 - 21。
613. 天河一号获国家科技进步特等奖，消息，2015 - 01 - 10。
614. 密码学：无形战场上的智慧较量，通讯，2015 - 01 - 22。
615. 我国超精密光学零件加工技术跨入世界领先行列，消息，2015 - 01 - 23。
616. 习主席的嘱托化作心中强军梦，通讯，2015 - 02 - 12。
617. 法治信仰，从“官之初”开始培塑，通讯，2015 - 03 - 14。
618. 强军兴军，“天河人”的时代担当，通讯，2015 - 03 - 31。
619. 视频连线，海外学子“走进”教育课堂，消息，2015 - 04 - 08。
620. 探索建立新一代革命军人培养体系，消息，2015 - 04 - 17。
621. 以问题倒逼机制促进作风整改，消息，2015 - 05 - 05。
622. 天河二号揭秘宇宙 137 亿年演化进程，消息，2015 - 05 - 14。
623. 依托信息技术推动“阳光理财”，消息，2015 - 05 - 15。
624. 军为民用，推动科技成果产业化，消息，2015 - 05 - 17。
625. 政治干部学军事、学指挥、学科技常态化，消息，2015 - 05 - 19。
626. “脑机接口”技术让“脑控”成为现实，通讯，2015 - 05 - 21。
627. 为北斗全球系统试验卫星提供有力支撑，消息，2015 - 05 - 23。
628. 全程淘汰，把压力变动力，通讯，2015 - 05 - 24。
629. 吸引更多优秀青年投身强军事业，消息，2015 - 06 - 03。
630. “北斗少帅”王飞雪，通讯，2015 - 06 - 25。
631. 逐梦北斗，通讯，2015 - 06 - 25。
632. “兵者”旋风掀起高校强军热潮，通讯，2015 - 06 - 28。
633. 仰望星空　脚踏实地，通讯，2015 - 06 - 29。
634. 身在国外，党旗飘扬在心中，通讯，2015 - 07 - 01。
635. 组织课题攻关的“领头雁”，通讯，2015 - 07 - 12。
636. 天河二号喜获世界超算“五连冠”，消息，2015 - 07 - 14。
637. 在强军事业中实现自己的人生价值，通讯，2015 - 07 - 28。
638. 强本领，把“航天英才”当标杆，消息，2015 - 08 - 10。
639. 创新托举“天河”屹立世界超算之巅，消息，2015 - 09 - 19。
640. 中国超算“未来之星”，通讯，2015 - 09 - 20。
641. 开展微纳卫星集群飞行和航空目标信号接收试验，消息，2015 - 09 - 22。

642.“梦课”达人首次回“母校”，通讯，2015－09－25。

643. 以受阅标准迈好“第一步”，消息，2015－10－08。

644. 探亲途中勇救坠桥老人，消息，2015－10－09。

645. 我国首次星载航空目标自动识别信号接收试验圆满成功，消息，2015－10－14。

646. 澎湃的创新动力从哪里来，通讯，2015－11－06。

647. 边防官兵可“足不出户看中医”，消息，2015－11－10。

648. 威廉史密斯科学奖首次颁给中国学者，消息，2015－11－11。

649. 创新发展刷新中国速度，消息，2015－11－14。

650. 全军宣讲团在国防科大宣讲，消息，2015－11－21。

651.“天河”惊艳世界，通讯，2015－11－21。

652. 知识报国，星星知我心，通讯，2015－11－22。

653. 牵住作风“牛鼻子”　管好了“车轮子”，通讯，2015－11－28。

654. 研究生，学历高还得素质高，通讯，2015－11－29。

655. 创新路上“压舱石”，通讯，2015－11－30。

656.“口袋书”增强守法意识，通讯，2015－12－20。

657. 射频识别：军事物联网智能“大管家”，通讯，2015－12－24。

658. 信息化战争“最强大脑”锻造者，消息，2015－12－29。

659. 突出实战技能　挑战训练极限，消息，2015－12－29。

660. 为让作战指挥“大脑”更聪慧，通讯，2016－01－07。

661. 空间机器人：太空领域“多面手”，通讯，2016－01－28。

662.“天河”人，仰望星空脚踏实地，通讯，2016－02－15。

663. 征战在激光世界里，消息，2016－03－08。

664. 石墨烯：无限可能的神奇材料，通讯，2016－03－10。

665. 创新，为了打赢明天的战争，通讯，2016－03－17。

666. 潜心 22 年，成就一件大事，通讯，2016－04－07。

667. 让法治信仰根植学子心中，通讯，2016－04－10。

668. 用爱和责任熔铸师魂，通讯，2016－04－10。

669. 我国首款智能安保服务机器人问世，消息，2016－04－22。

670. 系列讲座刮起“头脑风暴”，消息，2016－04－25。

671. 坚持创新驱动发展　建设世界一流军队，消息，2016－04－26。

672. 攀越群山之巅，通讯，2016－04－29。
673. 别吃惊，网上有了虚拟物理实验室，通讯，2016－05－13。
674. 军事战略创新 夺取制胜权的重要先机，访谈，2016－05－17。
675. 第七届中国卫星导航学术年会在长举办，消息，2016－05－19。
676. 工程车辆精准导航测向系统研制成功，消息，2016－05－20。
677. 海外留学党员教育全员覆盖，消息，2016－05－25。
678. “北斗”星光激发奋进动力，消息，2016－05－29。
679. 创新攻坚，努力建设世界一流军队，消息，2016－06－02。
680. 生源基地覆盖全国百余所重点中学，消息，2016－06－12。
681. 板凳甘坐十年冷　信念追求终不移，通讯，2016－06－15。
682. 父亲的目光，散文，2016－06－16。
683. “天源一号”成功完成我国首次卫星在轨加注试验，消息，2016－07－01。
684. “强基工程”培育合格擎旗手，消息，2016－07－17。
685. 科技竞赛促进人才脱颖而出，消息，2016－07－27。
686. 聚焦创新驱动战略　加速突破关键技术，消息，2016－08－10。
687. “焦桐”为镜思传承，通讯，2016－08－12。
688. 中国研究生未来飞行器创新大赛举行，消息，2016－08－24。
689. 丹心热血沃新苗，通讯，2016－09－07。
690. 把课堂打造成强大磁场，通讯，2016－09－10。
691. 青春绽放在强军高地，通讯，2016－10－16。
692. “天方一号”新概念航天结构成功发射，消息，2016－11－04。
693. “线上军校”催生官兵学习热，消息，2016－11－07。
694. 全军首期网络管理骨干培训班开班，消息，2016－11－10。
695. 以走在前列标准贯彻全面从严治党要求，消息，2016－11－12。
696. 打造官兵学习成才“梦工厂”，通讯，2016－11－13。
697. 再获国际遗传工程机器大赛金奖，消息，2016－11－18。
698. 年轻老教授，报告文学，2016－11－21。
699. 我国超级计算机精彩演绎速度与激情，通讯，2016－11－24。
700. 以超级速度破解人类面临多种世纪难题，通讯，2016－11－24。
701. 绽放在空天领域的铿锵玫瑰，通讯，2016－12－04。
702. 正能量，从指尖滑向心间，通讯，2016－12－25。

703. 梦想舞台引得凤凰来，通讯，2017－01－04。

704. 做一颗会思考的“子弹”，通讯，2017－02－19。

705. 我的选择没有错，通讯，2017－03－01。

706. 用创新成果书写改革答卷，消息，2017－03－09。

707. 国防科大扎实推动习主席系列重要讲话精神“三进入”，消息，2017－03－28。

708. 无人驾驶，“红旗”车汇入高速车流，通讯，2017－03－11。

709. 80后博士挑大梁，通讯，2017－03－29。

710. 创新为何“于斯为盛”，通讯，2017－04－06。

711. 有梦想的人生不寂寞，通讯，2017－04－24。

712. 列车展翅，报告文学，2017－04－28。

713. 46年坚持干好一件事，通讯，2017－04－28。

714. 推动“一带一路”伟大事业不断向前，消息，2017－04－28。

715. 青春的最好打开方式是奋斗，通讯，2017－05－19。

716. 国产磁浮列车来了，通讯，2017－06－17。

717. 融合的“列车”如何开得更快更稳，通讯，2017－06－17。

718. 用工作成果衡量教育效果，消息，2017－06－19。

719. 国防科大第10颗微纳卫星发射升空，消息，2017－06－27。

720. 张超凡：把平凡的基础研究做超凡，通讯，2017－07－07。

721. 为建设世界一流军队提供有力人才和科技支撑，通讯，2017－07－20。

722. 从“银河”到“天河”，通讯，2017－08－24。

723. 自主研发10颗微纳卫星遨游太空，消息，2017－09－02。

724. 极限智慧的挑战，报告文学，2017－09－05。

725. 无人机“黑飞”的克星，通讯，2017－09－08。

726. 星空中闪耀的“中国坐标”，通讯，2017－09－20。

727. “理论轻骑兵”高擎信仰火炬，消息，2017－10－05。

728. “理论轻骑兵”的别样青春，通讯，2017－10－06。

729. 王飞雪：逐梦北斗耀苍穹，通讯，2017－10－09。

730. 从一所军校透视国防科技爆发力，通讯，2017－10－12。

731. 不等不靠撸起袖子加油干，通讯，2017－10－22。

732. 坚持走中国特色强军之路　全面推进国防和军队现代化，消息，2017－10－23。

733. 学习攻关两不误，消息，2017-10-24。
734. 认真学习领会党的十九大精神，消息，2017-10-27。
735. 坚决听从指挥　忠实履行使命，消息，2017-10-30。
736. 让“北斗”早日覆盖全球，通讯，2017-11-03。
737. 汇聚推进新时代强军事业的磅礴力量，消息，2017-11-11。
738. 在强军新征程放飞青春梦想，通讯，2017-11-12。
739. 做新时代军事智能化发展的开拓者，通讯，2017-12-05。
740. 全校两院院士增至三十名，消息，2017-12-07。
741. 北京首条磁浮交通示范线开通试运营，消息，2017-12-31。
742. 博士学位论文答辩搬到试验场，通讯，2018-01-18。
743. 一束永不消逝的“激光”，通讯，2018-01-26。
744. 燃烧青春，点亮无人机“慧眼”，通讯，2018-03-10。
745. 解读政策走心　排忧解难尽心，通讯，2018-05-02。
746. 观天测海，聚智联合作战有作为，消息，2018-05-22。
747. 新型磁浮列车运行试验成功，消息，2018-05-25。
748. 瞄准世界科技前沿　肩负历史赋予的重任，消息，2018-05-29。
749. 坚定创新信心　勇立创新潮头，通讯，2018-05-31。
750. 国家重大科研项目持续推进，消息，2018-06-14。
751. “寂寞长跑”，巾帼总师冲锋不止，通讯，2018-06-21。
752. 国防科大在第三届国际无人系统创新挑战赛中夺冠，消息，2018-08-07。
753. 在“国际赛道”上历练成长，述评，2018-09-04。
754. 决胜尼罗河畔，通讯，2018-09-04。
755. 问鼎世界之巅的“超算速度”，通讯，2018-10-14。
756. 一束光的梦想与传奇，通讯，2018-11-16。
757. 自主创新，铸就国之重器，通讯，2018-11-26。
758. 老将军走进校园讲述战斗故事，消息，2018-12-21。
759. 芯片研发究竟有多难？通讯，2018-12-21。
760. 用党建引领科研攻关，通讯，2018-12-25。
761. 校园“孔雀蓝”整装再出发，通讯，2019-01-09。
762. 3D 打印，演绎制造新传奇，通讯，2019-02-22。
763. 强军路上，他们逐梦如初，通讯，2019-02-27。

764. 自主创新只争朝夕，通讯，2019－03－15。
765. 等离子体：神秘的第四种物质存在形态，通讯，2019－03－29。
766. 3个备战打仗问题的777种求解，通讯，2019－04－11。
767. 点亮“北斗”，中国星座闪耀全球，消息，2019－05－03。
768. “研为战”牵引自主创新能力跃升，消息，2019－06－05。
769. 声学镊子：用声波“搬动”微小物体，通讯，2019－06－21。
770. 检视问题抓整改 立行立改求实效，消息，2019－07－09。
771. 军校刮起“炫酷智能风”，通讯，2019－07－19。
772. 让“中国速度”越来越快，通讯，2019－08－05。
773. 结构色：无需色素的神奇呈现，通讯，2019－08－16。
774. 一片阳光，通讯，2019－08－16。
775. 一束光芒，通讯，2019－09－12。
776. 任务牵引培养新型涉外军事人才，消息，2019－09－20。
777. 逐梦空天 创新无限，通讯，2019－09－20。
778. “人才航母”奋进强军征程，通讯，2019－10－01。
779. 拓扑光子学：打造光子专用“高速公路”，通讯，2019－10－01。
780. 领军拔尖人才群体加速崛起，消息，2019－12－17。
781. 赛题源自部队 赛场对接战场，消息，2020－01－05。
782. 瞬态电池：让电子设备“化身于无形”，通讯，2020－01－10。
783. 生物安全：事关国家安全和全人类安全，专访，2020－04－03。
784. “优美”太赫兹，空白远未“填充”，通讯，2020－04－10。
785. 数字超材料：超乎你的想象，通讯，2020－05－22。
786. 为战育人优化学科布局，消息，2020－06－08。
787. 本领非凡的“光学回音壁”，通讯，2020－07－01。
788. “随营军校”助力官兵提升打赢本领，消息，2020－07－13。
789. 把思政元素融入专业课程，消息，2020－08－08。
790. 地磁导航：地球母亲的“金手指”，通讯，2020－08－28。
791. 神奇的流场可视化技术，通讯，2020－09－11。
792. 第五届全国太赫兹科学技术与应用交流会举行，消息，2021－02－05。
793. 极紫外光刻机制造究竟有多难，通讯，2020－10－30。
794. 冲锋，向着自主创新高地，通讯，2020－11－17。

795. 声全息技术：让声音唾手可“见”，通讯，2020－11－27。
796.“凤凰振翅”的科技密码，通讯，2020－12－30。
797. 线上课程助力练兵备战，消息，2021－01－31。
798. 飞网：捕获太空垃圾“清道夫”，通讯，2021－02－05。
799. 电子新材料：信息时代的“基石”，通讯，2021－03－19。
800. 追梦的人生最精彩，通讯，2021－03－21。
801. 靠学习赢得强军兴军加速度，通讯，2021－03－26。
802. 智能声呐系统如何洞察海底世界，通讯，2021－04－23。
803. 万余官兵同台打擂　破解备战打仗难题，消息，2021－05－09。
804. 路阔获全国大学生党史知识竞答总冠军，消息，2021－06－29。
805. 挺进作战“无人区”，通讯，2021－06－29。
806. 硅光芯片：突破“后摩尔定律”曙光初现，通讯，2021－07－23。
807. 谁是战争的“跨代推手”，通讯，2021－07－30。
808. 科技创新改变战争样式，通讯，2021－08－06。
809.“为师者，育人更要育魂”，通讯，2021－08－12。
810.“深度科技化”带来战争新形态，通讯，2021－08－13。
811. 万余官兵喜获信息素养专项技术证书，消息，2021－09－09。
812. 百余解难举措激发教学科研活力，消息，2021－11－15。
813. 超连续谱激光：超乎寻常的新型光源，通讯，2021－11－19。
814. 教学实践对接未来战场，消息，2021－11－22。
815. 青年人才在国家级团队中挑大梁，消息，2021－12－22。
816. 关联成像：“抓拍”看不到的物体，通讯，2022－01－28。
817. 与官兵同吃同住同攻关破解作战难题，消息，2022－02－14。
818. 厚积薄发矢志科技强军，通讯，2022－03－09。
819. 全极化雷达：目标识别的“火眼金睛”，通讯，2022－04－15。
820. 把论文写在演兵场，消息，2022－05－02。
821. 智能热伪装：武器装备的“隐身变色衣”，通讯，2022－05－27。
822. 可控核聚变：“无限的能源”梦想，通讯，2022－08－26。
823. 科技赋能，“三实”训练事半功倍，消息，2022－09－13。

后 记

打开记忆的窗口，重逢往日时光，仿佛是一瞬间，我的军旅生涯已走过42年。

从风华正茂的“新兵蛋子”，到两鬓染霜的老兵，这40多年里，我大多数时间都是从事“爬格子”“码字”的工作，亦可称为“耍笔杆子”，也真是应了著名记者邹韬奋那句话：“书生报国无他物，唯有手中笔如刀。”然而，我不是“书生”，而是一名忠诚的新闻战士。

回想起来，我与新闻的缘分，自入伍时就开始了。从新兵连开始办黑板报，到学着写“豆腐块”，再到成为解放军报记者，新闻采写几乎伴随了我的整个军旅生涯。前20年我是“业余选手”“替补队员”，从战士到学员、从基层到机关，这期间主要是边学习边实践，结合工作写报道，是多家中央媒体的特约记者。这段“业余选手”的经历，使我在学习和实践中慢慢“入了行”“上了道”，奠定了我新闻写作基础，最终走上了军报记者岗位，这一干又是20多年。

搞新闻、当记者，我非科班出身，谈不上“自学成才”，也算不得“大器晚成”，完全是因为个人热爱和工作需要。在长期实践中，我领悟到，从事新闻采写需要专业理论的支撑，而“实践出真知”也不可或缺，热爱、执着、实干同样是一条成功的“秘籍”。非常幸运的是，军队这所大学校，给了我发挥个人潜能和特长的舞台，国防科技大学为我提供了丰富的写作资源，成长路上又遇到许多“伯乐型”领导的支持和鼓励、新闻同行的指导与帮助，最终让我走上了专业新闻之路，圆了我的新闻梦，也成就了我的军旅人生。

我的新闻经历，颇像清代诗人袁枚在《苔》诗所言：“白日不到处，青春恰自来。苔花如米小，也学牡丹开。”我未受过院校新闻专业系统培训，属于“白日不到处”，因为工作需要和领导器重，让我走上了新闻之路，一如“青春恰自来”，因为“先天不足”而深知自己渺小如“苔花”，执着和自强的性格促使我“也学牡丹开”。至于学得像不像、开得好不好姑置不论，但努力向上“生长”，“开”得比较久，算是没有辜负自己的初心罢了。

我所耕耘的这片土地，是军队高素质新型军事人才培养和国防科技自主创新高地，是知识创造、科技创新的重要源头，学科门类众多，名家大师云集。这里，有最好的学习条件和环境，随时可向专家教授请教和交流；有独具特色的办学传统和大学文化，能给人以精神洗礼与熏陶；有科技创新“于斯为盛”的喜人景象，能给人以鼓舞和鞭策；这里，更是一座新闻“富矿”，值得新闻人深入挖掘并可以大有作为。这些年来，我见证并记录了学校两次调整组建，建校50周年和60周年校庆等重要历史时刻；采写传播了学校人才培养、政治思想教育、党的建设、科技创新等方面的一系列新成果、新经验；报道了“天河”系列超级计算机、“北斗”卫星导航系列关键设备、激光陀螺系列装备、“天拓”系列微纳卫星、磁浮交通技术、无人驾驶汽车等标志性自主创新成果；集中宣传了“为国争光、勇攀高峰的自主创新团队”“军事科技创新青年先锋队”“卫星导航定位技术创新团队”“激光陀螺技术创新团队”“党的创新理论博士硕士宣讲团”“创新为战的科技专家高伯龙”“教书育人楷模邹逢兴”等全国和全军重大典型；推出了“专家答问”“专家讲述”“专家访谈”等系列科普文章；创作了反映科技专家自强不息、在国防科技领域纵横捭阖的多部报告文学……

我一直认为，新闻写作不完全属于个体劳动，还凝结着集体的智慧与汗水。一篇新闻作品的问世，它不是“无源之水”，而来源于采访对象的创新、创造，得益于相关领导的支持指导，被采访单位和个人的配合与审稿把关，编辑的加工润色和编发流程各环节人员的付出。哪一个要素和环节不给力，你都难以把工作做好。作为记录者，不过是较好地履行并尽到了职责而已，对此，必须有正确的认知。

长期在“一亩三分地”里心无旁骛地深耕与坚守，我逐步探索出院校新闻特别是科技新闻写作的特点规律，拥有了与众不同的收获，在高等教育、科技新闻与科普写作等方面逐步形成了自己的风格与系列作品，选编出版了《续写“哈军工”辉煌——一位军事记者笔下的国防科大》《智者不惑——一位军事记者与国防科技专家的对话》《一所军事名校的文化密码》《走近前沿》等系列新闻与科普作品集，创作出版了《跃上世界科技之巅》《年轻老教授》《贴地飞行——中国自主创新发展磁浮交通纪实》《抢占制高点——一个军事记者讲述的强军故事》等报告文学作品，先后获得中国新闻奖、解放军新闻奖和全军报告文学征文奖等奖项，多次立功受奖。

这些年来，我采写刊发在《解放军报》等媒体上的新闻，看过的读者应该不少，而刊登在新闻业务期刊上的论文、新闻业务交流文章等，看过的人可能不多。为此，我将其收集整理，汇编成《新闻之外》一书，意为“工夫在诗外”也。这是我在工作中的一些思考和感悟，也是新闻路上跋涉留下的履痕，汇编成册算是给自己的新闻工作做个小结。令人欣慰的是，本书被列入国防科技大学“双一流”建设文化传承创新项目系列丛书之一，期盼能为新闻写作者提供一些借鉴和启示。

在选编《新闻之外》时，我想到了解放军报的资料数据库，从中检索到了我刊登的每一篇稿子，标题、时间、版面信息等一应俱全，遂将其列为本书附录，其他媒体刊播的稿件则不予收录。

在本书出版付梓之际，向长期给予我关心支持的国防科技大学各级领导和专家教授、解放军报等媒体领导和编辑、多年共事与合作的同事，以及为本书出版付出辛勤劳动的编辑，表示崇高敬意和衷心感谢！

王握文

2023 年 6 月 1 日